미술치료사를 위한

아동미술심리 이해

Cathy A. Malchiodi 저 | 김동연 · 이재연 · 홍은주 공역

학지사

| 역자 서문 |

놀이터에서 또래들과 마음껏 뛰어 노는 아동들을 보고 있으면 참으로 예쁘고 순결한 느낌마저 든다. 그러나 놀이 장면에 함께 어울리지 못하는 고립된 아동들을 보면 우리는 왠지 마음 한구석이 무겁다.

우리는 고립되거나 사회성이 부족한 아동들을 교육하고 치료하기 위해서 많은 기법들을 사용하고 있다. 미술치료도 그 가운데 하나의 기법이며 아동의 그림을 통해서 그들의 가족관계나 성장배경, 현재의 심리상태를 파악할 수 있다. 따라서 아동화를 정확히 이해하는 일은 전문가들에게는 매우 중요한 작업이다.

이를테면, 아동이 그린 가족화를 통해서 그들의 가족관계나 자신의 심리상태를 파악할 수 있으며, 집 · 나무 · 사람 그림이나 인물화를 통해서 그 아동이 지닌 불안감이나 공격성 등 심리의 불안정 상태를 알아낼 수 있다. 다시 말하면 아동이 만들어 낸 미술작품은 그 자신의 마음이요, 경험의 산물이다. 특히 아동 가운데는 말로 자신을 표현하기 어려운 성격을 가진 경우가 많다. 따라서 미술을 사용하면 쉽게 자신을 드러내게 된다. 우리는 말로 하기 어려운 것이나 말로 할 수 없는 것, 말로 하지 않는 것 등을 아동들의 그림 속에서 쉽게 찾아볼 수 있다.

말로는 아버지와 문제가 없다고 하는 아동들의 가족화를 보면, 아버지를 종이 왼편 상단에 네모난 테두리 속에 배치하여 자신들로부터 고립시키거나 격리시켜서 가족 속의 아버지를 투사하고 있는 경우가 많다. 이 책의 저자인 캐시(Cathy)도 말했듯이 아동의 미술작품은 그들의 심층심리를 알 수 있고, 심리적 진단과 평가를 할 수 있는 유용한 자료이며, 아동에 대한 많은 정보를 치료사에게 제공한다.

역자들이 캐시의 저서를 번역하게 된 것에는 나름대로의 인연이 있다. 역자가 미국미술치료학회에 참석하여 캐시를 소개받았을 때 매우 활동적이고 열정적인 여성임을 직감했었다. 그 후에 역자는 한국미술치료학회의 국제학술대회에 캐시를 초대하였고 아동미술치료에 관한 워크숍을 통해 한국 회원들의 인기를 한 몸에 받았었다. 당시 그녀는 미국미술치료학회지의 편집장 일을 함께하는 등 미술치료 발전에 혼신의 힘을 기울이고 있었다. 아동미술치료에 대한 캐시의 업적은 이미 국제적으로 잘 알려져 있으며, 한국에서 그녀의 워크숍은 한국미술치료사들에게 아동미술치료의 중요성을 크게 부각시켰다.

저자인 캐시도 언급했듯이, 많은 임상경험을 통해서 심신에 문제를 지닌 아동들에게 미술치료는 크게 도움이 된다는 것을 발견했으며, 아동과 부모의 상담이나 심리치료에도 매우 유용하다.

한 아동의 문제행동에 대해서 우리는 그 원인을 파악하기 위하여 지난 행동들을 유심히 살펴볼 필요가 있다. 왜냐하면 우연히 그린 낙서와 같은 형태의 그림들이 이미 문제행동으로 나타나기 이전의 자신의 마음과 행동을 표현한 경우가 매우 많기 때문이다. 대개 부모들은 문제행동에는 관심을 갖지만 낙서로 표현한 그들의 부적응 심리에는 소홀히 하기 때문이다.

미술치료는 한 인간의 마음을 미술이라는 예술의 한 장르를 통해서 드러내게 함으로써 그들의 마음을 알고 동시에 상담과정을 거쳐 치유해 나가는 것이다. 인간의 심리적 부적응은 밖으로 드러내지 않고는 치유될 수 없다는 것이 통설이다. 때문에 드러내지 않으면 그것이 질병이 되며, 드러내는 과정 속에서 자신을 알게 되고 스스로 느끼게 되어 스스로 치유되는 것이다.

캐시의 책을 보면 이러한 미술치료의 목적과 방법을 잘 설명해 주고 있다. 특히 이 책은 저자의 경험을 통한 아동화의 다면적 측면에 대해 개관하고 있다. 또한 아동과 아동들의 그림을 다루는 방법을 제시하며, 치료사의 아동 중재 능력이나 그림을 그려나가는 과정에서 치료사가 어떻게 질문하고, 언제 답을 해야 하는가 등의 지침을 제공하여 치료사의 역할을 우리에게 쉽게 가르쳐 주고 있다.

또한 캐시는 그림을 통한 아동의 상담과 치료가 매우 유용함을 강조하여 그림을 통한 아동과의 의사소통은 쉽고, 치료의 시작에서 사용할 수 있는 간단한 매체임을 소개하고 있다. 즉, 그림은 아동이 그들 스스로를 표현할 수 있는 방법이고 아동의 모든 것을 보다 폭넓게 제공해 주는 경제적인 방법이라고 하였다.

때문에 아동미술의 심리적 이해는, 치료사가 아동이 표현한 여러 측면의 심리를 수용하고 존중함으로써 사고, 감정, 아이디어 등에 대한 아동의 탐구를 쉽게 할 수 있다는 점에서 매우 중요하다.

결국 미술치료사들은 단지 말로만 하는 상담에서 탈피하여 심상을 통해 대화하고 상호작용과 상호변화를 증진시키기 위한 승화자의 역할을 할 수 있다. 그래서 캐시의 *Understanding Children's Drawings*는 모든 미술치료 전문가들이 꼭 읽어야 할 값진 책이라고 생각한다.

어려운 여건 속에서도 한국의 미술치료 발전을 위해 이 책을 출판해 주신 학지사 김진환 사장님과 임직원 여러분께 감사드리며, 이 책의 출판과 함께 옥동자를 생산한 홍은주 선생님, 마지막 교정에 참여한 나의 제자 최영주, 신지현, 유수옥 선생들에게 감사한다.

다시 한 번 모든 분들께 감사드리며, 부디 이 책이 한국의 미술치료 연구활동에 길잡이가 되길 기대한다.

2001년 8월 11일

역자 대표 김동연

| 저자 서문 |

미술교육가, 미술치료사 그리고 임상 상담가로서의 나의 경험을 통해, 아동화에 대한 이해는 하나의 개인적인 진화 과정이었다. 아동과의 모든 접촉에 있어서 그들의 그림을 통한 그들과의 대화에 매번 매료되고 놀랐고, 그들의 미술경험을 통해 그들에 대한 소중한 관계를 배워 왔다. 이러한 결과로 나는 그림이 아동을 둘러싼 세계에 대한 이해와 반영뿐만 아니라 아동의 생각, 감정, 환상, 갈등 그리고 걱정 등을 이해하는 도구임을 알게 되었다.

이 책을 쓰면서 그들의 그림을 통해 나의 철학을 형성시켰던 아동들과의 수많은 경험을 회상할 기회를 가지게 되었다. 최초의 경험은 내 고향 코네티컷의 수줍고 위축된 8세 소녀들의 관계를 향상시키려는 작은 여름 레크리에이션 프로그램에서였다. 나는 그 소녀들이 문제가정에서 왔으며, 아마도 우울했다는 것과, 그리고 다른 정서적 문제를 가졌을 것이라는 가능성을 깨닫게 되었다. 그러나 내가 가장 생생하게 기억하는 것은 나와 함께 그림을 그리는 데 보냈던 시간에 보여 준 그 소녀의 기쁨과 편안함이었다. 비록 소녀의 행동과 처신이 다른 아동과 레크리에이션 지도자에 의해 종종 오해를 받았지만 소녀는 우울, 공포 그리고 자존감의 부족 때문에 말하지 못했던 그 무엇을, 자신의 그림을 통해 자신에 대해 솔직하고 신랄하게 털어놓았다.

나는 그녀의 그림을 통해 그녀를 이해하고 내가 그녀의 이야기를 수용한다는 것을 그녀가 알게 되었다고 생각했다.

본질적으로, 우리는 안정감과 서로에 대한 존경을 가지고 서로 관계를 맺을 수 있는 일반적인 근거를 발견했었다.

그러한 경험, 즉 그 여름 아동과의 작업을 통해 나는 예술가로서, 그리고 결과적으로는 미술교육가로서 성장할 수 있었다. 나는 아동과의 경험뿐만 아니라 아이와 어른으로서의 자신을 표현하는 믿을 만한 방법이 미술이라는 것을 깨달았기 때문에 미술에 흥미를 가지기 시작했다. 많은 예술가처럼, 나는 내 삶에서 나의 상처를 알고 이해하는 데에 종종 미술을 사용했다. 미술표현은 말로 적절하게 표현할 수 없거나 숨겨진 의미를 말로 못할 때 개인적 손상, 위기, 그리고 정서적 지각 변화에 대한 이해의 열쇠가 되었다.

대학을 졸업한 후 미술교육자로서 나는 사립 초등학교에서 어린 아동에게 미술을 가르쳤고 후에는 공립 고등학교에서 청소년을 가르쳤다. 이들 아동과 청소년들 중에 몇몇은 선천적으로 분명히 '정상'이었고, 몇몇은 신체적 · 발달적 또는 정서적 문제를 가지고 있었다. 나는 미술교사로서 수백 명의 아동과 상호작용할 수 있는 기회를 가졌고, 그림은 아동에게 있어서 발달, 성격, 정서, 대인관계, 그리고 문화와 사회적 영향 등 많은 것을 보여 준다는 사실을 깨닫게 되었다.

특히 사립학교 미술반의 한 소년은 미술 표현에 대한 나의 생각을 더욱 확고하게 했다. 그의 그림과 색칠을 통해 폭력적인 아버지에 대한 분노, 가정상황에 대한 절망, 그리고 자기파괴성에 대한 감정을 점차적으로 나와 공유하기 시작했다. 비록 그 당시에는 심리나 미술치료에 대해 훈련받지 못했지만, 나는 미술이 그의 우울과 자살에 대한 생각을 드러내고 나와 함께 공유하고 있다는 것을 깨달았다. 그의 정서적 고통과 우울을 이해하게 되었고 자신의 삶에 대한 계획을 실행하기 전에 그의 이익을 중재하게 된 것은 그의 미술작업을 통해서다. 이런 경험과 아동들 및 청소년들과 함께한 다른 경험들을 통해, 나는 시각적 이미지가 자신의 가장 고통스럽고 드러나지 않은 부분들을 표현할 수 있다는 것과 어떤 경우에는 이 비언어적 메시지들이 어떻게 삶을 구하는가에 대한 힘을 배울 수 있었다.

청소년들과의 작업은 내가 미술의 심리학적인 면에 좀 더 흥미를 가지도록 나를 이끌어 주었고, 미술치료사로서 훈련받기 위해 다시 대학원을 가도록 동기를 부여했다. 미술치료에 있어서 나의 대학원 훈련은 병원, 보호소 그리고 학교에서 아동 및 청소년들과 좀 더 임상적으로 관계하도록 나의 직업을 변화시켰다.

대학원을 졸업하고 나의 첫 번째 직업은 매 맞는 여성과 아이들을 위한 보호소에서 미술치료사로 일하는 것이었다. 그녀들 중 대부분은 가정폭력으로 인해 심리적 외상을 받아 왔거나 종종 신체적 그리고 성적 학대를 당해 왔다. 학대당하거나 폭력의 증인이 된 많은 이들의 아동들이 미술을 통해 심리적 외상을 어떻게 표현하는가를 배웠고, 미술이 그들의 경험과 위기에 대해 의사소통할 수 있는 유일한 방법 중의 하나라는 것을 배웠다. 우울, 공포, 두려움 그리고 고독의 강제적인 묘사는 그들의 그림에 나타났고 말로 표현 못하는 정서를 반영하고 포함하고 있는 미술의 힘을 알려주었다.

후에 나는 병원에서 여러 종류의 암, 신장병, 화상 사고 그리고 정형외과적 질병과 같은 외상을 가진 아이들을 만날 수 있었다. 심각한 정서적 문제 외에도 이들 아동들이 투병 중인 신체적 상태가 그들의 미술에 투사되었다. 또 다른 요소들도 그들의 그림에 분명하게 표현되었다. 정신적 문제, 즉 아동들이 심각한 질병 또는 생명을 위협하는 상태에 직면하면서 위협을 받고 있다는 것이다. 이들 아동들의 그림은 위기와 상실뿐만 아니라, 신, 천국, 죽음 그리고 사망에 대한 그들의 느낌과 이해를 표현하는 공간이 되었다.

오늘날 많은 전문가들이 아동과의 작업에서 '치료에서의 미술'의 독특한 잠재성을 깨달아 가는 것을 보면서 흥분되고 있다. 아동화는 아동미술에 대한 매력과 단순함에 대한 관심뿐만 아니라 평가와 처치에서 아동미술 표현을 적용하고 있는 심리학자, 정신과의사, 상담가, 놀이치료사, 사회복지사 그리고 다른 정신건강 전문가들까지 매료시키고 있다. 많은 전문가들은 어떻게 아동화를 해석하고 그리고 어떻게 그들의 의미를 이해해야 하는지 궁금해하고 있다. 더욱 중요한 것은, 그들이 아동과 함께 작업하면서 그림이 의사소통의 아동-전유 양식이라는 것을 깨닫는 것이며, 이것은 때때로 단지 대화 치료를 통해서는 밝혀지지 않는 편안한 수준과 안정감을 가져다주고, 치료에서 아동과 상호작용하는 적절한 방법을 제공할 수 있다. 치료자는 단기치료의 출현과 제한된 회기 내에서의 완벽한 치료에 대한 압력이 증대되면서, 그림이 아동이 사건과 문제에 관련된 대화를 하도록 돕고 결국 평가와 중재를 촉진한다는 것을 점차적으로 알게 되었다.

1998년

Cathy A. Malchiodi, MA, A.T.R., LPAT, LPCC, CCBT

Editor/ART THERAPY

| 추천의 글 |

아동화의 이해는 모든 치료사들에게 치료로써 그림을 통합하여 아동과의 작업을 확대하고 강화하는 방법을 주지시켜 줍니다. 그림은 아동의 감정과 사고를 의사소통하는 방법이며, 아동미술 그 자체로서의 미술창작 과정에 내포된 복잡한 메시지를 이해하는 방법을 치료사에게 제공합니다. 저는 아동과의 작업에서, 그들의 그림을 통해 의사소통을 하면서 매번 매혹되고 놀랐습니다. 결과적으로 저는 그림이 치료사에게 아동을 둘러싼 세상에 대한 인식과 반영뿐만 아니라 아동의 사고, 감정, 환상, 갈등 그리고 염려 등을 이해할 수 있는 강력한 도구를 제공한다는 것을 발견할 수 있었습니다.

미술치료는 많은 인상적인 성취를 지닌 생명력 있고 성장하는 분야이며 그 이상의 성장에 대한 탁월한 약속입니다. 미술치료는 정신건강, 특히 정신의학, 상담과 재활 영역에서 하나의 중요한 모델이 되어 왔습니다. 학대받거나 거부된 아동, 지적 · 정서적 장애를 지닌 아동 그리고 신체적 장애아동을 다룰 미술치료 서비스와 전문적 지식에 대한 욕구가 높아지고 있습니다. 미술치료는 이러한 모든 아동들을 평가하고 치료합니다. 아마도 가장 중요한 것은 이들 아동들의 미술작품이 숙련된 치료사에 의한 정보 · 언어적 의미를 통해 적절하게 읽히지 못했고, 중재와 이해를 필요로 하는 아동에게 이익이 되는 정보의 필요성을 제기한다는 것입니다.

추천의 글에서, 한국 최초로 석사학위 과정에 미술치료전공을 개설한 대구대학교 재활과학대학원 원장이시며, 미술치료사협회

회장이신 김동연 박사와 한국미술치료사 회원 모두에게 존경의 뜻을 전합니다. 김동연 박사는 연구와 저서를 통해 아동과 미술치료사 모두의 지식에 공헌을 했습니다. 김동연 박사의 관용과 비전 덕분에 미술치료 분야는 한국과 아시아에 널리 보급될 수 있었습니다. 저는 이 책을 번역함으로써 의미 있는 일을 하게 된 것에 대해 또 한 번 김동연 박사와 그 외 동료들께 감사드립니다.

끝으로, 저는 미술표현이 정서적 혼란, 신체적 · 정신적 장애를 가진 아동에 대한 성공적인 중재에 있어서 중요한 요인이라는 인식을 통해 많은 인간적 만족을 발견했다는 것을 말씀드리고 싶습니다. 시각적 미술과 치료적 작업 모두에 대한 강한 공약 때문에 개인적 · 사회적 측면의 변화에 영향을 주고 성장을 촉진하는 미술표현의 힘에 대해 깊은 감명을 받아 왔습니다. 아동을 돕는다는 것은 치료사에게 있어서 최고의 도전이며, 미술치료는 이러한 도전에서 성공할 수 있는 하나의 훌륭한 방법임을 확신합니다.

한국의 독자들에게 아동화의 이해에 관한 이 책을 추천하는 것을 영광으로 생각합니다. 이번 번역본은 아시아에서 첫 번째이며, 전 세계에서도 첫 번째로 번역되어 출간되는 것입니다. 저는 이 책이 아동과의 작업과정에서 여러분의 시야를 넓히고 작업에 도움을 주는 데, 그리고 그림을 통해서 의사소통과 평가를 위한 방법을 이해하여 이용하는 데 유용하기를 바랍니다. 저는 또한 이 책이 미술활동에서 아동을 도와주는 방법을 배우고, 그들의 그림에 대해 어떤 질문을 해야 하는지, 그리고 정서장애, 지능장애 또는 신체적 장애아동에게 적절한 치료를 제공하는 데 큰 도움이 되기를 희망합니다.

저는 지난 20년 동안 아동 그리고 가족집단과 함께 작업을 해 왔고, 정서장애, 신체적 학대, 결손 또는 질병에 의한 심리적 외상을 가진 아동에 대한 연구를 해 왔습니다. 이 책에서 여러분은 많은 상이한 진단과 문제를 가진 모든 연령의 아동이 그린 100개의 그림 사례를 볼 수 있습니다. 그들의 그림은 우리들이 그들의 사고, 감정, 그리고 인식을 좀 더 완전하게 이해하는 것을 돕고, 그들의 장애를 극복하도록 돕는 데 필요한 정보를 우리에게 제공할 것입니다. 저는 저의 아동미술치료 경험이 광범위한 임상적 논점과 사례들을 독자에게 소개하고 여러분의 아동과의 작업과정에서 여러분을 이끌어 줄 수 있기를 희망합니다.

저의 저서가 한국에서 처음으로 번역되어 출간되는 영광을 주신 역자들과 학지사 임직원 여러분들께 깊이 감사드립니다.

2001년 8월

Cathy A. Malchiodi

Cathy A. Malchiodi, MA, A.T.R.,LPAT,LPCC,CCBT
Editor/ART THERAPY

| 차 례 |

01 아동그림에 대한 역사적 관점

지난 20세기 동안 아동의 미술 표현에 대한 심리적 · 정서적 측면은 많은 관심을 끌어 왔는데, 그러한 관심은 특히 심리학, 정신의학, 미술치료 분야에서 더 강했다. 그림은 분명 아동들이 자신을 표현하는 가장 중요한 방식 중 하나로 인식되어 왔고, 그들의 성격이나 감정 표현과 관련이 있다. 아동들의 그림은 심리적 상태나 대인 관계 패턴, 그리고 다양한 감정들을 나타내는 내면세계에 대한 반영이다. 아동은 자신이 탐색하거나 해결한 문제, 혹은 자신의 생각이나 관찰을 시각적인 형태로 간단히 나타내는 것으로 그림을 사용하는데, 미술 표현은 그들의 내면에 담겨 있는 의식적, 무의식적 요소를 지니는 특별한 개인의 상태이자, 아동들 나름대로 저마다 가지고 있는 여러 가지 측면을 나타내는 것일 수 있다.

아동을 치료하는 대부분의 치료사들은 언어로 하지 못하는 것을 그림이 대신하여 자신을 표현할 수 있게 해 주기 때문에 그림이 아동들에게 효과적인 치료방법이라고 생각한다. 그러나 그림이 아동들에게 흔하고 자연스러운 것이기 때문에, 많은 치료사들이 아동을 사정, 평가하기 위해 미술 표현을 사용할 때 자칫 단순한 놀이 활동의 연장으로 생각할 수 있어 아동의 미술 표현에 대한 역사적 연구에는 그리 익숙하지 않았다. 실제로 아동의 그림에 대한 연구는 정신의학이나 심리학, 미술치료, 교육 분야에서 꽤 오랜 전통을 지니고 있다. 이러한 오랜 전통은 아동이 그림으로 자기 자신을 어떻게 표현하는지에 대한 많은 정보를 제시해 주었고, 임상가나 상담가, 교사들이 아동들에게 그림을 사용하여 그들을 이해할 수 있도록 정보를 제공해 주었다.

이 장에서는 지난 100년 동안의 아동의 그림에 대한 다양한 연구들을 간단히 살펴보고자 한다. 아동을 평가, 진단, 치료하기 위한 한 부분으로 그림을 사용하는 데 있어서, 첫 번째로 중요한 것은 좀 더 최근의 발전과 발달에 대해 이해해야 하는 점이며, 다음으로 아동의 그림을 통해서 발달적, 인지적, 심리적인 여러 측면을 이해하는 데 그림이 어떤 영향을 미쳐 왔는가 하는 임상적 적용, 마지막으로 투사 그림 검사의 역사에 대해 알고 있어야 한다는 것이다. 이러한 모든 견해는 아동을 치료할 때 그림을 사용하는 전문가들이 아동의 미술 표현 형태나 양식, 내용이 무엇을 반영하는지 알려 주는 좀 더 구체적인 근거를 제시해 주고, 아동을 좀 더 정확하고 분명하게 전반적으로 이해할 수 있게 해 주며, 치료 시에 아동에게 그림을 더 많이 사용할 수 있게 해 줄 것이다.

투사검사: 지능 및 성격검사 도구로서의 그림

미술 표현과 표현한 사람의 성격을 연관시키려는 관심은 100년 이상 계속되어 왔다. 이러한 관심은 1800년대 후반과 1900년대 초에 유럽에서 일어났는데, 이때는 정신질환자, 시설에 있는 성인들, 혹은 환자들의 그림이 정신병리 진단의 보조도구로 사용되었다(MacGregor, 1989). 이 시대의 대부분의 작가들은 정신질환자들의 미술 표현이 진단, 특히 '정신분열증 진단'을 확신시켜 준다고 믿었다. 예를 들어, Tardieu(1872)의 *Etude M dico-L gale sur la Folie*에서는 환자들의 그림이 법적으로 허용되는 정신질환의 진단 범주를 제공한다고 하였다. Simon(1876)은 상상력과 광기(Imagination & Madness)라는 정신질환자들의 그림에 대한 연구를 "L' Imagination dans la Folie"에 기사로 실었다. Lombroso(1895) 역시 정신질환자들의 그림작업이 그들이 가지고 있는 심리적 상태를 통찰할 수 있게 해 준다는 것을 알았다.

1920년대에는 미술사학자에서 정신의학자로 변모한 Hans Prinzhorn이 유럽 전역의 여러 의사와 병원에서 정신질환자들이 그린 그림을 모으기 시작했는데, 그는 500여 명이 넘는 환자들에게서 5,000여 점의 그림을 수집했다. 이러한 작업은 후에 『정신질환자들의 예술성(*Artistry of the Mentally Ill*)』(1972)을 펴내는 근거가 되었다. 이는 재활에 있어서 놀이와 함께 미술 표현도 진단적 가치를 지니는 중요한 역할을 한다는 것을 명시한 것이었다(MacGregor, 1989).

현대심리학의 아버지인 Freud와 Jung, 이 둘은 모두 미술과 상징, 그리고 성격 간의 상호관계에 관심을 가졌다. Freud는 이미지는 잊혀지거나 억압된 기억을 나타내며, 이러한 것들이 꿈이나 미술 표현을 통해 상징으로 드러난다고 하였다. Freud는 꿈에 나타나는 이미지에 대해 썼는데, 그의 환자들이 말로는 표현하지 못하는 꿈을 그림으로는 표현할 수 있다고 하였다. Freud는 또한 예술적 창작에 대한 보편적인 인간 갈등과 예술가가 신경증적으로 동기화된다는 것에 대해서 믿고 있었다. 이러한 관찰은 미술 표현이 인간정신의 내면세계를 이해하는 근거가 될 수 있다는 믿음을 사실상 확인시켜 준 것이다.

Jung은 이미지를 Freud와는 다른 방식으로 보았는데, 좀 더 보편적인 의미에 중요성을 두었다. Jung은 특히 그의 그림과 환자들의 그림 등 미술 표현의 심리적 내용에 관심을 가졌다. Freud와는 달리 Jung은 환자들에게 꿈의 이미지를 그려 보라고 요구하지 않았으며, 자주 환자들이 그림을 그리도록 북돋워 주기만 하였다. 그는 "우리 앞에 보이는 것을 그린다는 것은 그 내면에서 볼 수 있는 것을 그린다는 것과는 다른 것이다."라고 하였다(1954, p. 47). Jung은 이미지와 정신과의 관계를 중요하게 인식했고, 시각예술에 내재된 원형과 보편성을 연구함으로써 상상 속의 상징적 의미를 이해하는 기초를 다졌다. Jung은 상징을 통한 공상은 진화를 위한 정신적 시도이며 외상(trauma)이나 고된 상황에서 자기 자신을 치유하기 위한 하나의 방법이라고 생각했다(Jung, 1956).

아동의 그림은 항상 관심을 끌어 왔지만, 세기가 바뀌어 정신질환자들의 미술작품에 대한 관심이 높아지면서 비로소 아동의 그림에 대한 형식적 탐색이 시작되었고, 이는 Freud와 Jung의 연구에서 현저히 증가되었다. 아동그림에 대한 관심은 그 시대에 정신질환자들의 미술 작품과 아동심리 발달에 대한 관심 모두에 부합된 것이었다. 아동의 미술 표현에 대한 초기의 연구는 아이들이 무엇을 그리는가와, 각각의 연령대별 아동들에게서 그림을 그리는 방식이 어떠한가에 초점이 맞추어져 있었다. 아동의 그림에 대한 Cooke(1885)의 초기 연구에서 그는 미술 발달 단계를 표시하여 아동교육의 중요성을 강조하였다. Ricci(1887)도 이탈리아 아동들의 그림에 대해 자신이 관찰한 내용을 펴냈는데, 아마도 기록상으로 가장 오래된 아동그림 모음일 것이다(Harris, 1963). 1800년대 후반에서 20세기 초반까지는 여러 단계별로 아동들의 그림 발달 단계를 설명하는 많은 저서가 나왔다. Harris는 이러한 아동그림의 가장 초기 연구에 대한 역사적 고찰에 대해 썼다(4장에서 아동그림 발달 단계에 대한 좀 더 많은 정보가 제시된다.).

아동그림에 대한 초기의 연구들은 그림이 주로 지적 수준을 결정하는 데 사용된다는 것을 강조하였다. Burt(1921)는 사람 그림(인물화)을 몇몇 지능검사의 하나로 사용하여, 그림이 읽기, 셈하기, 쓰기 검사보다 아동의 지적 능력과 관계가 적다고 결론을 내렸다. 그러나 그는 그림 그리기가 산수나 쓰기와 같은 학습능력에 달려 있는 것은 아니라고 하였다. 후에 Goodenough(1926)와 Harris(1963)는 사람그림(인물화)에 대한 연령 기준을 탐색하여, 그림이 발달연령이라기보다는 정신연령과 더 관련성이 있다고 하였다.

Goodenough(1926)는 아동의 정신연령과 관련된 특정한 그림 수행 측면을 가정하여, 이를 근거로 사람 그림 검사(Draw-A-Man: DAM)를 개발하였기 때문에 이것은 지능 측정도구로 쓰일 수 있었다. 사람 그림 검사를 개발한 것은 집 그림이 문화에 따라 다양하게 그려지는 반면, 사람이라는 주제는 아동들에게 아주 보편적이면서도 좋아하는 것이기 때문이었다. Goodenough는 그림이 얼마나 상세한지, 신체 부분 간의 비율은 알맞은지, 그리고 운동협응은 어떠한지를 고려하였다.

Goodenough는 또한 DAM 검사가 지능 이외에 성격 특성도 드러내는지 관찰하였다. 이러한 가정은 후에 Buck(1948), Machover (1949) 등의 연구에 의해 지지를 받았다. 아동에 대한 연구에서, 사람 그림 검사는 지속적으로 유행이 되었고, 20세기 전반기 동안 많은 투사 그림 연구의 주제가 되었다. 아동이 그린 사람 그림은 그들이 갖고 있는 자신과 타인에 대한 인식에 중요한 정보를 제공해주었다. 아동이 그린 사람 그림은 지능 평가뿐만 아니라, 다른 연구들에서(Burt, 1921; Goodenough, 1926; Harris, 1963) 아동의 발달 정도(Koppitz, 1968)와, 성격 특성을 나타내는 지침으로도 인정되기 시작했다(Koppitz, 1968; Machover, 1949; Hammer, 1958).

투사 그림 검사의 시작

그림이 정서적 측면과 성격을 나타내는 것으로 사용될 수 있다는 생각은 1949년경에 일어나기 시작하여, 내면의 심리 상태를 나타내 주는 시각적 표상으로 그림이 연구되었다. 그림이 내면의 심리적 현실과 주관적인 경험을 나타낸다는 믿음에 근거하여 '투사적 그림'이라는 용어가 제시되었고 투사 그림 검사가 개발되었다. 투사적 기법은 그림뿐만 아니라 문장완성검사(SCT), 로르샤흐검사, 주제통각검사(TAT), 단어연상검사 등을 포함한다.

투사 그림 검사는 사람이나 집, 나무와 같은 흔한 주제를 그리는 과정에서 나타나는 아동의 반응이 성격이나 지각, 태도를 반영한다는 생각에 근거한 것이었다. 그림은 아동이 언어만으로는 표현할 수 없는 정보를 이끌어 낼 수 있는 자기-표현을 위한 대안에서 나온 것이다. 그림이 투사적 기법으로 사용될 수 있다는 이러한 믿음에서, 1940년에서 1955년 사이에 발간된 심리 및 정신의학 서적에는 성격을 평가하기 위한 목적의 다양한 투사 그림이 소개되었으며, 많은 연구물들이 이러한 내용을 발간하였다(이 시기의 *Journal of Projective Techniques*와 *Journal of Clinical Psychology*를 보면 잘 알 수 있다.).

아주 잘 알려진 투사 그림 검사 중 하나는 Buck(1948, 1966)의 집-나무-사람(HTP) 그리기 검사로, 같은 시기 동안 개발된 지능검사의 보조검사로 만들어졌다. 이 세 가지 대상(집-나무-사람)은 아주 어린 아동들에게도 친숙하여, 자극 연상이나 투사 재료로 가능하기 때문에 선택된 것이다. Buck은 HTP가 의식적, 무의식적 연상을 일으키게 한다고 주장하였는데, 예를 들면 집 그림은 집에서 사는 사람이나 집과 관련된 문제에 대한 정보를 이끌어 주는 반면, 나무 그림은 아동의 심리적 발달과 환경에 대한 느낌을 나타낸다는 것이다. 집, 나무, 사람 그림의 평가는 형태의 유무나 상세함, 비율, 원근(perspective), 색의 사용에 따라 이루어지며 그림의 색채 사용은 프로토콜의 일부로 요구될 수도 있다. 그리고 평가 과정의 일부로 질문도 하게 된다.

이 시기의 모든 투사 그림 검사 중 가장 널리 알려진 것은 Machover(1949)의 인물화 검사(Draw-A-Person)와 그의 연구이며, 아동의 그림을 포함하여 인물화에 대한 임상적용과 관련된 거의 모든 연구에 주된 영향을 미쳤다. Machover의 연구는 그가 세운 가정에 문제가 있기는 했지만(Golomb, 1990), 여전히 많은 임상가와 연구진들에 의해 인용되어 오고 있다(Drachnik, 1995; Hammer, 1958, 1997; Joless, 1971; Cantlay, 1996; Mitchell & McArthur, 1994; Oster & Montgomery, 1996; Wohl & Kaufman, 1985). 그의 개념은 확고한 정신분석적 사고에서 비롯된 것으로, 다음과 같은 믿음에 근거한다. 즉, "'사람을 그려 보아라' 라는 지시에 한 개인에 의해 그려진 사람은 그의 충동이나 불안, 갈등, 보상(compansation)과 밀접한 관련이 있는 사람이다. 이때 종이는 어떤 의미에서 그의 환경에 해당한다." (p. 35)

Machover가 가정했던 이러한 사실에서 분명히 알 수 있는 것은 인물화가 그린 사람의 갈등적 측면이나 방어기제, 신경증, 정신병리 등을 나타내 준다는 것이다. 그녀는 인물화에서 단추나 주머니, 파이프와 같은 그림 속의 다른 세부사항이 있는지, 혹은 특별한 상징적 의미가 있는지 관심을 가졌다. Machover는 그림의 요소요소에 대한 전체적인 내용이나 형태가 그 사람이 가장 중요하게 생각하는 것이 무엇인지를 보여 준다고 하였다. 그러나 그녀의 연구가 이러한 전제를 항상 뒷받침해 주지는 못했다. 그녀는 특별한 진단과 관련된 단일한 요소에는 관심을 두지 않는다고 주장했지만, 엄연히 어떤 의미를 특정한 성격으로 규정지었다. Machover는 사람 그림에 나타나는 특징(크기, 선, 음영, 구도)이 신체부분이나 옷, 또는 다른 세부사항보다 더 믿을 만한 근거를 제공해 준다고 하였으나, 인물화에 대한 전반적인 그의 연구는 경험적 타당성이 밝혀지지는 않았고 단지 임상적 관찰만으로 이루어진 것이었다.

Koppitz(1968)는 아동화에 대해 발달 점수 체계를 만들었는데, 자아개념과 관련하여 Machover의 생각과 일치하였다. 그녀는 아동이 그린 인물화는 그들이 누구를 그렸든지 간에 아동 내면의 자기에 대한 표상을 반영하는 것이라고 하였다.

> 아동에게 다른 특별한 지시를 하지 않고 사람을 그려 보라고 하면, 어떤 사람의 특성(essence)을 잡으려고 노력하면서 아동은 자기 자신과 자기 자신의 느낌을 들여다보게 된다. 아동이 가장 잘 아는 사람은 바로 아동 자신이며, 따라서 아동이 그린 인물화는 아동 자신의 내적 자아와 태도에 대한 묘사인 것이다(p. 5).

Koppitz는 성격 평가에 관심을 가지기는 했으나 오히려 그보다는 아동화를 지능을 평가하는 도구로 연구하였다. 그녀의 아동화에 대한 분석은 발달 수준이나 정서 상태를 말해 주는 다른 그림 검사와는 좀 달랐다. 그녀는 '발달 항목'을 제시했는데, 어린 아동들에게서는 비교적 드물게 나타나는 특징들이지만, 어떤 연령에서 많이 보여지는 그림의 특징들을 모은 것이었다. 이 중 많은 내용이 Goodenough(1926)의 초기 연구에 근거한 것이었다. Koppitz는 이러한 항목이 10세 정도의 모든 아동의 그림에서 보인다고 하였다.

Koppitz의 초기 연구는 5세에서 12세 아동들에 대한 것이었는데, 다양한 연령 수준에서 보여지는 아동그림의 특징들을 제시한 것이다. 나중에 그녀는 그 연구를 좀 더 확장시켜 14세까지의 인물화를 포함시켰는데, 거기서 11세 후반에는 상세성이 체계적으로 증가하지 않는다는 것을 알았다.

Koppitz는 또한 아동에게 투사 기법으로서 그림을 사용하여, 아동이 그림에 자신의 정서적 문제를 나타낸다는 것을 발견했다. 그녀는 그림에 아동의 연령에 맞는 특징이 있는지, 아니면 보편적이지 않은 특징이 있는지, 그리고 그림의 질적 특징(균형, 음영, 통합)을 중심으로 어떤 정서적 표시가 있는지에 대한 30가지 특징을 제시했다. 그러나 Machover와는 달리 전통적 정신역동이론을 사용하지는 않았고, 의식적 과정과 자아심리학을 강조하는 Sullivan의 이론을 사용하였다. Machover와 반대로 Koppitz는 자기 자신과 중요한 타인을 보는 아동의 관점, 그리고 자신의 문제와 갈등에 대한 태도에 더 관심을 가졌다. 이러한 철학은 발달적, 대인관계적, 정서적 요인에 따른 아동의 현재 상태와 감정을 보는 좀 더 '현재-중심' 적인 것이었다.

다른 연구자들도 아동의 그림과 그 밖의 예술 표현의 투사적인 면을 정의하고 구별하려는 시도를 해 왔다. 많은 연구들이 있지만, 특히 두 학자를 주목할 필요가 있다. Alschuler와 Hattwick(1947)은 어린 아동들이 어떻게 그림을 그리며, 이것이 성격과 어떠한 관계가 있는지를 연구했다. 그들은 이젤 위에 붓, 물감, 종이를 두고 취학전 아동들을 대상으로 그들이 어떻게 표현하는가를 관찰하여 충동 조절이나 대인관계 기술, 관심이나 감정을 그림 표현과 연결시켰다. 그들의 연구는 아동들의 그림과 성격에 대한 발달적 측면을 강조하고 있지만 범위나 연구 대상에 한계가 있었고 방법론적으로도 문제가 있었다. DiLeo(1970, 1973, 1983)도 아동들의 그림을 심리적 문제를 진단하는 치료 도구로 사용했다. DiLeo가 내린 결론은 Machover나 Buck, Koppitz의 결론보다 전문적이지는 않았으나, 아동들의 그림을 예술, 인간발달, 성격이론과 관련시키려 했던 점에 대해서는 주목할 필요가 있다.

투사 그림 검사의 문제점

그림을 투사적 기법으로 사용한 Machover와 Koppitz의 연구는, 그림이 그 특징에 따라 쉽게 분류되지 않으며 아동들의 다차원적인 측면을 고려하지 않았다고 주장한 많은 연구자들과 임상가들에 의해 영향을 받았다.

투사 그림에서 많이 제기되는 이슈는 아동들의 그림을 임상적으로 해석하는 데 대한 문제점이라고 할 수 있다(Golomb, 1990; Martin, 1988; Roeback, 1968; Swenson, 1968). 예를 들어, Machover나 Koppitz 등이 제시한 해석대로 하면 그림을 이해하려 할 때 그림의 상세성이나 생략을 종종 단순한 의미에만 연결시키게 된다. 이렇게 그림의 어떤 특징을 그 의미에 연관시키는 일대일 방식은 기껏해야 아주 한정되어 있다.

아동그림의 정서적, 인지적 측면에 대한 연구가 계속됨에도 불구하고 그 표현의 의미나 목적에 있어 일치된 정의가 없고, 단순한 의미만 있는 것도 아니며, 내용을 해석하는 믿을 만한 방식도 없다. 또한 미술 작품과 같이 복잡한 무언가를, 특히 어떤 특징적 항목을 기준으로 하여 생략된 부분이나 지나치게 상세히 표현된 부분들을 해석하고 묘사하는 것에 대해 많은 문제점과 염려도 있다. 더 넓게 보면, 아동들의 그림에서 기준이 되는 특징이라고 할 수 있는 것이 무엇인가에 대한 강조나 인식이 부족했다. Golomb(1990) 역시 치료사들은 기준이 되는 특징이나 중요한 특징이 될 수 있는 것들을 이해하려는 그림의 발달적인 측면에는 별로 관심을 두지 않는다고 지적했다. 몇몇 치료사들이 아동의 그림을 해석하고는 있지만 그림을 그린 아동과 미술 표현이 가지는 다차원적인 특성을 고려하지 않았다는 문제점이 있다.

또한 아동들을 평가할 때 대부분의 그림을 정신분석적으로 해석하는 것은 쉽지 않다. 미술 표현을 정신분석적인 관점으로 해석하는 것은 의미를 축소시키고 규정하는 격이 될 수 있어서, 다른 관점으로 볼 때 더 완벽할 수도 있고 편견을 줄일 수 있는 가능성을 제한하게 된다. 예를 들어서, 아동그림에 종종 인용되고 적용되는 Machover의 연구도 자세히 보면 그렇게 지지되는 것은 아니며, 몇몇 연구에서는 인물화가 아동이나 성인들의 성격, 특히 갈등이나 불안 등의 정서적 어려움을 드러낸다는 생각을 비판하는 입장도 있다(Roeback, 1968; Swenson, 1968). 이는 투사적 기법을 사용하는 데 있어서의 문제점을 강조하는 것이다. 많은 경우, 좀 더 광범위하게 보기보다는 병리적인 특성을 확인할 때만 사용하고 있다.

투사 그림 검사에 대한 타당도나 신뢰도 문제도 제기되어 왔다(Martin, 1988; Malchiodi, 1994). 문헌상의 대부분의 연구들은 수십 년 동안 그 기준을 다시 검토하고 재정립하지 않았다. 또 다른 비판점으로는 이제껏 실시해 온 투사 그림 검사가 문화나 성, 계층, 혹은 다른 요인들을 적절히 반영하지 않았다는 점이다. 예를 들면, 아동의 지능을 측정하기 위해 그림 검사를 시행할 때 일반적인 지능보다는 아동이 얼마나 서구 문화 표준에 잘 맞는가를 측정하는 것이 될 수 있다. 여기에는 성적인 편견이 있을 수 있어, 지능을 평가하기 위해 만들어진 그림 검사라는 점에서 인지와 신체에 대한 지각, 정서 표현만을 강조하여 제한적이 될 수도 있다. 또한 투사 그림 검사에 대한 많은 연구들이 성인들을 표본으로 하였고, 몇몇 임상가들은 여기서 얻어진 정보를 아동들에게 적용하는 실수를 범하기도 했다.

투사 그림 검사의 시작과 함께 계속되어 온 임상적 적용은 아동의 미술 표현을 진단도구로 사용하는 것이 과연 적절한가에 대해 문제를 제기해 왔다. 이러한 염려는 새로운 것이 아니며, Goodenough(1926)도 아동들의 인물화에 대한 자신의 초기 연구에서 진단을 위해 아동에게 그림 검사를 사용하는 데 대한 제한점을 제시한 바 있다. 그녀도 "여기에 보고된 사실은 내가 그림을 통해서 아동들의 정신병적인 경향을 진단할 수 있다는 것을 알리려는 의도는 결코 없다. 그리고 그러한 주장은 정당화되지도 않는다."(p. 24)라고 주장하였다. 아동들의 그림이 병리적인 것을 진단하기 위해 사용되어서는 안 된다는 그녀의 입장은 미술 표현이 단순한 특징으로 쉽게 분류되지도 않을 뿐만 아니라 투사적 기법을 사용하는 치료사들도 아동이 표현한 작품에 대해서 아동 개개인의 의미를 존중해야 함을 강조하고 있다.

아동의 그림을 이해하기 위한 다차원적 접근

투사 그림 검사와 정신분석 기반의 철학은 분명히 20세기 동안 아동의 그림을 보는 치료사들의 관점에 중대한 영향을 미쳤다. 그러나 많은 다른 이론적 견해들이 아동들의 미술 표현을 더 완전하게 이해할 수 있게 해 주었다. 투사 그림 검사에서 얻어진 정보가 아동의 성격이나 발달, 인지적 능력에 대해 제한된 관점을 제시하기도 하였고, 따라서 아동의 그림을 좀 더 포괄적인 방식으로 보는 다차원적인 측면이 요구되었다. 대부분의 치료사들은 진단을 위해서가 아니라 치료 세팅에서 아동에게 그림을 사용했고, 이를 통해 아동과 의사소통하는 방법을 이해하기 위한 부가적인 방식이 필요하기도 했다.

의사소통, 표현, 문제해결

심리학자, 치료사, 상담가 등은 아동들에게 평가나 진단을 위해 특별히 제작된 것이 아닌 좀 더 덜 형식적인 방법으로 아동과 함께 의사소통하고, 감정과 경험을 나누고 자기표현을 통해서 문제를 탐색하고 해결하기 위한 하나의 방법으로 오랫동안 그림을 사용해 왔다. 아동미술에 대한 대안적인 방법을 연구하는 데 있어서 괄목할 만한 학자는 Rudolph Arnheim(1969, 1972, 1974)이다. 심리학자인 Arnheim은 아동의 그림이 단지 지능을 말해 주는 지표라든가, 1940년대와 1950년대에 유행했던 정신분석적인 견해, 즉 단순히 정서적 갈등을 나타낸다든가 하는 것과는 다른 입장을 취했다. 그는 아동의 예술적 행위에 대해 좀 더 미술에 근거한 입장을 중요하게 생각하여, 미적인 것과 인식, 그리고 시각적 표현양식을 통한 중간매개물과 사고의 '상호작용'을 중요하게 보았다. Golomb (1990)은 다음과 같이 말했다.

> Rudolph Arnheim의 공적은 아동미술을 공부하는 학생들로 하여금 그들이 가지고 있던 아동미술의 본질에 대한 협소한 시각과 어떻게 연구할 수 있는가라는 개념적 구속에서 벗어날 수 있게 해 주었다는 점이다. 그의 연구는 미술에 대한 새로운 심리학적 기술을 다졌고, 아동그림을 고유의 방식과 발달적 일관성을 가지는 상징적인 측면으로 해석하는 데 꼭 필요한 개념적인 발판을 제공하였다(p. 2).

최근 몇십 년 동안, 아동의 그림이 아동을 평가하기 위해서 뿐만 아니라 치료에서도 중요하다고 보는 입장이 다시 새롭게 일어나, 미술 표현을 통해 어떻게 치료적 개입을 향상시킬 수 있는지를 밝히려는 경향에서 미술치료 분야가 시작되었다. 20세기 초, 미술의 상징과 이미지가 어떤 의미를 지니는가에 대한 정신의학, 심리학, 교육학에서의 관심은 1940년대 후반과 1950년대에 미술치료 분야의 발달을 가중시켰다. 그 이후로, 미술치료사들은 예술적 표현의 의미를 알고 싶어하였고, 점차 치료과정에서 만들어진 아동의 미술작품에 대해 관심을 가지게 되었다. 미술치료의 핵심은 아동들의 표현작품이 무엇을 의미하는가를 알아내는 것뿐만 아니라, 미술 작업에 있어서 과정과 결과물 양자의 복잡성을 이해하는 데 있다. 가장 중요한 것은, 초기에 적용된 이미지의 시각적인 특성에 초점을 두었던 투사 그림과는 반대로, 미술치료사들이 그림 자체에도 관심을 가졌지만 이와 함께 아동들이 자신이 그린 그림에 대해 '무언가를 말할 수 있도록 격려하는 것도 중요하게 생각' 하였다는 점이다. 이렇게 아동들로 하여금 그들의 작품에 대한 정보를 얻으려 하는 것은 아동들의 시각이 치료사가 이해하는 데 있어서 중요하고, 아동들의 미술 표현에도 각각의 의미가 있음을 암시한다.

미국에서 미술치료가 전문 분야로서 도입된 것은 여러 다른 학자들도 있지만, 1940년대 Margaret Naumburg에 의해서다(Junge & Asawa, 1994). Naumburg는 교육의 무의식적 중요성을 강조하는 뉴욕의 진보적인 학교인 Walden에서 아동들의 예술적 표현을 탐색하기 시작하여, 아동의 그림을 이해하는 데 많은 공적을 남겼다. Walden에서 Naumburg는 이전에 널리 이용되었던 전통적인 접근방식을 깨고 자발적인 미술 표현을 통한 학습을 아동들에게 제공하였다. Walden에서 그녀는 정신분석에 관심을 가져 그러한 접근방식으로 아동들에게 미술을 가르친 경험에서, 미술을 상징적 언어(Symbolic Speech)의 한 형태로 보고 자발적인 미술 표현이 심리치료에 유용하다는 결론을 내렸다(Naumburg, 1947, 1966). 초기에 시작된 투사 그림 검사와는 달리 Naumburg는 아동과 성인과의 작업을 통해 미술의 의미와 가치에 대한 몇 가지 중요한 특성을 발견했다. 첫째, 그녀는 치료에서의 미술 표현을 내담자와 치료사 간의 상징적 대화의 한 형태로 보았다. 더욱 중요하게 지적할 점은 특별히 고안된 검사에서 그려진 그림보다는 자발적으로 그려진 그림의 가치를 더 높게 평가했다는 것이며, 다른 분야로부터 미술치료 분야를 분리시켰을 뿐 아니라 아동들의 시각적 표현인 그림을 이해하는 방식과 적용범위를 더욱 넓힌 것이라 할 수 있다. 미술 표현에 대한 Naumburg의 견해는 20세기 초에 유행했던 정신분석적 관점과 일치되는 입장으로, 그림을 무의식적 심상(imagery)을 나타내는 하나의 방식으로 보았다. 마찬가지로 그녀는 성인이나 아동 모두 자신들의 내적인 갈등을 시각적인 형태로 표현한다고 믿었다. 미술교육자이자 Margaret Naumburg와 자매간인 Cane(1951) 역시 창조적 활동인 미술 작업과 정서와의 관계에 관심을 가졌다. 그녀는 아동들에게 음악이나 율동, 소리, 난화 등을 사용함으로써 자발적으로 그림을 그릴 수 있도록 도와주는 방법을 개발했다. 그녀만의 아동에 대한 연구는 미술 표현이 무의식적 표출이라는 개념뿐만 아니라 미술과 다른 여러 양식들이 합쳐진 특별한 방법은 이러한 표출을 이끌어 준다는 것을 뒷받침해 주었다. Naumburg와 Cane 모두 아동미술치료, 특히 아동의 자발적인 이미지를 이해하는 데 있어서 후속 발전에 기초를 이루었다.

Naumburg 이후로는 예술가이자 교육자이며 미술치료 분야의 개척자인 Edith Kramer가 아동과의 미술 작업에 있어서 다른 중요한 구성요소를 지적했다. Kramer(1993)는 창조적 작업과정인 심리적 과정에 존재하는 미술치료의 치유 잠재력(healing potentialities)을 믿었다. 그녀는 창조성을 강조하였으며, 미술이 단지 시각적인 상징적 의사소통이 아니라, 아동과 함께 하는 미술작업 '과정'의 유용성을 중요하게 생각하였다.

Kramer의 철학은 1930년대에 발전되었는데, 그녀는 나치 독일의 아동 난민을 위해 미술 강좌를 열었던 경험에서, 정신적 외상을 입은 아동들의 미술 표현에 대한 가치와 의미를 알게 되었다. 후에 그녀는 학교 및 거주 치료 프로그램을 실시하여 치료과정에서 아동의 미술 표현이 승화의 한 형태이며, 자신들의 충동과 감정을 이미지로 변형시키는 활동이라는 것을 깨달았다. Kramer가 치료 작업에 기여한 많은 것들 중 한 가지는, 어떻게 하면 치료사가 미술을 통해 발달적으로 적합한 미술 기법을 가르쳐서 아동들로 하여금 자기 표현을 잘할 수 있도록 돕는가 하는 것으로서, 예를 들면 치료사가 치료 시에 반응적이고 반영적이어야 하는가, 아니면 아동의 창의적 표현과정을 중재하고 지지해 주는 '제3의 손(third hand)'이어야 하는가다. 치료과정에서 창조되는 아동의 미술 표현을 이해하는 데 기여한 이러한 철학적 입장은 아동이 그림을 그리는 과정에 치료사가 간섭하거나 개입하지 않는 정신분석적인 수동적 입장을 덜 강조하는 것이다. 영국의 소아과 의사인 Donald Winnicott (1971)은 아동의 미술이 치료사와 아동 간의 '의사소통' 수단으로 사용될 수 있다는 생각을 하였다. 그는 Naumberg와 Cane의 난화 그림(scribble drawings)과 유사한 기법을 개발하여 아동과 치료사가 함께 그림을 그리면서 하나의 난화를 만들어 가는 '난화 게임(squiggle game)'이라고 불리는 기법을 만들었다.

Winnicott이 만든 이 기법은 치료사가 종이 위에 먼저 난화를 그리고 나서 아동이 그 난화를 잘 다듬어 무엇인가를 변형시켜 그린다. 그 다음에는 반대로 아동이 두 번째 난화를 그려주고 치료사가 거기서 어떤 이미지를 만들어 가는 기법이다. 이 기법의 목적은 아동 내면의 생각이나 감정을 나누기 위해 대화를 시작하는 것이며, 아동에게 자신이 만들어낸 이미지에 대해서 이야기하도록 하게 하는 것이다. 그러나 난화 게임은 투사적 그림 작업 자체로 만들어진 것은 아니었고, 오히려 미술 표현을 통한 개인적 은유(metaphor)를 만들어 내도록 아동을 돕는, 치료사와 아동 간의 의사소통을 위한 촉매제로서의 그림의 역할을 강조한 것이다. 특별한 형태나 세부 항목의 확인을 기본으로 하는 다른 기법보다는 직관적으로 접근하는 Winnicott의 방법은 난화의 내용을 탐색하기 위해 사용되었으며, 의사소통 시 아동의 역할을 강조한다.

그림, 놀이, 발달

Winnicott의 기법은 놀이치료에서 많이 알려진 방법 중 하나다. 놀이는 아동 치료 분야에서 1920년(A. Freud, 1926, 1946) 이래로 사용되어 온 것으로 아동과 관계를 이룰 수 있는 게임이나 장난감, 미술도구들을 이용하여, 아동의 행동을 해석하고 정신적 외상이나 스트레스 상황에 있는 아동의 성장과 변화를 돕는 것이다. 많은 놀이치료사들이 아동과 함께 하는 작업에서 그림 등 미술 활동을 사용하게 되는데(Gil, 1991; Webb, 1991), 흔히 다른 놀이 활동의 보조적인 수단으로 사용한다. 때때로 이러한 미술 활동이 목적이 될 때도 있는데, 이는 아동이 그림 그리기를 선택하도록 격려한다든지 혹은 특별한 그림을 그리거나 만들어 보라고 직접적으로 지시할 때이다. 어떤 치료사들은 좀 더 자발적인 방법으로 그림을 사용하기도 한다. 즉, 아동에게 놀이 활동을 하다가 미술 활동을 할 수도 있고, 또 그 반대로 할 수도 있다고 허용하는 경우다. 아동을 치료할 때 놀이를 사용하는 놀이치료사나 심리학자, 혹은 상담가들은 일반적으로 아동의 그림이 비언어적인 의사소통이며, 자신의 문제에 대한 시각적인 표현이며 놀이치료 과정을 더 향상시켜 준다고 생각한다. 그러나 놀이치료 분야에서 그림이 특별히 아동들을 이해하는 데 어떻게 사용될 수 있는지, 미술을 사용하는 놀이치료사들에 의한 연구에서 미술과 놀이가 어떤 중요한 관계가 있는지, 그리고 그 관계가 아동의 미술 표현 과정에 얼마나 중요한지에 대한 연구자료는 일화 기록을 제외하면 거의 없다.

아동의 그림이나 미술 표현은 아동을 이해하기 위한 다차원적인 접근방식이 가능한가부터 검토되어 왔다. 미술치료사이자 심리학자인 Rubin(1984a, 1984b)은 아동을 연구 대상으로 하여 미술치료, 창조적 놀이, 미술교육, 심리치료를 통합하였다. 그녀는 정상 아동과 정서적으로 상처를 받은 아동, 특별한 욕구를 가진 아동, 장애아동에게 미술을 적용시켜 어떻게 하면 그 아동들을 이해할 수 있는가를 여러 가지, 즉 숙련(mastery)과 자기표현(self-expression), 자기정의(self-definition), 그리고 스트레스나 정서적 문제, 정서적 외상을 통해서 강조한다. 미술을 통해 아동을 이해하려는 Rubin의 철학은 아동이 예술적 표현을 통해 성장하는 내적 능력을 가지고 있다는 것과, 치료사가 어떻게 하면 이러한 과정을 촉진시킬 수 있는가 하는 두 가지 모두를 강조한다.

어떤 철학자들은 아동의 미술 표현을 다양한 관점과 관심으로, 즉 특별한 욕구와 장애를 가진 아동들과 관련된 발달적인 고려(Anderson, 1992; Henley, 1992), 외상 특히 폭력이나 학대의 영향(Cohen & Phelps, 1985; Malchiodi, 1990, 1997), 융의 접근방식과 상징적 대화(Allan, 1988), 그리고 미술 발달 단계의 어느 특정 시기에 대한 고착(Levick, 1983, 1986), 미술교육, 미술치료, 심리치료 등 이들 철학을 통합해서 보았다.

생물학, 인간발달, 인류학적 근원을 근거로 하는 어린 아동들의 미술 표현의 형태나 내용에 대한 연구는 단 하나의 철학적 바탕으로 이루어진 것이 아닌 여러 관점으로부터 축적된 것이다. 가장 널리 연구되어 온 것들 중 발달적 관점은 모든 아동들에게 보편적인 발달단계가 있다는 가능성을 심어 주었다. Viktor Lowenfeld(1947; Lowenfeld & Brattain, 1982)는 20세기에 가장 널리 알려진 미술교육자 중 한 사람인데, 그는 아동의 지적인 성장이 창조적 발달과 관련이 있으며, 미술 발달 단계를 예측할 수 있게 해 준다고 주장했다. 또한 Lowenfeld(1947)는 미술 발달 단계와 더불어 자기표현에 있어서 미술의 가치를 다음과 같이 높게 평가했다.

> 그리거나 색칠하거나 만드는 과정은 아동이 의미 있는 전체를 만들어 내기 위해 자신의 다양한 환경요소와 대면하는 복잡한 과정이다. 그렇게 선택하는 과정에서, 이러한 요소들을 설명하고 재형성하면서, 아동은 우리들에게 그림에서 보여지는 것 이상의 것과 아동 자신의 일부를 보여 준다(p. 1).

몇몇 학자들은(Gardner, 1980; Winner, 1982) 미술 작업과 아동 발달에 대한 Lowenfeld와 여러 학자들의 연구를 계속해 왔다. Winner(1982)는 아주 어린 연령의 아동의 미술 표현도 복잡하며, 미술 발달 단계가 간단하거나 쉬운 문제는 아니라고 강조했다. Gardner와 Winner 모두, 아동의 인지적 능력의 발달과 그림과의 관계를 강조했다.

아동발달과 인류학 분야를 통합하여, Kellogg(1969)는 모든 인간에게 특별한 공통된 패턴과 일정하게 비슷한 모양이 아동들에게서 그려지는 인류 보편적인 이미지가 있음을 발견하였다. 그의 200,000여 장이 넘는 아동의 그림들에 대한 연구는 어린 아동들의 미술에서 보여지는 공통된 형태, 모양, 배치에서 증명되었다. Kellogg의 연구는 사람, 동물, 나무, 집과 같은 대표적인 대상을 그리기 시작하는 때까지, 종이 위에 처음으로 표시하는 것이 무엇인지를 관찰하여 아동들의 그림 발달을 추적한 것이다. 어떤 학자들은 그림 행위에 어떤 생물학적 근거가 있으며, 어느 정도까지는 아동의 미술 활동에 영향을 미친다고 소개하였다(Morris, 1962; Dissanayake, 1989).

Silver(1978, 1988, 1996a)는 20년 이상을 인지적, 정서적 발달에 대한 미술의 역할을 이해하는 데 쏟아 왔다. 청각장애 아동에 대한 그의 초기 연구와 이후의 학습장애아나 성인 발작 환자들에 대한 연구에서, 그녀는 어떤 미술 작업을 통해서 아동의 인지적인 기술을 평가하고 발달시킬 수 있는지를 관찰하여, 아동들의 그림을 분석하는 인지적 접근을 시도했다. Silver에 의하면, 그림이 몇 개의 선이나 형태로 자신의 생각이나 인물, 환경 또는 개념을 나타낼 수 있다는 점에서 경제적일 뿐 아니라 자신의 사고를 대신하여 이미지로 반영할 수 있다고 하였다. Silver의 SDT(Silver Drawing Test)와 후속 연구에서, 그림이 높이, 깊이, 넓이의 공간 관계, 배열하는 능력, 창조적인 방법으로 선택하고 조합하는 능력을 나타내 준다고 하였다. 그녀의 연구는 미술 표현이 인지적인 발달의 이 세 가지 영역과, 이전에 언급된 초기의 투사 그림 검사 등 그림 검사 외의 영역에 중요한 정보를 제공해 줄 수 있다는 주장을 뒷받침한다. 좀 더 최근에 Silver는 아동기 우울과 성차를 알아보기 위해 자극그림(stimulus drawings)을 사용했다(1996a).

미술치료의 발전과 아동 치료 시 치료사의 미술치료 기법이 아동에게 미치는 영향은 아동과 치료사 간의 의사소통 창구로서의 그림의 중요성을 강조하고 있다. 미술치료 분야에서는 그림의 의미를 결정하는 데 있어서 궁극적으로 그리는 사람이 중요하다는 것을 강조하는 경향이다. 미술 표현을 보는 이러한 방식은 그림을 단순히 하나의 의미로 해석해서는 안 된다는 것을 강조한다.

또한 투사 그림 검사와 반대로, 미술치료 분야는 아동의 자발적인 그림과 미술 표현을 살펴보는 데 에너지를 더 투자하며, 여기서 그림은 특별한 작업이나 검사에 대한 반응인 것이다. 좀 더 포괄적인 이러한 이해나 노력은 비록 양적인 자료가 거의 없는 것으로 밝혀져왔지만, 미술 표현에 대한 이해나 다차원적인 측면을 중요하게 생각하게 하였다. 그들은 그림을 단순하게 보아서는 안 되며 '좀 더 넓은 관점에서 보아야' 한다고 강조한다. 즉, 심리적인 측면뿐 아니라 미술 과정이나 재료, 아동미술 표현의 변화 과정에 대한 이해가 요구된다.

현재, 미술치료 분야의 연구자들은 투사 그림 검사에서처럼 특별한 항목이나 구성요소, 혹은 생략보다는 미술 표현의 구조적인 질이나 미술 작업과정, 재료의 효과를 통해서 그림을 이해하는 방법을 탐구하고 있다. 예를 들어서, Gantt와 Tabone(1998)은 개개의 특징 자체에 초점을 두기보다는 미술 표현의 구조적인 측면을 어떻게 살펴볼 것인가에 대한 평가도구를 개발해 왔다. 또한 Cohen과 Cox(1995) 역시 미술 표현을 이해하는 데 있어 구조적인 특징이나 과정, 내용 등을 고려하는 통합적 접근으로 발전시키기도 하였다. 미술 표현의 질적인 특성을 고려하는 이러한 방식들은 성인의 미술 표현을 중심으로 이루어졌지만, 아동의 그림을 이해하기 위한 다양한 방식에 영향을 미칠 수 있었다.

결론

이 장에서는 아동들의 그림을 판독하고 정의하고 이해하려는 임상가들이나 학자들의 다양한 철학을 대략 살펴보았다. 역사적으로 전문가들에게 많은 도움을 준 아동들의 그림은 주로 투사 그림 검사가 중심이 되어 왔고, 정신분석적 사고와 그림의 상징적 의미 간의 관계를 반영해 왔다. 이러한 정보는 아동들의 그림에 대한 어떤 일반적인 경향을 지지해 줄 수는 있었지만, 대부분이 검사의 범위에 한계가 나타나거나, 너무 한 가지 형태적 특징에 성격과 정서를 연결지었다는 문제점을 보였다. 전반적으로는 성격을 중심으로 문제나 병리적인 특성을 강조하였고, 아동들의 미술 표현이 다양하다는 점도 제시해 주었다.

우리가 중요하게 기억해야 할 점은 다양한 특징과 많은 이론적 틀을 고려해야 한다는 것이다. 그중에서도 아동들의 시각적 의사소통을 존중해 주는 것이 중요한데, 이는 아동들의 시각적 대화에는 풍부함과 독특성, 복잡성, 그리고 자발성이 있기 때문이다. 아동들의 미술 표현은 아동 개개인과 같이 서로 다르며, 발달적, 정서적, 사회적, 문화적 경험 등 다양한 범위 내에서 이해되어야 한다.

투사 그림이나 미술을 바탕으로 하는 다른 검사 도구들이 주로 평가의 목적으로 사용되어 왔지만, 전문가들에게 가장 도움이 되는 것은, 적절한 개입과 치료적 개입을 계획하기 위한 정보뿐만 아니라 미술 표현 자체, 그리고 그 표현 자체에 대한 개입방법이다. 실제로, 대부분의 치료사들은 아동들의 그림을 평가하려는 목적보다는 다른 방식, 즉 문제를 해결하는 수단, 감정이나 지각을 표현하는 활동, 자신의 상황 또는 좋지 못한 기억과 감정을 다루는 활동으로 미술을 사용하게 된다. 이런 점에서 미술 표현은 진단 평가 그 자체의 수단이 아니라, 발달 연령에 적합한 방식으로 아동이 자신의 경험을 연결시키는 하나의 양식인 것이다.

최근 대부분의 치료사와 임상가들은 행동 관찰, 심리평가, 자기보고와 같이 다른 도구들과 함께 아동의 그림을 보는 것 같다. 미술 표현은 이러한 정보를 보충해 주고 뒷받침해 줄 수 있으며, 대부분의 경우 아동은 이러한 창조적인 작업을 통해서 치료에 참여하게 되고, 치료사들과 의사소통하는 방식으로 그림을 사용하게 된다. 투사 그림 검사가 연구의 신뢰도 등 몇 가지 문제점을 가지고 있기는 하다. 그러나 이 장에서 밝힌 바와 같이 미술 표현을 이해하기 위한 대안적 방법들은 현재까지 신중하게 다루어진 연구가 없었고, 대부분이 임상적 관찰에 근거하고 있다. 이러한 문제점에도 불구하고, 아동들의 창조적 작품을 이해하고 규정하는 데 있어서 아동의 그림에 대해 지속적인 관심을 보이는 것은 그들의 미술 표현이 내면세계를 반영한다는 점과 아동을 평가하고 치료하는 데 있어서 그림이 아주 중요하다는 데 일치를 보이고 있기 때문이다.

02 아동그림의 내용

아동들에게 있어서 미술 활동은 무언인가 새롭고, 자기만의 것, 그리고 유일한 것을 창조하는 많은 경험들을 결합시켜 주는 하나의 과정이다. 그림을 그리는 과정은 선, 모양, 색을 선택하고, 변형하고, 배열하기 위해 그림의 내용, 스타일, 형태와 구도 등의 다양한 구성요소들을 종합하여 아동으로 하여금 생각과 느낌, 사건 또는 관찰한 것을 전할 수 있게 한다. 아동들의 그림 안에는 매우 다양한 여러 가지 요소와 경험이 결합되어 있기 때문에 아동들의 그림을 간단하게 설명하고 해석하는 것은 어려운 일이다.

개인적으로 미술 활동을 많이 경험해 보지 못한 전문가들은 아동들의 그림을 볼 때 당혹스러워하거나, 혹은 문제나 병리학적으로 지적되는 특정한 특성들에 관심을 두어 단순한 과정으로만 보기 쉽다. 사실 적어도 어느 한 사람이 열린 마음으로 아이들의 작품을 보는 것은 긴 안목에서 보았을 때 아동들에게 많은 도움이 될 수 있다. 아동들의 미술 표현을 몇 가지 구성요소와 진단적 특징만으로 보는 것은 매우 위험한 것이며, 미술 표현에 여러 가지 의미의 가능성이 그림 안에 있다는 것을 고려해야 한다. 위와 같이 제한적으로 그림을 보는 치료사들은 단지 분석하거나 가설을 세우거나 분류하거나, 심지어는 병리학적으로 간주할 목적으로 아동들의 미술 표현을 보는 것이다. Rubin(1984)에 의하면, "어떤 표현이 초기에 자신이 추측했던 의미로 판명될지라도, 그리고 특정 표현에 대한 의미가 오랫동안 불변할지라도 '항상' 그 이미지가 특정한 어떤 의미로 가정될 수는 없다." (p. 128)라고 하였다.

20년 동안 아동들의 그림을 관찰해 온 미술치료사들과 마찬가지로 저자는 아동의 그림 내용 혹은 미술 표현에 대해 특정한 판단을 내리거나 사고한다는 것에 대해 보수적인 견해를 가지고 있다. 어린 시절의 경험은 보편적인 어느 선 상에 있기는 하지만, 아동들에게 영향을 미치는 문화, 계층, 성 그리고 가정교육 또는 유전학적인 요소들과 같은 많은 영향들로 인해 아동들의 어린 시절 경험은 분명히 변화될 수 있다. 아동들을 위한 미술 활동 과정은 생물심리사회적 요인뿐만 아니라 다양한 요인들에 의해 구체화된다. 아동들이 무엇을 그리고, 무엇을 만드느냐에 따라 그들의 개인적 능력, 동기, 재능 또는 흥미를 그림과 미술 작품으로 알 수 있다. 아동과 치료사와의 관계는 아동과 성인과의 신뢰와 안전의 수준, 그림 과정과 미술 활동의 이해에 대한 치료사의 민감성과 함께 그림의 내용과 형식에 영향을 미치게 된다.

또한 이 장에서는 아동들의 그림에 대한 현상학적인 관점의 중요성을 소개할 것이다. 성인의 기준으로 아동들의 작품을 강요하고 내용과 의미에 대해 가정을 세우는 것을 피하기 위해 저자는 치료사가 아동들이 보는 독특한 관점뿐 아니라 그림에 있어서의 다양한 의미를 열린 시각으로 보아야 한다고 생각한다. 마지막으로 치료 과정 중에 만들어진 아동들의 그림을 좀 더 통합적인 관점에서 바라보기 위한 다양한 시각들에 대해 언급할 것이다.

아동의 그림에는 어떠한 동기가 숨어 있는가

그림이나 다른 창작표현에 있어 아동들의 접근방법을 이해하기 위해서는, 첫째로 아동들이 자발적으로 표현할 때 어떤 동기가 있는지를 고려해 보는 것이 중요하다. 아동들이 그림을 그리는 데에는 일반적으로 세 가지 동기가 있다. 기억, 상상력 그리고 현재의 삶이 바로 그것이다.

기억, 상상력 그리고 현재의 삶

아동들에게 그림을 그리도록 강요하거나, 그림을 통해 무엇인가를 기억하게 해서 그려진 그림들은 사건, 사람, 동물 혹은 환경에 대한 아동들의 회상에 바탕을 두고 있다. 기억을 통해 그림을 그린다는 것은 모든 아동(또는 성인들)들에게 있어서 특히 쉬운 일은 아니다. 예를 들면, 대부분의 치료사들이 일반적으로 아동에게 가족을 그리라고 하면 많은 아동들은 자신의 가족에 대해 상세히 그리기보다는 매우 간단한 형태로 가족을 그린다. 때때로 가족과 같은 주제에 있어서 좀 더 자세한 그림을 얻기 위해서는 약간의 조언과 격려가 필요하다.

치료사들은 종종 아동들에게 허구적인 이야기나 감정 등 상상하여 무엇인가 그리도록 강요할 때가 있다. 일부 몇몇 아동들은 쉽게 그들이 상상한 흥미로운 주제들을 가지고 그림으로 표현할 수 있지만, 의외로 어떤 아동들은 종이 위에 아무것도 그리지 못할 수 있다. 특히 오랫동안 학대를 당했거나 심리적인 마비 상태가 올 정도로 심한 충격을 가지고 있는 아동들이 그러하다. 이러한 아동들에게 종이 위에 무엇인가 그리도록 하는 것은 매우 어려운 일이다. 또 어떤 아동들은 어떠한 지침이나 도움 없이 무엇인가 만들 때, 잘 못할 것 같은 두려움을 느낄 수도 있다. TV와 비디오 게임에 대한 아동들의 몰입이 미술 표현에 있어서 아동들의 상상력을 줄어들게 한다는 가정(Kramer, Gerity, Henley, & Williams, 1995)은 증거를 가지고 있지는 않지만 우려되는 점이다.

많은 아동들이 상상으로 무엇인가 생각해 낸다는 것이 결코 쉽지 않음을 치료사는 인정해야 한다. Gardner(1982)는 어린 아동들의 경우, 미술 재료가 제시되거나 관심 있는 성인들이 있으면 따로 미술 작업을 시작하기 위한 자극이 거의 필요 없는 아동들이 있는 반면, 시작하는 것을 더 주저하는 아동들도 있다고 하였다. 후자의 경우, 성인들이 주목할 때에 어떻게 활동을 진행해야 할지 모르는 경우일 것이다. 그러나 미완성된 그림이나 디자인과 같이 약간의 제시를 해 주면 자기 혼자 자발적으로 시작한 아이들보다 더 풍부한 창의력을 가지고 독창적인 작품을 만들 수도 있다.

발달적 요인은 아동의 상상력에 영향을 미칠 수 있다. 예를 들면, 학령기 아동이나 청소년기 아동은 그들 주위에 있는 무엇인가를 보고 따라 그리는 것을 좋아한다. 왜냐하면 발달적으로 이 시기의 아동들은 사실화를 그리기를 더 원하고 정확한 묘사를 하는데 관심을 갖고 있기 때문이다. 설사 아동들이 상상력으로 그림을 그린다 하더라도 실수하는 것에 대해 걱정하거나 완성된 그림을 보고 실망할 수도 있다. 반면에 어린 아동들은 일반적으로 자발적으로 그림을 그리며 사진과 같이 정확한 묘사를 하는 데에는 관심이 적다.

현실 세계에서 바라본 사물을 그대로 표현하는 것이 아동들이 그림을 그리는 세 번째 방식이다. 다시 말하자면, 그들 앞에 있는 바로 그 무엇인가를 그린다는 것이다. 치료사들이 아동에게 현재 처해 있는 환경 속의 그 무엇인가를 그리라고 요구하지 않아도, 아동들은 자신의 주변 환경에서 본 그 무엇인가를 그림의 주제로 선택하게 된다는 것이다. 앞에서 언급한 바와 같이, 학령기 아동들과 청소년기 아동들은 이러한 종류의 그림에 더 흥미를 가질 것이다. 왜냐하면 발달적으로 그 시기에는 현실적이고, 정확하며 사실적인 묘사에 관심을 가지기 때문이다.

그림에 대한 태도

그림을 그리거나 미술 작품을 만드는 태도는 어린 시절에 형성되며, 치료사들이 아동들과 의사소통하는 데 오랫동안 영향을 미칠 수 있다. 자신이 그림을 잘 못 그린다고 생각하는 성인들을 치료했던 저자의 임상경험으로는 미술이나 예술가적 능력에 대한 현재의 관점은 아동기 때의 특별한 기억에서 만들어진다고 들어 왔다. 예술 표현은 아주 개인적인 창조적 노력이며, 아동과 성인 모두가 자신들의 예술 표현에 대해 비난하는 듯한 평가를 들으면 상처받기 쉽다. 비판적이지 않다고 생각되는 의미가 개인적으로는 부정적이고 비판적으로 받아들여져 위협적이고 방해하는 것으로 여겨질 수 있다. 많은 성인들이 담임 선생님의 판단 하에 잘 그려진 그림은 교실 밖 복도에 붙여 다른 사람들로 하여금 칭찬받게 하고, 그렇지 못한 그림들은 교실 뒷문에 붙여 놓았던 시절을 생생히 기억한다. 부모들에 의한 평가는 미술 작업을 하는 아동의 욕구와 동기를 부여하는 데 영향을 미칠 수 있다. 아무리 호의적인 부모라 할지라도 가끔은 아동의 그림 내용을 잘못 해석하여, 아동이 그림을 그리는 것에 대해 계속 좌절하게 만들 수도 있고 용기를 꺾을 수도 있다. 위에서 언급한 것과 행동들은 그림의 내용, 형식, 표현의 질, 그리고 미술 활동에 대한 아동들의 능력과 관심에 영향을 미칠 수 있다.

미술 작업에 대한 경험

많은 사람들은 이전의 미술 활동 경험들이 아동들의 그림과 내용에 중요한 영향을 미친다고 생각하지 않는다. 그러나 아동들이 최소한 무엇을 어떻게 그리는가에 영향을 미치는 몇몇 경험들이 있다. 미술 작품의 내용과 형식에 큰 영향을 미치는 것 중 하나는 바로 아동에게 미술을 어떻게 가르쳤는가 하는 점이다. 몇몇 아동들은 성인이나 담임 선생님에 의해 제공된 색칠하기 책 같은 자료에 의존하게 된다. 예를 들어, 색칠하기 책이나 이미 그려진 그림에 채워 넣는 등의 자료를 사용하는 아동들은 그들 자신만의 독특한 그림을 창작하는 대신에 이러한 형태의 자료를 선택할 것이다. [그림 2-1]은 색칠하기 책을 보기 전의 4세 여자아이가 그린 새 그림이다. [그림 2-2]는 학교에서 아동에게 색칠하라고 준 삽화책의 새 그림이고, [그림 2-3]은 색칠하기 책을 본 후에 그린 여자아이의 새 그림이다. 아동들은 자신의 그림 작업에서 고정관념의 이미지를 반복하거나 자신들만의 아이디어나 개인적인 표현방식으로 그림을 그리는 것을 어려워하였다. 어떤 아동들은 자신이 배운 특정한 방법이나 전략에 고정되기도 한다. 우리는 아동들의 미술 표현에 있어서 적어도 몇 개의 반복적인 이미지를 공통적으로 볼 수 있다. 왜냐하면 대부분의 아동들이 그림에 대해 무엇인가를 배우

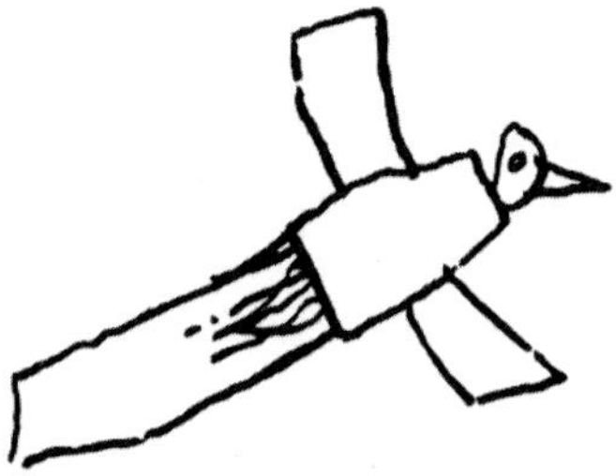

[그림 2-1]
색칠하기 책을 보기 전의 4세 여아의 새 그림

[그림 2-2]
색칠하기 삽화책의 새 그림

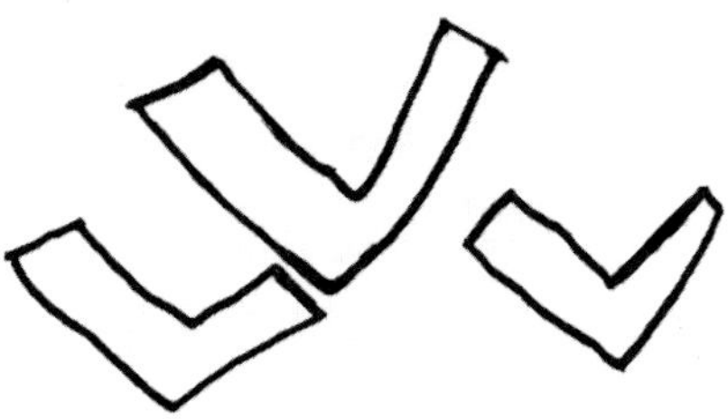

[그림 2-3]
색칠하기 책을 본 후에 그린 여아의 새 그림

고, 학교에서는 채색법을 가르쳐 주기 때문에 다른 상황을 그리는 데 있어 어떻게, 무엇을 그리느냐에 대해 장기적인 영향을 미치게 되는 것이다.

성인들이 보여 준 그림에 영향을 받는 아동들도 있다. 저자가 살고 있는 지역의 한 병원에서는 그 병원에 입원하고 있는 아동들의 작품을 전시하게 되었는데, 폭력적인 부모로부터 학대받은 경험을 묘사한 것이었다. 아동에 의해 그려진 그림은 힘 있고 대단했다. 즉, 인간의 머리를 하고 있는 사슴의 그림을 그렸는데, 사실 이 아동은 멕시코 예술가인 Frida Kahlo의 그림 중 사슴의 몸에 화살이 꽂힌 유명한 작품을 모방한 것이었다. 모방하는 데 있어서도 아동의 선택이 중요하겠지만, 미술에 대한 교사 자신의 관심과 미술 프로그램에서 사용된 그림이 아동의 선택에도 영향을 미치게 된다. 아동의 그림 내용이 자극적이었지만, 미술 선생님과 보여 준 그림의 암시적인 영향은 오히려 아동이 자발적으로 그리는 것보다는 미술 작업에서 영감을 일으키는 작용을 한 것이다.

사회문화적 영향

마지막으로 사회문화적 영향은 일반적으로 그림을 그리는 데 있어 동기부여와 미술 제작을 하는 태도에 영향을 미칠 수 있다. 문화적 관점과 관련하여 그림을 연구하지는 않았지만 문화도 아동들의 미술 표현에 영향을 미칠 수 있다(Alland, 1983; Dennis, 1966). 혈족, 민족성, 사회경제적 지위, 그리고 종교가 아동들이 그림을 그리는 데 있어서 동기부여와 태도에 어떻게 영향을 미치는지에 대해서 널리 연구되지는 않았지만 그들의 창조적 활동에 중요한 영향을 미치는 것은 사실이다.

다른 나라를 여행하면서 아동들에게 그림을 그리라고 요구했을 때의 반응의 차이는 매우 인상적이다. 몇 해 전에 저자는 아동들과 성인들에게 사용되는 미술치료기법을 치료사들에게 소개하기 위해 중국에 초청되었다. 저자의 연구 과제 중 일부로, 북경 근교에 있는 학교의 6~7세 아동들을 대상으로 연구를 했었다. 비록 중국 아동들의 미술 작품이 미국 아동들의 미술 작품과는 비교될 수 없을 정도로 발달적으로 뛰어났지만, 저자가 그린 그림을 보고 그리라고 했을 때는 좋아했지만 자발적인 그림을 그리라고 부탁했을 때는 그림 그리기를 불안해했다. 그러나 놀랄 만한 일은 아니었다. 왜냐하면 미술에 대한 중국 아동들의 개념은 그들 자신만의 아이디어를 계발하기보다는 권위적인 성인들에 의해 그림을 어떻게 그려야 하는지 교육받고 있었기 때문이다. 중국의 아동들은 상당히 조용하고, 세심하며 내성적으로 저자와 상호작용하였는데, 미국의 치료사들은 아마도 조심성 많고 수줍음을 잘 타는 것으로 인식할 수도 있었을 것이다. 그러나 이 특별한 중국 아동들은 그들 문화의 중요한 특성 중 하나인 침묵과 복종으로 저자에게 존경심을 표현한 것이었다.

또 다른 사회문화의 영향은 일반적으로 미술 활동이나 성인들과의 상호작용에 있어서 아동들이 가정에서 무엇을 배웠느냐에서 비롯될 수 있다. 그림을 그리도록 부탁했을 때 내성적으로 반응을 보이는 아동들은 권위적인 성인들을 존경하고 엉망이 되지 않게 조심하도록, 미술 재료를 낭비하지 않게 미리 미술 활동이 진행되기 전에 허락을 받거나 지시를 기다리도록 가정에서 교육받았을 것이다. 치료사와 아동 간의 인종적, 문화적 배경의 차이는 그림을 그리라는 요구를 기꺼이 받아들이는가에 대한 요인이 될 수 있다(Campanelli, 1991; Pinderhughes, 1989). 아동의 관심, 동기, 그림을 그리는 과정에 있어 어떠한 결정을 내리기 전에 신념과 가치에 대해 학습하고, 이와 같은 차이점들을 해석하고 이해하는 것이 중요하다.

과정으로서의 그림

미술치료사들을 제외하고 아동들에게 미술을 사용하는 극소수의 치료사들은 아마 아동이 그린 것과 미술 과정에서 나타난 독특한 특징들에 대해 의구심을 가질 수 있다. 그러나 아동에게 그림을 그리도록 요구할 때, 당신이 아동에게 어떻게 해야 하는지에 대한 임무와, 발달적 관점을 고려하여 아동이 그림을 어떻게 지각하는지를 아는 것이 중요하다. 그림을 진행할 때 무엇이 수반되는지 완벽하게 이해하는 것이 치료사에게 매우 중요하기 때문에, 이 다음 부분은 미술 진행 과정과 미술 재료에 익숙지 않은 치료사들을 위한 내용이다. 물론 그림을 이해하는 최상의 방법은 첫째로 경험해 보는 것이다. 예를 들어, 수영하는 사람을 단지 보고 관찰하는 것만으로 그들이 무엇을 경험하는지 알기를 기대하는 것과 같다고 할 수 있다. 그들의 경험을 완벽하게 이해하기 위해서는 물 속으로 들어가야 할 것이다.

간단히 말하면 그림은 선으로 된 형태나 모양, 그리고 이미지를 해석하는 것이다. 종종 종이 위에 표시하기 위해 미술 도구가 사용되지만, 한 손가락을 사용해서 모래와 하늘까지 선을 그릴 수도 있다. 아동들을 위한 그림 작업은 미술을 하는 과정과 그에 따른 결과를 모두 중요시해야 한다. 어린 내담자를 많이 이해하려고 노력하는 비전문가들은 자신들의 관심을 대부분 아동들의 활동 결과에만 초점을 맞추고 있다. 그러나 아동이 그린 그림의 의미를 이해하기 시작한다는 사실은 미술을 하는 과정을 완벽히 이해하는 것과 같은 것이다.

Kramer(1971)는 아동들이 그리고, 색칠하고, 만드는 과정에서 미술 재료를 사용하는 것에 대해 다양한 방법으로 설명하고 있다. 그녀의 의견에 따르면, 미술 재료로 표현하는 방식을 다섯 가지로 설명하고 있다.

1. 초기 활동: 낙서를 하거나 문질러 더럽히거나 재료에 대해 신체적으로 탐색하게 되는데, 상징적인 형태를 창조하지는 못하지만 긍정적이고 자기 동조적인 경험을 하게 된다.
2. 무질서한 감정 발산: 통제감의 상실에서 비롯되는 흩어 뿌리기 또는 튀기기, 세게 두드리기 등 파괴적인 행동이 나타난다.
3. 강박적인 방어적 표현: 정형화된 형태의 반복, 모사, 진부한 전통적 창작물이 나타난다.
4. 상형문자적 표현: 단어를 바꾸거나 보충하여 그림으로 표현하는 의사소통을 한다.
5. 정형화된 또는 문자를 대신하는 표현: 상징적인 형상의 창작물들이 자기표현과 의사소통에 있어서 성공적으로 기능한다 (pp. 54-55).

이러한 Kramer의 설명이 중요한 이유는 미술 작품뿐 아니라 아동을 치료하는 미술 과정과 그들의 그림을 한층 더 잘 이해할 수 있게 해 주기 때문이다. 예를 들어, 많은 아동들이 다양한 이유로 미술 활동에 참여하는데 표현을 다 끝내지 못한다. Kramer(1971)에 의하면, 이것은 단순히 미술 재료를 가지고 실험을 하는 것이라고 하였다. 예를 들면, 점토를 가지고 무엇인가를 할 수 있다고 배웠을 때 아동들은 점토의 기능을 알아보기 위하여 세게 두드리기도 하고 꼬거나 말거나 혹은 선을 만들어 보기도 한다. 또 어떤 아동들은 다른 이유에서 아무것도 만들지 못할 수도 있다. 불안하다거나, 신경질적이거나 지나치게 활동적이거나, 감정적으로 위축되어 있는 아동들은 재료를 신중하게 선택하지 못하고, 금방 무질서한 방출 상태에 빠질 수도 있다. 예를 들어, 과잉행동을 보이는 10세 아동이 아무것도 하지 않고 낙서만 하다가 끝내기도 하고, 외상을 경험한 7세 아동이 그림에 집중해서 그리는 것을 어려워하여 재료를 경험하거나 적절한 그림을 그리기보다는 종이를 구기거나 찢어 버릴 수도 있는 것이다.

또 다른 측면에서는 아동의 성격, 미술 재료 그리고 활동에 대한 수용이 모두 한번에 결합되어 유사한 결과를 나타낼 수도 있다. 저자가 슈퍼비전하고 있는 한 대학원생을 예로 들면 템페라 화법을 이용해서 벽 위에 대형 그림을 그리게 하는 프로젝트에 아동들을 참여시키기를 원했는데, 그는 아동들에게 전화 통화에 대한 이야기를 읽어 주고 나서 아이들이 함께 서로에게 전화선이 연결되는 그림을 그릴 것에 초점을 두고 있었다. 저자는 이 이야기를 듣자마자 아동들이 어수선해질 것이라는 생각이 걷잡을 수 없이 밀려들었다. 저자는 아동들과 활동할 때 일어날 수 있는 문제점에 대해 조언해 주었지만, 그는 어찌되었건 이 활동을 해 보고 싶어했다.

활동이 시작된 지 몇 분 후, 도처에는 페인트칠이 되어 있었고, 매우 무질서했으며 그 대학원 학생은 이 결과에 대해 아주 우울해했다. 아동들의 반응은 뒤섞여 있었다. 실망하고 짜증을 내는 아동들이 있는 반면, 어떤 아동들은 완성된 그림에서 아주 만족하고 기뻐하기도 하였다. 이러한 아동들의 반응은 내용이나 표현이 잘 된 그림보다는 오히려 엉망이고 혼란스러운 그림에서 더 잘 드러났다.

활동 시 물의 농도를 맞추기 어려운 그림물감을 사용할 때 아동들은 순식간에 무질서하게 그림을 그리는 것을 알 수 있었다. 이를 통해 아동들은 실제로 흥분되었고, 활동은 아수라장이 될 정도로 고조되어 있었다. 물감은 아동들의 정서적 요소를 이끌어 내기도 하고, 커다란 도화지 위에 대각선을 그릴 수 있게 하는, 즉 운동 감각적 활동을 하도록 이끌어 낼 수 있다. 어떤 경우에는 이러한 특성이 바람직할 때가 있다. 예를 들어, 내성적이거나 너무 통제되어 있고 지나치게 경직되어 있는 아동에게는 지지적인 환경하에서 이러한 재료로 활동할 수 있는 경험이 이로울 수 있다.

미술 재료의 중요성

그림을 그리는 데 있어서 재료와 장소는 반드시 필요한 것들이다. 이러한 것들은 그리는 과정에 있어 분명히 있어야 할 두 요소로 보여지지만, 어떤 아동 미술치료사들은 그림을 그릴 때 사용되는 재료와 환경, 또는 공간의 중요성을 고려하지 않기도 한다. 그러나 이 두 가지 요소는 아동들의 미술 표현 결과와 흥미에 상당한 영향을 미친다고 할 수 있다.

첫째, 무엇인가 그릴 때 제공되는 질 좋은 재료들은 아동이 그림을 그릴 때 양적으로도 다양한 재료를 선택하게 하여 표현하는 데 많은 영향을 미칠 수 있다. 예를 들어, 어떠한 미술 재료가 제공되는가에 따라 아동이 그림을 그릴 때 어떤 색을 선택하고 사용하는지에 영향을 미칠 수 있다. 어떤 아동들은 어떠한 상황에서도 부러진 크레파스를 사용하지 않고 좋은 상태의 크레파스만을 사용하기를 좋아할 것이다. 또한 분필이나 파스텔을 사용하는 활동에서는 손가락이 더럽혀지는 것을 싫어하여 종이로 싸여진 파스텔만 사용하는 아동들도 있을 것이다. 이는 아동들의 성격이나 선호도를 나타내 주기도 하지만, 어떤 그림을 그리느냐 또는 그림의 내용이 무엇이냐에 따라서 아동의 색 선택에 영향을 미칠 수 있다.

마찬가지로 치료사들의 미술 재료에 대한 이해도 중요하다. 만약 치료사가 미술 재료에 대해 잘 알지 못하거나, 어떻게 사용하는지 모른다면, 아동들은 그림을 그리는 데 재료를 어떻게 사용해야 하는지 정확하게 알 수 없을 것이다. 미술 작업 과정에서 아동의 개인적인 경험을 알아내는 데 초점을 두는 것이 아니라 미술 재료에 대한 충분한 이해를 위해 직접적으로 미술 재료를 제시할 수도 있는데, 이는 언어가 이러한 재료에서 얻어지는 것만큼 정보를 정확하게 전달하지 못하기 때문이다.

아동 그림의 내용과 스타일에 영향을 미치는 재료의 특성들이 몇 가지 있다. 아동들이 무엇을 어떻게 그리는가에 있어서 종이의 크기는 중요한 요소가 된다. 표준 크기인 $8\frac{1}{2} \times 11$인치(A4용지 크기)의 흰색 종이는 흔히 위기에 압도되어 있는 아동들에게는 작은 공간을 가득 채움으로써 두려움을 줄여 주고 더 자세히 그릴 수 있게 해 주기도 하지만, 다른 요소로 인해 제한적이 될 수도 있다. 큰 종이는 움직임과 재미있는 표현을 더 이끌어 주는 반면에 움직임이 더 커짐으로써(앞에서 대학원생과 대형 그림을 그리게 했던 프로젝트에서 언급한 바와 같이) 조증(mania) 아동이나 과잉행동 아동에게는 역효과로 사용될 수 있다.

색도화지 또한 아동들이 그림을 그리기 위해서 선택하는 색에 영향을 미칠 수 있다. 일반적으로 대부분의 치료사들이 흰 도화지를 가지고 아동들과 미술 활동을 하는 것으로 생각하고 있겠지만, 어떤 상황에서는 색도화지를 사용하는 것이 중요할 수도 있다. 예를 들어, 검은 도화지는 학습장애나 인지장애, 그리고 시각장애를 가진 아동들에게는 도움을 줄 수 있다고 보고되어 있다. 만약 아동이 그림을 그리기 위해 흰색 크레파스나 흰 분필을 사용한다면 어두운 바탕색은 강한 대비를 이룰 것이다. 흰 바탕 위에 연필이나 크레파스와 같은 평범한 재료들을 사용하는 것에 대한 이러한 반전은 더 쉽고 명확하게 그리고 자세하게 묘사하는 아동의 능력을 향상시켜 주게 된다.

지금 이 시점에서, 색과 미술 재료에 대해 간단하게 언급하는 것이 중요하겠다. 첫째, 아동이 그림을 그릴 때 어떤 재료를 사용하는가는 그림의 색에 직접적인 영향을 미친다. 흔히 밝고 눈에 띄는 색을 나타내는 펠트마커는 넓은 면적을 칠하기 어렵고 밝은 명도를 가진 색연필보다 더 강한 인상을 남길 수 있다. 또 어떤 재료는 다른 재료보다 혼합이 더 쉬울 수 있다. 혼합해서 사용할 수 있는 분필이나 유성 파스텔은 아동에게 색을 섞어서 사용하라고 제시하거나 이러한 방법을 가르쳐 주지 않는 한 많은 아동들이 색을 섞지 않고 단순하게 사용할 것이다.

Rubin(1984a)은 아동들과의 치료작업에 있어서 미술 재료에 대한 이해와 혼합의 중요성에 대해 다음과 같이 요약해 주고 있다.

> 만약 성인들이 미술 재료에 더 관심을 갖게 된다면, 미술 재료가 가장 유용한 것으로 인식될 뿐 아니라, 아동들에게는 도구를 교환함으로써 관계를 배우게 될 것이다……. 미술 재료는 아동들에게 적절히 제공되어야 하는데, 아동의 발달 수준, 조절능력, 이전의 경험, 특별한 관심과 욕구에 알맞게 사용되어야 한다……. 재료가 다양하게 제공되면, 아동들 고유의 특유한 표현 방식과 선호도, 그리고 그들이 가장 좋아하는 표현 형태를 발견하고 발달시킬 수 있을 것이다 (pp. 30-31).

환경의 중요성

환경은 아동의 그림 내용과 형식에 영향을 미칠 수 있는 또 다른 측면이다. 저자가 초등학교 미술교사로 일할 때 근무했었던 두 학교는 미술 활동을 하는 데 있어서 매우 다른 환경조건을 가지고 있었다. 한 학교는 깔끔하고, 책걸상 줄도 잘 맞추어져 있었고, 학생수가 많은 큰 학급이었고, 또 다른 학교는 커다란 교실 안에 매우 적은 수의 학생들이 수업을 진행하는 학교였다. 미술을 하는 공간에 있어서, 두 학교의 학생수가 차이를 보이기는 하나 아동들의 미술 활동 과정에 영향을 미치는 것은 분명한 사실이다. 정돈은 되어 있지만 학생들로 북적대는 학급 아동들의 미술 표현은 다른 아동들과 같이 색이 화려하고, 상상력이 풍부했다. 그러나 이러한 환경 속에서 아동들은 종종 깔끔한 것에 대한 강박관념을 가지고 있으며, 그림의 구도와 색채 면에서 조심스러움을 드러내기도 하였다.

아동들에게 영향을 미치는 철학, 즉 학교의 철학은 지시와 통제에 있다. 활동에 있어 제한을 가하는 매우 체계화된 학급의 경우, 그 공간 자체가(위 학급의 경우, 활동이 제한되어 있는 아주 구조화된 교실) 미술 표현 방식에 영향을 미친다는 것을 잘 알 수 있었다.

또 다른 학교의 아동들은 자유롭게 활동할 수 있는 상당한 공간적 여유를 지니고 있었다. 제약성이 다소 적은 환경이었기 때문에, 미술 작업을 하는 동안 아동들은 종종 자연스럽게 움직이고 노래를 불렀다. 아동들에게 종종 대형 그림을 그리게 하거나, 색을 칠하도록 했고, 집단을 통해서 그들의 그림을 표현하도록 했었다. 이와는 대조적으로, 규율이 엄격하고 학생수가 많은 학교의 아동들은 미술시간이 끝나는 매 시간마다 한 아동마다 각각 그림을 보이면서 그들의 미술 작품에 대해 이야기하기를 좋아했다.

비록 그리기 등의 다른 미술 활동을 위해 마련된 별도의 공간이 있으면 이상적이기는 하지만, 치료사들은 종종 다른 환경에서 아동들을 위해 일해야 할 때도 있다. 외상을 지니고 있는 아동들을 치료했던 저자는 매우 다양한 장소에서, 즉 이용할 수 있는 곳이면 어디서나, 예를 들어 부엌, TV룸, 레크리에이션 실(미술 탁자의 두 배인 탁구대), 그리고 가끔은 미술실에서 활동을 했다. 저자는 어떤 때에는 아동 내담자를 면접하기 위해 사회사업가 사무실에서 일해야 했었다. 쉼터나 보호소에서 치료를 할 때에는 성인용 탁자나 책상이 사용되는 것이 보통이나, 아동들의 미술 활동을 특별히 이끌어 내지는 못한다. 성인용 가구는 아동들의 미술 활동에 대한 능률을 떨어뜨린다. 왜냐하면 성인용 가구는 아동들이 그리기 등의 미술 활동을 하는 데 어려움을 주기 때문이다.

더불어, 아동들을 치료하는 치료사들은 아동들이 분필, 페인트,

풀 혹은 다른 종류의 미술 재료를 가지고 공간을 엉망으로 만들지 않을까 하는 걱정을 가지고 있다. 만약 아동들을 개입하는 목표 중 하나가 그림을 통해 자유로운 표현을 하도록 돕는 것이라면, 이러한 걱정은 성취도 면에서 도움이 되지 않을 것이다. 아동들에게 편안하고 적합한 책상과 의자는 아동들의 참여와 자연스러운 표현을 이끌어 주는 데 있어서 중요하다.

위에서 기술한 예와 같이 공간은 분명히 아동들의 표현에 영향을 미치는 요인이라는 것과 아동들의 참여 수준과 그림에 환경이 직접적으로 어떻게 영향을 미치는지를 알고 있는 것이 중요하다. 대부분의 치료사들은 많은 아동들이 잘 짜여진 공간에 자극을 받기도 하나, 어떤 아동들은 너무 넓은 공간과 주의 산만한 환경에 압도될 수도 있다는 것을 잘 알고 있다. 어떤 아동들은 바로 앞에 놓인 지나치게 많은 재료와 놀이감에 쉽게 흥분되는가 하면, 시작하는 것에 대해 불안해하거나 싫어하는 아동들이 있을 때에는 이것이 그림에 집중할 수 있는 아동의 능력을 떨어뜨릴 수도 있다. 비록 많은 상황에서 치료사들이 아동들의 미술 환경을 완전히 통제하지는 못하겠지만, 아동이 그림을 그리는 관심도와 참여도에 공간이 영향을 미친다는 것을 아는 것은 중요하다.

미술 활동 공간은 아동들의 그림을 다른 사람들이 보는 것을 원하지 않을 수도 있으므로 안전하다는 느낌을 갖게 하는 곳이어야 한다. 그림을 그리는 공간은 가능한 한 편안하고 안전하다는 느낌을 가질 수 있는 곳이어야 한다. 치료받기 위해 오는 아동들의 대부분은 어려움과 걱정이 있고, 두려움을 가지고 있기 때문에, 새롭고 낯선 환경이 이러한 아동들에게 불안감을 초래할 수 있다. 미술 표현을 위한 안전한 장소를 아동들에게 제공하기 위해서는 치료사와 둘만의 공간을 사용하거나 또는 집단이나 가족과 좀 떨어진 곳을 사용하거나 하는 선택권을 갖게 하는 것이 필요하다. 치료의 본래 특성이 비밀유지에 있기 때문에, 일반적으로 그림을 그리는 데 사용되는 공간은 치료 활동기간 동안은 비공개적인 것으로 간주되어야 한다. 왜냐하면 안전과 비밀유지는 아동들을 치료하는 데 있어서 윤리적인 문제를 야기시킬 수 있기 때문이다. 이러한 점에 대해서는 제8장에서 더 자세하게 논의하기로 하겠다.

아동의 그림과 치료적 관계

미술치료를 하다 보면 종종 치료사와 아동 간의 관계가 아동의 그림 표현에 영향을 미친다는 점을 발견할 수 있다. 즉, 치료자인 성인과 내담자인 아동의 관계에 있어서의 상호작용은 아동들의 창조적인 과정에 영향을 미칠 수 있는 중요하고도 강한 힘의 원동력이 될 수 있다. 치료사와 아동과의 관계와 그 관계의 수준은 아동들이 무엇을 그린다거나 느낀 것을 자유롭게 표현하는 데 있어 매우 중요한 영향력을 가지고 있다.

아동들을 대하는 대부분의 정신건강 전문가들은 어떤 작업이 성인들과 건강하고 생산적인 관계를 이루는가 하는 것을 알고 있다. 아동들의 개념 획득 능력은 성인이나 치료사보다 덜 발달되어 있기 때문에 그들의 발달 수준에 적합한 방식으로 활동하고 개입하는 데 주의를 기울여야 한다. 성인의 상담 기법을 사용하는 치료사들은 아동들과 상담을 할 때에는 접근법과 언어를 다소 변경할 필요가 있다. Moustakas(1959)는 치료사와 아동들 간의 효과적인 관계의 구성요소를 다음과 같이 설명하고 있다.

> 정상 아동이 일상적인 생활에서 지켜온 것들, 즉 역할을 분담해야 하는 것, 협력해야 하는 것, 배려하고 공손해야 하는 것, 또는 예의 발라야 하는 것 등등에 대한 어떠한 근심 없이 긴장과 좌절감을 풀어줄 수 있는 곳에서 아동은 조건 없이 수용된 상태에서 자기가 알고 있는 모든 방식으로 자신의 감정을 느끼고 생각을 표현할 수 있다(p. 42).

아동들은 자신들의 경험과 문화 배경에 따라 치료자를 자신의 생각과 느낌을 숨김없이 나눌 수 있는 협조자로 보기보다는 충고하고, 규칙을 만들고 하는 권위적인 모습으로 바라볼 수 있다. 활동을 지시하고, 아동들의 발달상 적합하지 않은 것을 하도록 요구하거나, 지나치게 참견하는 치료사는 아동들에게 위압적으로 보여질 것이다. 따라서 치료사가 온정적이고, 배려심이 있고, 감성적이라 하여도 아동들은 치료사를 두려운 존재 혹은 불안한 존재로 볼 수 있다. Moustakas가 설명했던 것과 같이 아동들은 두려움이나 구속감 없이 솔직하게 자기가 자유롭게 느끼는 것을 표현하게 하는 것이 필요하다. 무조건적으로 수용되는 이미지, 자유롭게 표현하도록 하는 것도 미술치료 과정에서 중요하다.

아동들과 치료적 관계를 발달시키기 위해서는 시간이 필요하다. 이 때문에 치료의 힘으로 아동에게 영향력을 발휘하는 것이 무엇인지를 검토할 때까지 아동들의 그림 내용에 대해 쉽게 결론을 내려 버리거나 의미를 단정짓는 것은 현명하지 않다. 예를 들어, 많은 치료사들이 상담 초기에 아동들이 사람 모습을 작게 그릴 경우 투사 그림 검사에서처럼 그 아동이 불편한 느낌이나 위축감을 가지고 있을 것으로 가정하거나, 혹은 자존감이 낮다고 가정하기도 한다. 아동들은 그림을 그리고 있는 자신을 바라보는 성인들이 자신의 그림을 볼 수 없게 하기 위해서, 혹은 치료사나 새로운 환경이 아동으로 하여금 위협감을 느끼게 하기 때문에 가끔씩 가능한 한 최대로 작게 그릴 수 있다. 이러한 상호작용은 아동들이 불편한 상황이나 사람들에게 반응하는 방식을 나타내는 것일 수도 있지만, 치료사와 아동 간의 직접적인 관계를 보여 주는 것일 수도 있다.

아동들의 그림은 치료가 진행되는 동안 아동과 치료사 간의 관계에 대한 발전 정도를 반영해 주기도 한다. [그림 2-4]~[그림 2-6]은 아동들의 표현을 통해 어떤 변화가 일어났는지, 그리고 제한된 짧은 시간 동안 아동과 치료사 간의 관계에서 표현이 어떻게 변화되었는지를 반영해 주는 흥미로운 예를 제시하고 있다. 5세의 여자 아이는 엄마와 함께 매맞는 아내들을 위한 쉼터에서 지내게 되었는데, 여기서 치료사가 개입하게 되었다. 그 소녀는 한 시간 동안 사람, 집, 나무를 그리는 데 세 번이나 물어보았다. [그림 2-4]에서 볼 수 있듯이, 아동의 첫 번째 그림은 크레파스를 이용해 그린 것이다. 아동은 매우 신경질적이었고 작은 집(아동의 말에 의하면 물이 없다고 함), 작은 나무 그리고 집과 나무와 비슷한 크기의 울고 있는 사람을 조용히 그렸다. 폭력 가정에서 엄마와 같이 쉼터에 찾아오는 여러 아동들과 마찬가지로 이 소녀는 이렇게 새롭고 혼란스러운 상황, 그리고 낯선 성인인 미술치료사에게 대단한 두려움을 나타냈다.

그러나 이러한 느낌은 치료가 1시간 넘게 진행되면서 바뀌었다. 아동은 위협적인 느낌이 줄어들고, 치료사와도 편안한 관계가 되

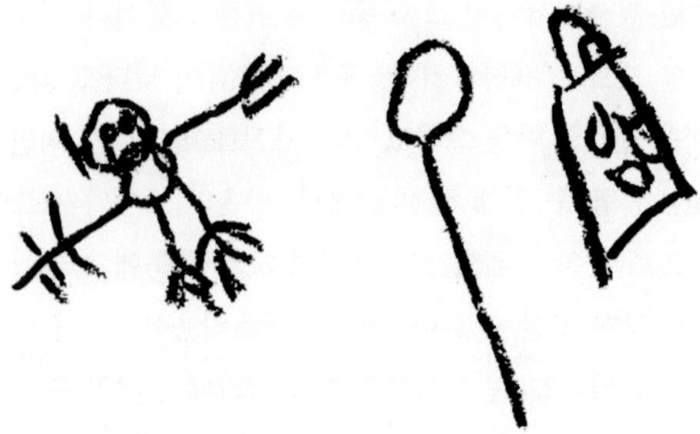

[그림 2-4]
5세 여아가 첫 번째로 그린 집, 나무, 사람 그림

[그림 2-5]
두 번째로 그린 집, 나무, 사람 그림

었다. [그림 2-5]와 같이 아동의 두 번째 그림에서는 넓은 공간을 사용하였고 집도 커졌으며, 사람 모습도 웃고 있다. 아동은 나무 대신 꽃을 그리는 것이 더 좋지 않은지를 스스로 묻는 등 치료시간 중에도 예전보다 더 편안해하였고, 자기가 주도하여 해결책을 제시하기도 하였다. [그림 2-6]은 그 소녀의 세 번째이자 마지막 그림인데, 시간이 끝날 무렵, 소녀의 그림에는 여유가 많이 보였다. 치료사가 소녀의 그림에 대해 물어보았을 때는 언어 표현이 많아져서 "해가 밖에 나와 있어서, 따뜻하고, 꽃이 많았어요."라고 자진해서 열심히 이야기했다. 또한 종이 왼쪽 상단의 모서리 쪽에는 크고 방글거리는 사람이 그려져 있다. 이러한 예를 통해 아동의 그

[그림 2-6]
세 번째로 그린 집, 나무, 사람 그림

림이 짧은 기간 동안 점점 변화되어 표현되었다는 것을 쉽게 알 수 있다. 이는 또한 치료사 자신의 판단에 의존하기보다는 연속적인 미술 표현에 의해 얻는 것이 중요하다는 것을 강조하고 있다.

아동그림의 이해를 위한 현상학적 접근

앞에서 언급한 여러 가지 아동미술의 이해와 아동 그림의 내용과 의미를 가정하는 데 있어서 성인들의 기준에 맞추지 않기 위해, 저자는 아동과 그들의 그림을 이해하는 데에 현상학적 접근을 사용하는 것을 더 선호한다. 현상학은 예상된 근거보다는 그들 자신의 지금 현재의 사건에 대해 연구하는 것이다. 아동의 그림을 현상학적 접근으로 바라볼 때 중요한 것은 그들이 그린 내용과 그린 사람의 세계관에 대해 개방성을 가져야 한다는 것이다. 아동들의 표현을 다양한 관점으로 이해하기 위해서는 아동의 미술 표현에 대해 하나의 편협된 의미보다는 더 많은 통합적인 관점을 가져야 한다. 현상학이 철학의 한 분야이기는 하지만, 고정관념이나 기대, 체계적인 틀 없이 아동들의 그림을 보는 연구자들에게 점점 인기를 끌고 있다(Field & Morse, 1985). 미술치료 분야에서는 Betensky에 의해서 발전되어 왔는데 1995년 그녀의 내담자들과 그들의 미술 표현에 대해 다음과 같이 언급하였다.

> 그림을 그린 사람의 중심성(centrality)은 가장 필수적인 요소 중에 하나다…….
>
> 미술치료 과정에서 직접적인 경험을 가지고 그림 작업에 들어가

> 는 내담자는 자신의 미술 표현에 대한 최고의 관객이 된다. 그들은 자기 자신이 만들어 놓은 현상을 바라보는 과정에서 자신의 감각과 의식을 나타냄으로써, 미술치료사가 아닌 그들 자신만의 주관적인 의미를 갖게 되는 것이다(p. 21).

Betensky는 단지 본 것에 대한 구조적인 묘사 등의 현상학적 관찰을 전환시켜, 내담자에게 그림의 내용에 대해 자유롭게 연상하도록 요구하고 가능한 의미를 내놓게 하였다. 그녀의 접근법은 내담자중심, 혹은 아동과 더불어 활동하는 중요성을 강조하는, 아동중심적으로 접근함으로써 아동의 그림을 이해하며 이미지의 뜻을 찾아 아동의 반응을 존중하도록 하는 아동중심 접근의 중요성을 강조하였다. 그녀는 또한 미술 작업에 있어 인본주의적 관점을 강조하면서 이렇게 이야기하였다.

> "성격에 대한 특성 이론은 개인을 진단적으로 분류하고 앞으로의 행동을 예견하는 반면, 정신 역동적 성격 이론 모델은 무의식적인 것에 편중되어 있어, 이 두 가지 이론 모두 의식 상태의 풍부함과 다양성을 소홀히 하고 있다." (1995, p. 29)

현상학적 접근으로 아동의 그림을 보는 저자의 작업에서 첫 단계는, 'not knowing'의 입장을 취하는 것이다. 치료사의 역할을 숙련된 조언자(advisor)로 보기보다는 함께 창조하는 자(cocreator)로 보는 사회 구성주의 이론가들의 철학과 유사한 입장이다. 내담자를 자기 자신의 경험에 대한 전문가로 봄으로써 자연스럽게 자신의 새로운 정보를 개방하여 치료사와 내담자 간의 관계가 자연스럽게 발전된다. 미술 표현이 비록 형태나 내용, 형식에 있어서 다수에게 공유되더라도, not knowing의 입장으로 개별적이고 다양한 의미를 가지고 있다는 것을 알아야 한다. 예를 들어, 치료사가 이미지나 이미 결정되어 있는 의미 항목을 분류하기 위해 요리책식(cookbook) 접근법을 사용하는 것은 아이들 개개인이 가진 복합적인 의미나 개인적인 의미가 전달되지 않을 뿐 아니라 오해가 생길 수도 있어 가능한 하지 말아야 할 방법이다.

현상학적 접근의 두 번째 특성은 인지발달, 정서발달, 대인관계 기술, 발달적 성숙 등의 미술과 관련된 다양한 측면을 이해할 수 있는 기회를 제공한다는 점이다. 아동들은 그들의 내적인 경험과 지각뿐 아니라 내부 자아와 함께 사람이나 환경, 사회와 자신과의 관계를 발견하고 확인시켜 주는 외부 세계의 경험과도 관련지어 통합적으로 미술을 사용한다. 이러한 의미의 다양성은 여러 가지 관점으로 내담자의 독특한 경험을 받아들여 치료사에게 재료를 개발하고 더 깊이 있는 치료적 관계를 확립할 수 있도록 해 준다. 아동들이 표현한 작품의 의미를 모두 깊이 이해하는 것은 어려운 일이지만, '다양한 의미'가 있을 수 있다는 가능성은 받아들이는 것이 중요하다. Rubin(1984b)이 지적한 바와 같이, 예술은 내적인 사건뿐만 아니라 인간 상호 간의 관계까지도 상징화하고, 더불어 많은 경험, 감정, 인식들을 하나의 시각적인 이야기로 압축해 놓은 것이다.

현상학적 접근은 치료사들에게 제한된 시각보다는 통합적인 관점으로 아동들의 그림을 이해하게 해 준다. 불행하게도 많은 치료사들이 자신의 내담자에 대해 자신들이 생각하는 하나 혹은 두 가지 이론에 의존한다. 저자는 미술치료사로서의 훈련과정에서, 원래 아동들의 미술 표현을 발달적, 정서적(대부분은 정신역동적인) 관점에서 보도록 가르쳤었다. 아동들과의 경험은 저자에게 발달뿐 아니라 그 밖의 다른 측면들, 그리고 정서까지도 아동들의 그림에 드러난다는 것을 알게 해 주었다.

다음의 예는 저자가 지금까지 해 온 임상작업에서 아동들의 그림을 편협된 시각으로 바라보는 것이 아동의 그림을 제한적으로만 이해하게 한다는 것을 보여 주고 있다. 가정 폭력의 피해자인 한 여자아이와 함께 치료를 진행하게 되었는데, 저자는 자연스럽게 그 소녀에게 관심을 가지게 되었다. 기록을 보면 그 소녀는 아버지로부터 학대받은 경험이 있으며, 소녀의 엄마와 오빠도 그녀에게 폭력을 가했다고 되어 있었다. 특히 미술치료 과정 중, 소녀의 그림들은 저자를 주목하게 만들었다. 각각의 그림에 항상 검은색이 중앙에 칠해져 있었는데, 특히 그녀의 몸이나 인물화를 그렇게 묘사하였다. 그 소녀의 그림에서 반복적으로 보여진 어두운 음영은 저자로 하여금 정서적, 신체적 외상이 그러한 색채를 사용하게 만드는 것은 아닌지 생각하게 하였다. 왜냐하면 저자의 미술치료사 훈련과정에서는 미술 표현의 정서적 의미를 강조했었기 때문에, 저자는 자연스럽게 그런 방향으로 내담자들을 접하게 되었다. 그러나 이 생각은 아동의 작품에 왜 계속해서 이런 방법을 사용하는가에 대한 다른 원인들을 찾아내는 데 방해가 되었다.

그 후에 저자는 그 소녀가 학대받은 적은 없었으나 정서적인 외상을 가지고 있었다는 점에 놀랐다. 소녀는 매우 깊은 상처가 있었던 반면 자신의 스트레스를 내면화시켰고, 이것이 원인이 되어 매우 심한 통증의 궤양까지 갖게 되었다. 뒤늦게 그 소녀의 그림을 가지고 다시 이야기를 나누었는데, 소녀는 저자를 잘 받아 주었다. 그 소녀가 그린 그림 안에 그려져 있었던 검은 점들은 그녀의 신체적 고통을 의미하고 있었지만 그 소녀는 그러한 고통을 어느 누구와도 나누고 싶어하지 않았다. 왜냐하면 그러한 고통의 원인이 자신의 엄마와 오빠였기 때문이었다. 회상해 보건대, 만약 저자가 그 소녀에게 정서적 관점으로 정서적 충격에서 비롯된 외로움에 초점을 맞추지 않고 신체적인 고통을 물었더라면, 저자는 그 소녀의 그림에서 반복적으로 그려진 검은색을 다른 관점에서 생각해 볼 수도 있었을 것이다.

일반적으로 그림은 단일한 심리학적 관점이나 이론을 사용하여 해석되고 왜곡되기도 한다. 예를 들어, 만약 한 아동이 X-ray식 표현으로 배 안에 물고기를 그려 놓았다면 심리학적 관점에서 볼 때, 이것은 무의식 속에 누군가를 아니면 무엇인가를 게걸스럽게 먹기를 갈망하는 것이라고 할 수도 있다. 인지적인 견해로는 아동이 최근에 본 것(예를 들면, TV에서 본 것) 혹은 들은 것(예를 들면, 물고기를 먹어 삼킨 Jonah의 이야기)을 그려 나가는 사고 과정에 초점을 맞출 것이다. 또 다른 관점은 은유에 중점을 두어, 그림을 펼쳐지지 않은 상징적인 이야기나 원형, 보편적인 주제의 표현 또는 딜레마 등으로 볼 것이다. 사실, 이러한 모든 접근이 그림의 전체적인 이해에 있어 중요하다는 것을 보여 준다. Wilber(1996)가 지적한 바와 같이 연구에서 쓰이는 투사 그림 검사는 계속 문제가 되고 있다. 그러나 어느 누구의 이론도 완벽하게 맞을 수는 없고 '어느 것도 항상 틀리지 않을 만큼 우수한 것은 아니다.' (p. 13) 아동의 미술 작품에 있어서는 어느 누구의 이론으로 해석하거나 번역해서는 안 되며, 각각의 여러 이론이 아동의 작품을 이해하는 유용한 지식이 된다.

현상학적 접근으로 아동의 그림을 이해하는 것에는 이점이 있다. 확실한 의미나 경험, 어려움에 있어서 아동들의 특정한 내용에 대한 신뢰로운 정보를 완전히 무시할 수는 없다. 이러한 정보가 유용할 수도 있는데, 특히 아동들의 미술 표현에 대한 부가적인 관점으로 신중히 사용될 때 유용하다는 것이다. 많은 아동들은 다양한 원인으로 자신의 그림에 대해 말하기를 원하지 않고 말하려 하지 않을 수도 있다. 어떤 아동들은 자신들의 경험을 말로 정확하게 표현할 수 없기 때문에 간단히 말하지 못할 것이다. 또 어떤 아동들은, 특히 치료상황에서 자신들의 경험을 이야기하는 데 있어 가족에 대한 비밀이 드러날까 봐 두려워하고 무서워할 수도 있다. 또 몇몇 아동들은 자신들의 경험을 치료사에게 말했을 때 치료사가 그것을 어떻게 생각할 것인가에 관심을 가질 수도 있다. 예를 들어, 저자가 만난 12세 여자아이는 자기 여동생의 문제를 목격했기 때문에 그 문제를 치료사가 알게 되면 무거운 짐을 지게 되는 것이라고 생각했다. 자신의 가족에서 그녀가 가정한 역할은 '보호자(caretaker)'로서 자신을 도우려고 하는 사람에게 자신이 무엇을 이야기하고, 무엇을 드러내야 하는지에 영향을 주었다. 이 경우와 아동들의 언어적 의사소통이 제한되어 있는 다른 경우에, 그림을 이해하기 위한 몇 가지 체계적 틀이 요구될 수 있다.

'현상학적 관점'으로, 각각의 아동들이 특히 어떤 형식으로 그리기를 좋아하고, 혹은 싫어하는지, 그리고 색이나 형태 등 그들이 미술을 표현하는 데에 이러한 모든 것들을 모두 고려하여 아동들 개개인에게 맞는 접근방법을 사용하도록 해야 한다. 정신건강 전문가들은 시각적인 미술에 대한 훈련이나 경험 없이 아동들의 그림을 이해하는 데 영향을 미칠 수 있다. 독특한 현상으로 아동들의 그림을 이해하게 될 때, 그 이미지가 강한 반응을 일으킬 수도 있고 그렇지 않을 수도 있으며, 어떤 아동의 그림은 거부되고 꺼려질 수도 있다는 것을 깨닫게 된다. 이러한 미적 반응은 모든 개인이 시각적인 이미지에 어떻게 반응을 보이는지를 나타내지만, 이러한 반응이 그림을 어떻게 판단하고 어떤 관점에서 바라보아야 하는지에 영향을 미치기 때문에 아동 미술치료사들에게는 이러한 반응이 특히 중요하다.

결론

아동들의 그림을 깊이 이해하기 위해서는 다양한 맥락을 고려해야 한다. 아동들이 미술 작품을 만드는 것은 자신만의 발달 과정상 그림 그리는 것을 좋아하는 것일 수도 있고, 아니면 개인적인 경험으로 그림을 그리게 되는 등 다양한 이유들이 있다. 아동들 자신의 독특한 생각, 인지 그리고 느낌을 창조적인 일에 접목시킬 수는 있지만, 미술 표현은 아동들이 어떤 그림을 그릴지 혹은 어떤 재료를 가지고 작품을 만들 것인지와 관련된 다양한 환경에 영향을 받을 수 있다. 치료사의 열정, 지식 그리고 창조적인 것을 만드는 과정과 관련하여 아동들의 미술 표현은 내용적인 측면과 참여도에 있어 안전과 신뢰의 문제 모두에 영향을 미칠 수 있다.

아동들의 창조적인 활동을 이해하기 위한 현상학적 접근은 매력적인 방법이다. 왜냐하면 발달적, 정서적, 그리고 대인상호 간의 관계를 포함하는 다양한 각도에서 그림을 볼 수 있게 하기 때문이다. 따라서 재료의 효과나 미술 표현에 있어서 개인적인 능력과 치료적 관계를 고려해야 한다. 그림은 개인의 잠재력을 반영해 준다. 이는 아동의 강점과 회복력, 개성을 말한다. 이러한 잠재력을 확인하는 것은 아동들을 편견 없이 이해할 수 있게 해 준다. 이와 같은 사려 깊은 인식은 상담자나 치료사로 하여금 아동과 의사소통을 할 수 있게 해 주고 중재 전략을 세울 수 있게 해 준다. 아동들의 그림이 의미하는 것에 대한 다양한 연구와 가정이 여러 이론적 견해와 철학적 관점에서 이루어지고 있다. 이렇게 많은 연구가 이루어지기는 하지만 아동들의 미술 표현에 있어서, 집이나 사람 모습의 특성, 옹이가 있는 나무를 그린다든지 하는 세부적인 구성요소 항목에 대한 연구는 줄어들고 있다. 비록 어떤 그림의 내용이 주목할 만한 확실한 의미가 있다고 하여도, 아동들이 그림을 어떻게 그렸고, 무엇을 그렸으며, 왜 그렸는지에 영향을 미치는 요소들을 평가하는 것이 더 도움이 되고 도덕적인 것으로 보인다. 치료사가 그림의 맥락을 고려하지 않고 아동의 미술 표현을 해석하게 되면, 아동들의 표현이 '위험'한 것으로 오인되거나, 잘못 해석될 수 있게 된다. 치료사가 더 통합된 관점으로 아동들의 그림을 바라볼 때, 치료사 자신이 잘못 이해할 위험성을 줄이게 되고, 일반적인 관점으로 아동들을 바라보는 데 더 도움이 될 수 있을 것이다.

03 그림을 통한 아동 심리 치료

이 장에서는 치료사가 아동과 아동의 그림에 대해 다루는 방법을 제시하려 한다. 치료를 책임지는 치료사들은 종종 복잡한 아동의 그림에 익숙치 않을 수 있기 때문에, 자신의 한정된 경험이나 관점에 의존하여 아동의 작품을 판단하려는 경향이 있다. 어떤 치료사들은 그림 내용을 해석하는 데 있어서 특징적인 항목에 주목하도록 배웠거나 선호하는 경향이 있을 수 있는 반면, 또 어떤 치료사들은 아동의 그림을 문자 그대로 하나의 그림으로서의 특징을 보며, 실제적인 측면은 등한시하는 경향이 있다. 그러나 어찌 되었든 간에, 저자는 치료사가 아동의 그림을 해석하고자 하는 욕구만은 자연스러운 것이라고 생각한다. 정서적인 고통을 겪고 있거나, 가족에게 문제가 있거나, 심한 외상(trauma)이나 위기를 경험한 아동의 그림을 분석할 때에, 치료사는 그림에 나타난 이미지와 아동이 살면서 겪었을 어떤 것들과 연결시키고자 한다. 그림을 통해서 의미를 파악하고 아동으로부터 어떤 해답을 유도하고자 하는 치료사의 욕구는 자연스러운 것일 뿐만 아니라, 아주 세심한 치료사의 경우에는 문제를 겪거나, 억압되어 있거나, 근심에 쌓여 있거나, 혹은 공포에 질려 있는 아동의 그림에서 그와 관련된 어떤 요소나 내용을 찾는 것을 중요하게 여기기도 한다.

그러나 앞서 말했듯이, 아동의 창조적인 그림을 해석하는 데 있어서, 투사적으로 해석해 놓은 문헌의 준거에 따라서 그림의 특징을 파악하거나, 혹은 직관적인 판단에 따라서 해석하건 간에, 모두 문제가 있다. 아동의 그림을 성인이 얼마나 잘못 해석하는가에 대한 간단한 예는 생텍쥐페리의 『어린 왕자』(1943)라는 책에 아주 재미있게 묘사되어 있다.

> 나는 여섯 살 때 원시시대의 숲에 관한 책에서 커다란 그림을 보았다. 그것은 동물을 삼키고 있는 보아뱀 그림이었다. 책에는 이렇게 쓰여 있었다. "보아뱀은 먹이를 씹지 않고 바로 삼킨다." 몇 번 색연필을 끼적거린 후에 나는 내 첫 작품을 그리는 데 성공했다([그림 3-1]). 나는 이 걸작을 어른들에게 보여 주고, 이 그림을 보면 무서운지 물었다. 그러나 어른들은, "무서워? 누가 모자 따위를 보고 무서워하니?"(pp. 3-4)

비록 이 책의 화자는 보아뱀이 먹이를 삼키고 있는 모습을 안이 들여다 보이도록 그린 두 번째 그림([그림 3-2])을 그렸지만(X-ray식 그림), 그림을 본 어른들은 모두 계속해서 그림에 대해서 틀린 대답을 했다. 결국, 그는 자신이 이해되지 못하고 있다는 생각을 하고 슬프게도 다시는 그림을 그리지 않았던 것이다. 이 이야기는

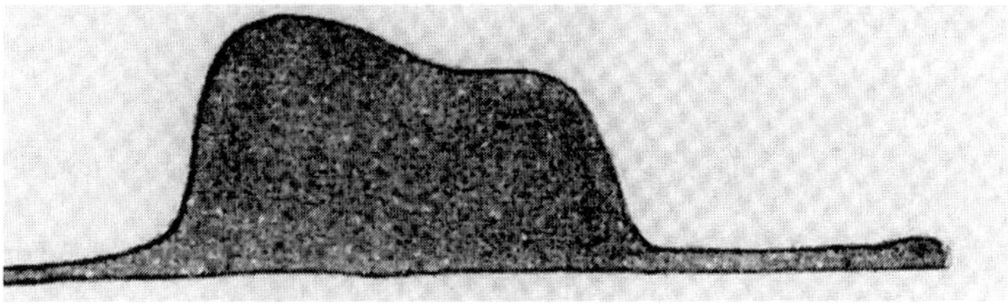

[그림 3-1]
어린 왕자에 나오는 그림

[그림 3-2]
어린 왕자에 나오는 그림

생텍쥐페리가 재미있게 쓴 이야기지만, 아동의 그림을 해석하는 데 있어서 아동의 그림을 아동의 시각으로 이해하려 하지 않고, 선입견이나 편협한 생각을 가지고 있는 치료사에게 일반적으로 일어나고 있는 일이다.

이 이야기를 인용한 것은 아동의 그림을 이해하고 반응하는 데 있어서 중요한 점이 있다는 것을 강조하기 위해서다. 즉, 아동의 그림을 성인의 시각으로 보면 이해하기가 어렵다는 점이다. 아동의 그림을 이해하는 데 있어서, 많은 다양한 가능성을 염두에 두기보다는 비판하기가 쉬우며, 아동의 그림에 담겨 있는 상상력, 창조력, 무규칙성을 떠올리기가 어렵다. 예를 들어서, 아동이 그림을 그릴 때 손으로 선을 그으면 성인들은 손이 지저분해진다고 싫어하지만, 아동들은 놀이나, 감각기관이나 운동감각적인 경험을 하면서 즐거워할 수도 있다. 보통 성인들은 현란한 색채와 시각적으로 어지럽거나, 정서적으로 자극을 주면서 어떤 반응이나 해답을 요구하지 않는 평범한 그림을 해석하기 어려워한다. 치료사에게 중요한 것은, 성인의 시각에서 아동의 그림을 판단하거나 해석하거나, 혹은 이해하려고 하지 말고 그림을 아동의 노력의 산물로서, 혹은 그림을 그리는 과정이 아동에게 어떤 의미를 가지는가를 이해하려 해야 한다.

내러티브(이야기)로서의 그림

그림은 아동이 이야기할 기회를 주고, 은유를 담고 있으며, 아동의 시각을 알 수 있게 한다. 이는 그림 그 자체뿐만 아니라 그림에 대한 아동의 반응을 통해서도 알 수 있다. 아동의 그림에 있어서 내러티브적인 특징과 아동이 그림을 통해서 이야기하는 데 주목하는 것은 치료사가 아동의 시각을 이해하는 일종의 방식이 된다. 내러티브의 정의는 이야기 혹은 지난 사건에 대한 회상, 혹은 역사, 진술, 보고서, 기술, 묘사, 연대기를 말한다. 내러티브적인 특징이라는 것은, 아동이 자신의 환경에 대해 반응하고, 발달적으로 적합한 커뮤니케이션 형태(즉, 그림)나 자신이 그린 그림의 내용 양자에 대해서 치료사와 이야기함으로써 아동 자신의 내적인 세계를 표현하는 능력을 의미한다.

내러티브로서의 아동의 미술 표현에 대해서 Riley(1997)는 다음과 같이 쓰고 있다.

> 치료사는 아동의 그림 속으로 들어가서 아동이 그린 그림의 시각적인 이야기의 의미를 이해할 수 있어야 한다. 그림이란 개인의 외현화(personal externalization)의 한 형태이자, 자아의 확장이고, 사고 혹은 감정에 대한 시각적인 투사다. 그림을 치료사가 받아들이고, 존경하고, 인정해 주면, 그림을 그린 아동 자신도(자신이 그린 그림과 자신의 동일시를 통해서) 받아들여지고, 존경받고, 인정받게 되는 것이다. 내담자인 아동은 지금까지 그 가치를 인정받았던 언어를 통해서보다, 이러한 활동을 통해서 더 잘 이해될 수 있을 것이다. 아동이 그림을 통해서 문제나 분노를 표출시킬 때 그것은 문제 있는 행동에 직면하고 있다는 증거이며, 아동의 가치를 여전히 인정하고 있는 것이다(p. 2).

최근, 치료사들은 아동의 생활, 관심사, 문제를 드러내는 데 도움이 된다는 관점에서, 아동이 그림에 대해 설명하거나 이야기해 주는 것 등을 아동의 그림에 있어서 중요한 부분으로 보기 시작했다(White & Epston, 1990). 이야기치료(narrative therapies)는 아동이나 가족치료에서 점점 대중화되고 있는데(Freeman, Epston, & Lobovits, 1997), 아동의 독특한 언어, 문제해결자원, 아동의 시각을 특히 강조한다. 많은 이야기치료사들은 아동의 이야기의 한 형태로서 그림이 지닌 잠재력을 인식하고 있다. 이야기치료의 목적이 문자로 된 이야기를 통해서 내담자의 문제와 문제 행동을 구분하는 데 도움이 되기 위한 것이라면, 그림은 아동이 시각적인 이미지를 통해서 자신의 경험, 사고, 감정을 표출하는 이야기치료와 유사한 내러티브적인 기능을 하는 것이다.

이야기치료 접근과 유사하게, 아동을 치료할 때 아동이 경험한 것과 느끼는 것을 아동의 그림을 이용해서 확인할 수 있을 뿐만 아니라, 아동과 이러한 그림에 나타나는 분명한 문제 간에 어떤 거리감을 두게 하는 데에도 도움이 된다. 아동과의 치료적인 상호작용에 있어서 중요한 것은 문제가 문제일 뿐, 아동이 문제가 아니라는 이야기치료에 있어서의 경구를 되새기는 일이다(White & Epston, 1990). 저자의 경험에 비추어 볼 때 그림은 감정, 행동, 상황을 자아와 분리시키기가 어려운 문제일지라도 그것들을 종이 위에 그림으로써 그러한 정서를 가라앉히는 데 도움을 준다.

아동을 치료할 때 이야기식 접근방법을 사용하는 치료사는 아동으로부터 아동이 그린 그림의 내용에 대한 정보를 얻기 위해 대부분은 언어적인 이야기 구술에 의존하고 있다. 그리고 대부분의 아동들에게 이러한 방법은 자신이 그린 그림의 의미를 피드백하는 데 유용하고 필요하다. 그러면서 그림 그 자체가 아동에게 있어서 발달적으로 적합하고 효과적인 이야기의 한 형태라는 점도 쉽게 확인할 수 있다. 아동은 자신의 감정, 지각, 신념을 말로써 표현하는 데 있어 성인만큼의 능력을 가지고 있지 못하며, 종종 말보다는 다른 수단을 통해서 이를 표현하려고 한다. 많은 학자들은 아동치료 시 언어적인 접근방법만을 사용하는 한계에 대해서 지적하고 있는데(Axline, 1969; Case & Dalley, 1990; Gil, 1994; Malchiodi, 1990, 1997), 전통적인 대화식 치료방법과 함께 비언어적인 커뮤니케이션 형태의 방식이 필요함을 강조하는 것이다. 그림과 이에 대한 아동의 언어적인 묘사의 결합은 치료사가 아동을 이해하는 통합적인 수단을 가지게 되었음을 의미한다. 그림 그 자체는 아동의 이야기를 자연스레 드러내 줄 뿐 아니라, 치료사가 이러한 시각적인 이야기를 이용해서 내담자인 아동과 상호작용하고, 아동이 자신의 생각과 관심을 다른 사람과 이야기함으로써 정화(카타르시스)

를 느낄 수 있도록 해 준다.

아동과, 아동의 시각적이고 언어적인 이야기를 이해하는 데 있어서 하나 혹은 두 개 정도의 그림으로도 도움이 되겠지만, 대부분이 정도만으로는 충분치 않다는 점 또한 알아야 한다. 그림은 정지된 화면이다. 그림은 아동이 그림을 그릴 때마다 제각각 약간씩 달라진다. 그림 주제, 그리는 방법, 내용 등은 반복해서 나타나면서도, 매번 새로운 이미지가 나타나거나 세부묘사가 달라지는 것이다. 일련의 그림을 보면, 계속적으로 아동이 그림을 그리는 과정을 관찰해 보거나, 그림에 대한 아동의 다양한 묘사를 들으면서, 치료사는 아동에 대해서 좀 더 완전하게 이해할 수 있게 되는 것이다.

아동의 그림과 치료에서의 그림 사용에 대한 치료사의 신념

아동의 그림과 치료 시 그림을 사용하는 방법에 대한 치료사 개인의 신념은 아동과 아동의 미술 표현을 효과적으로 다루는 데 있어서 중요하다. 치료에 있어서 그림의 역할에 대한 개인의 신념을 확인하기 위해서는, 치료사가 치료에 있어서 그림과 그림에 대한 아동과의 커뮤니케이션의 목표를 정하는 것이 무엇보다 중요하다. 몇몇 치료사들은 그림을 사용하는 목적을 아동을 평가하기 위해서라고 정해 놓고 있다. 이러한 목표는 아동을 치료하는 지금까지 사용해 왔던 일반적인 방법이며, 특히 투사 그림 검사나 그림에 근거한 평가 영역에서 많이 사용해 왔던 방법임은 분명하다. 또 어떤 치료사들은 그림을 정서적인 불안이나 외상 경험을 겪은 아동을 도와주는 하나의 활동으로 보고 있기도 하다. 이 두 입장에서 그림을 그리는 것에 대한 치료사의 느낌과 치료과정, 그림을 얼마나 중요하게 보느냐가 관건이라 하겠다.

저자는 시각예술을 전공했기 때문에, 아동이 그림을 그린다는 창조적인 과정을 경험한다는 데 가치를 두고, 아동이 이런 경험을 좀 더 효과적이고 즐겁게 하기 위해서는 아동이 그림을 그리는 것에 완전히 몰입하도록 허용하고 격려해 주는 것이 중요하다고 생각한다.

첫째로, 그림을 그리는 것이 긍정적인 경험이 되기 위해서, 치료사는 그림을 그리는 과정이 아동이 갈등과 위기를 탐색하고, 건전한 해결책과 시각으로 극복하는 데 도움이 된다는 것을 확신하고 있어야 한다. 치료적인 관계에 있어서 안전한 그릇의 역할을 함으로써 창조적인 활동이 더욱 활발해지도록 도와주는 이러한 신념은 아동이 그림을 통해서 문제와 외상을 극복하도록 이끌어 준다.

둘째로, 이러한 경험이 성공하려면, 아동이 그림을 그리도록 격려해 주는 사람은 진정으로 그림뿐만 아니라 아동과 그림을 그리는 과정을 좋아해야 한다고 생각한다. 그림에 있어서 놀이와 그림 감상적인 요소는 모두, 그림 그리기가 아동에 있어서 성공적인 치료 경험이 되기 위한 본질적인 요소다. 이러한 신념을 명확히 하는 데 도움이 될 몇 가지 질문이 있다.

- 그림은 비언어적인 커뮤니케이션의 한 형태이며 가장 중요한 요소의 하나라고 생각합니까?
- 또한 그림 그리기가 변화와 전이를 통한 중요한 과정이라고 생각합니까?

- 그림 그리는 과정과 그림 그 자체(즉, 아동이 그린 그림)의 관계에 대해서는 어떻게 생각하고 있습니까? 어느 하나가 다른 하나보다 중요하다고 생각합니까, 아니면 둘 다 치료에 있어서 똑같이 중요하다고 생각하십니까?
- 그림 그리기 활동에 얼마만큼의 시간을 할애하고, 아동이 그린 그림에 대해서 이야기할 시간은 얼마나 주시겠습니까?

이러한 질문에 답해 보면, 치료사들은 치료에 있어서 그림의 기능과 목적에 대한 자신의 시각과 경향을 분명하게 알 수 있을 것이다.

그리기 과정에서의 치료사의 역할

아동이 그림을 그릴 때 치료사가 옆에 있는 것은, 특히 그림 그리기를 평가나 사정의 목적이 아닌, 치료적인 목적으로 사용할 때 중요한 요소로 작용한다. Allan(1988)은 아동과 여러 해 동안 일해 오면서, 치료사가 옆에 있어 주는 것이 중요한 요소라고 지적하면서, "치료사가 옆에 있음에도 계속 그림을 그리는 아동은 잠재적인 치료의 가능성이 작용하여, 갈등을 드러내고 이것을 해결하기 때문에, 치료사는 아동이 의식적으로 하는 이러한 작업을 분명하고 보다 정확하게 볼 수 있을 것이다."(p. 21)라고 하였다. 분명 어떤 치료적인 동맹이 생기기 때문에 치료사가 능동적으로 참여하는 것은 변화에 있어서 필수적이다. 저자는 치료사가 아동이 하는 창조적인 작업의 목격자로서, 도구를 가져다주거나 작업을 도와주고 창조적인 과정을 지지해 주거나 그림을 그리는 도중이나 대화 도중에 일어날 수도 있는 강한 감정의 피난처가 되어 줌으로써 아동의 그림 작업에 참여하는 것이 중요하다고 생각한다. 치료사의 존재는 '안전한 장소'를 의미하며, 아동에게 도움을 주는 성인과 아동 간의 긍정적인 대인관계의 중요한 치료적인 요소가 된다. 치료사는 아동의 경험에 있어서 내재적인 요소로 참여함으로써, 아동이 그림 그리기를 통해서 스스로를 실험하고, 놀고, 표현할 수 있는 지지적이고 안전한 환경을 제공한다.

괴로움을 겪었거나 외상을 입은 아동의 미술 작업에서는 치료사의 존재가 양육적이고 지지적으로 나타나는데, 아동에게 무조건적인 수용과 자신을 표현할 기회를 제공해 주는 것이 중요하다. 창조적인 능력과 자기표현을 통해서 스스로를 수용하는 경험을 갖지 못했던 많은 정서장애 아동(훗날 정서장애가 있는 성인이 됨)들이 치료나 상담을 받으러 온다. 그림을 그리는 동안 치료사가 옆에 있어 주면, 아동이 어떻게 그림을 그리는지를 살피는 데 아주 유용하며, 아동이 던지는 질문이나 아동과의 자연스러운 대화에 적절히 응답해 가면서 개입할 수 있다는 장점이 있다.

이상한 일이지만, 어떤 치료사들에게는 아동 옆에 끈기 있게 앉아서 그림 그리는 과정을 보는 연습이 필요하다. 몇몇 치료사들은 아동의 그림을 지켜보는 것을 불편하게 생각하며, 아동이 그림 그리기에 열중하고 있을 때에는 밖으로 나가고 싶은 충동을 느끼기도 하고, 아동이 그림을 그리는 데 있어서 혼란을 가져올까 봐 두려워한다. 어떤 아동들은 수줍어하며 치료사가 자신을 지켜보는 것을 원치 않을 수도 있다. 그러나 대부분은 그림을 그릴 때 치료사가 옆에 있어도 괜찮다. 만약 치료사가 그림 그리기 작업을 의미 있는 과정의 한 부분이라고 생각하고 있다면, 이런 과정은 중요할 것이다. 이는, 그림의 이미지에 나타난 요소들을 분석하고 해석하는 기회로 그림을 보고 있다는 의미이기 때문이다. 반대로 그림을 그리는 과정이 별 의미가 없다고 생각한다면, 앞서 언급한 바와 같이, 이는 아동의 그림 작업에 대한 제한된 시각 중 하나이며, 그림 그리는 시간 동안 관계를 맺는 아동과 치료사와의 가치 있는 과정을 무시하는 것일 수 있다.

그림을 하나의 과정으로 보았을 때, 또 다른 중요한 요소는 시간일 것이다. 아동에게 그림 그릴 시간을 충분히 주고, 그림 그리는 것에 몰두할 수 있도록 해 주어야 한다. 불행히도, 오늘날의 대부분의 치료 세션은 20분에서 1시간 정도로 시간이 제한되어 있어서, 아동들이 어떤 때는 자신이 그린 그림을 완성하지 못하기도 한다. 아동에게 그림을 그릴 시간이 얼마나 있는지를 알려 주고, 세션이 끝날 즈음에는 미리 알려 주는 것이(예: 5분이 남았다, 10분이 남았다 등) 중요하다. 또한 치료사 자신도 아동이 그림을 다 완성시키도록 재촉하고 싶어할 수도 있는데, 가능한 한 아동이 그림을 그리는 동안에는 이러한 생각을 드러내지 않는 것이 중요하다.

대화는 꼭 필요한가

이미 말한 바와 같이, 아동이 그린 그림의 의미를 잘 이해하는 한 가지 방법은 아동이 그림을 그리는 동안 이야기를 잘 듣는 것이다. 단순히 아동에게 무슨 그림을 그리는지를 물어보아도 치료사가 그림 자체에서 느끼는 시각적인 내용 이상의 것을 아동으로부터 들을 수 있다. 생텍쥐페리의 소설에 나오는 이야기처럼, 아동의 그림을 이해하기 위해서는 아동이 그림에 대해서 설명하는 것을 잘 들어야 한다.

저자는 아동과 함께 일하면서, 아동에게 그림에 대해서 물어보는 목적을 두 가지로 정하였다.

① 그림과 이야기를 통해서 아동이 자신의 생각, 감정, 사건, 시각 등을 외현화하도록 돕기
② 아동이 경험한 사건과 환경에 대한 아동의 생각, 감정, 느낌 등을 잘 이해해서 아동에게 최대한 이익이 되도록 협력하기

후자의 경우는 좀 더 평가적인 측면이다(즉, 아동에 대한 평가). 이에 비해서 전자는 과정중심적이다.

치료에 있어서 그림을 별로 사용하지 않는 치료사들은 항상 아동과 그림에 대해서 이야기를 나누어야 하는지에 대해서 의문을 가질 수도 있을 것이다. 저자의 경우 치료 과정 중에 별로 이야기하고 싶어하지 않는 아동과는 상호작용하지 않는다. 저자는 그림을 그리는 활동이 아동에게 적합한 것이라면, 치료적인 관계에서 신뢰가 싹트고, 안전하고 지지적인 환경이 되며, 그림을 그리는 과정 자체가 자연스럽게 언어적인 커뮤니케이션과 변화로 이어질 것이라고 생각하기 때문이다. 그림을 그리면서 아동은 자연스레 긴장을 풀고 창조적이고 희망적인 즐거운 작업으로 빨려 들어가게 된다. 자신이 치료받고 있다는 스트레스도 어느 정도 감소함으로써 아동들은 그림을 그릴 때나 혹은 그리고 난 후에 치료사와 스스로 이야기를 나누게 되는 것이다. 많은 아동들이 창조적인 활동이

나 직접적인 개입으로 인해 편안함을 느낄 경우, 그림은 한편으로는 감추고 싶어했던 어떤 정보에 대해서 기꺼이 공유하도록 이끌어 준다.

비록 아동들이 자신이 그린 그림에 대해서 무언가를 이야기하는 것이 중요하다고 해도 항상 이야기하는 것은 아니며, 때때로 아동은 여러 가지 이유로 인해서 자신이 그린 그림에 대해서 이야기하는 것을 거부하기도 한다. 수줍어하거나 그림을 보여 주지 않는 아동들이 있는가 하면, 어떤 아동들은 이야기하기에는 너무 어린 경우에 그럴 수도 있다. 또 언어적으로 어려움을 겪거나 말하는 능력에 문제가 있거나, 혹은 영어가 모국어가 아닌 아동일 수도 있다. 학대나 폭력으로 인한 외상을 경험한 아동들, 특히 자신, 가족, 경험에 대해서 이야기하지 말라고 위협받거나 그런 말을 들은 적이 있는 아동들은 말하는 것을 꺼린다(Malchiodi, 1990). 문화적인 배경도 영향을 미친다. 성인에게는 존경심을 가져야 하며 질문에 대해서는 짧고 간결하게 대답해야 하거나 성인 앞에서는 말을 많이 하지 않도록 가르침을 받은 아동도 있을 수 있다. 이러한 문화적인 신념은 존중하고 수용해야 한다.

다행히도, 그림 그 자체는 아동에 대한 많은 정보를 담고 있기 때문에, 이 책에서 다룰 수 있는 주제들은 많이 있다. 그러나 치료사들이 적절히 배울 수 있는 것이기 때문에 아동과 그림에 대해서 이야기하는 방법을 아는 것이 중요하다고 생각한다. 다음은 치료사가 아동의 그림 작업 과정이나 아동의 그림에 대한 정보를 얻는데 사용할 수 있는 일련의 질문에 대해서 논의한 것이다.

그림 그리는 과정 동안의 이야기

종종 치료사들은 아동이 그림을 그리는 동안 어떻게 대화를 해야 할지 모를 때가 있다. 표준화된 그림 검사의 경우, 보통 대화를 하지 않는데, 저자는 종종 그림을 그리는 동안 아동이 이야기하고 싶어하면 이런 규칙을 깨뜨리기도 한다. 몇몇 아동들의 경우 그림 그리는 활동에 아주 열중하는 것을 볼 수 있으며, 이런 아동들에게 말을 거는 것은 작업하는 데 방해가 된다. 몇몇 치료사들은 아동이 그림을 그리는 동안 말을 걸지 않거나 질문을 던지지 않는 것이 더 힘들며, 이러한 질문에 대해서 아동이 대답하지 않을 경우 언짢아 한다. 아동은 여러 가지 이유로 인해서 대답을 하지 않는다. 그림 그리기에 열중하도록 수다스러운 성인이 자신이 그림을 그릴 수 있도록 내버려두었으면 해서 그럴 수도 있다. Gardner(1982)가 유아에 관한 연구를 통해서 지적한 것처럼, 아동은 성인이 끊임없이 질문을 던져대며 방해하는 것에 대해 화를 내기도 한다. 몇몇 아동들, 특히 치료적인 관계에 있어서 신뢰가 막 쌓이려 하는 아동들은 언어적으로 표현하는 것이 어려울 때가 있다. 그러나 그림을 재빨리 그려서 주어진 과업을 즉시 끝내는 아동들은 자신이 그림을 그리는 데 들인 시간보다 그림에 대해서 더 많이 이야기하고 싶어 하기도 한다.

어떤 경우에는 치료사의 질문이 문제가 될 수 있다. 예를 들어서, 치료적인 관계가 막 성립되려는 단계에서 주어진 질문은 부적절하거나, 혹은 대답할 수 없는 질문일 수도 있다. 가족의 비밀을 폭로하는 것을 두려워하거나, 학대받은 아동들의 경우에는 직접적인 질문에 대해서 언어적으로 대답하려고 하지 않는다. 특히 치료의 초기 단계에 있어서는 더욱 그렇다. 이런 아동들의 그림에는 자신들이 경험한 고통이 나타나 있을 수도 있지만, 대부분의 치료사들이 알고 있듯이, 반응하는 것을 두려워하는 아동들은 치료의 초기 단계에서는 별로 말을 하지 않는다. 치료에 있어서 그림 그리기 활동을 사용하는 것을 별로 경험하지 못했거나 훈련받은 적이 없는 치료사들은 아동이 자유롭게 그림을 그리도록 놔두는 것이 아니라 지나치게 대화를 유도함으로써 아동을 격려하려는 경향이 있다.

작업을 마친 그림에 대한 이야기

아동의 그림에 대해서 아동과 이야기를 나누어야 할지 말아야 할지 잘 모르는 치료사들은 아동의 그림을 억압, 외상, 혹은 그밖의 다른 감정이나 인식을 나타내는 특징들만 끄집어내려고 하며 이러한 관찰을 통해서 아동의 성격이나 발달에 대해서 어떤 결론을 내려 버린다. 그러나 그림에 대해서 아동과 이야기를 나누는 것은, 치료사로 하여금 아동이 그린 그림에 대한 이해를 높일 수 있을 뿐만 아니라, 아동에게 스스로를 표현할 기회를 주고 치료의 틀 안에서 창조적인 활동과정을 통해 아동이 성장할 수 있는 기회를 제공해 준다.

아동의 그림 그리기 활동 중에는 다음과 같은 형태의 질문을 던지는 것이 현명하다. 아동에게 '왜' 특정한 요소를 그렸는지 묻는 것은 비효과적이다. 대부분의 아동들은 왜 자신들이 어떤 것을 그렸는지를 설명하는 데 어려움을 느끼며, '모르겠다'는 대답이 돌아오거나 혹은 아무런 대꾸도 안 할 수 있다. 대부분의 경우, 치료사가 그림에서 눈에 띄는 것들을 간단히 이야기해 주는 것이 좀 더 효과적이다. 예를 들어서, 그림에서 여러 가지 요소들을 보고, "나한테는 창문 밖을 내다보는 사람과, 강아지가 뜰에 있는 것이 보이는구나."라고 하거나 "나한테는 파란색 물결무늬와 주위에 있는 노란색의 커다란 원이 보이는구나."라고 말하면 된다. 이렇게 말하고 나면 보통 아동들은 자신에게는 중요한 것인데 성인이 못 보고 지나친 어떤 모양이나 세부 묘사에 대해서 부가적인 정보를 준다. 그러면 치료사는 그림에서 볼 수 있는 요소들에 대해서 궁금한 점을 묻는다. "이 사람은 창문을 내다보면서 무슨 생각을 하고 있을까?"(아동의 대답을 기다린다) "이 사람은 무엇을 보고 있니?" 혹은 "이 개는 무슨 생각을 하고 있을까?"(혹은 무슨 일을 하고 있을까 등 상황에 따라 달라진다) 처음에 논의한 것처럼, 이런 유형의 질문들은 치료사가 '모른다'는 태도를 암시하는 것이기 때문에 치료사와 아동 간의 생산적인 대화를 엮어가는 데 효과적이다. 실제로, 치료사는 그 이미지가 아동에게 어떤 의미인지를 모를 수도 있고, 치료사가 아동의 그림에 대해서 열심히 알고 싶어한다는 태도를 나타내는 것이기 때문에 아동은 자신의 시각에서 그림의 요소를 설명할 기회를 가지게 되는 것이다.

그림 그리기 활동에 치료사가 직접적으로 참여하고 상호작용하는 것은 결국 치료사가 아동과 함께하는 방식에 달려 있다. 문제해결중심이든, 인지-행동중심이든, 혹은 기타 다른 치료적인 접근방법을 가지고 접근할 것이다. 그러나 아동에 대한 접근방법이 어떠하든지 간에, 임상가들은 그림 그리기 활동 중에 아동이 그림에 대해서 강한 정서를 분명하게 드러낼 경우 아동에게 어떤 반응을 하게 된다. 아동의 정서에 반응해 주는 것은 치료사가 아동의 그림

[그림 3-3]
7세 남아가 그린 '망치와 칼을 들고 있는 나쁜 사람'

내용을 수용하고 있다는 것을 알려 주며, 아동이 보상으로써 그림을 사용하는 자연적인 과정을 강화해 준다. 예를 들어서, 어머니가 아버지로부터 심하게 학대당한 것을 본 7세의 남자 아이는 아버지에 대한 그림을([그림 3-3]) '망치와 칼을 들고 있는 나쁜 사람' 으로 묘사하고, '자기가 한 짓 때문에 감옥에 가는 것을 즐거워하는 사람' 으로 설명하였다. 치료사는 '아빠가 엄마를 다치게 해서 네 마음이 아프구나. 아빠가 그런 일을 해서 네가 아빠를 좋아하지 않아도 괜찮단다. 나는 네가 네 생각을 이야기해 주어서 기쁘단다.' 라고 반응해 주었다.

아동이 그림을 완성시키고 난 후 치료사가 물어볼 수 있는 일반적인 질문은 많다.

이 그림의 제목은 무엇이니? 그림에 대해서 이야기해 주렴. 혹은, 그림 속에서는 어떤 일이 벌어지고 있니? 이러한 것들은 개방적인 커뮤니케이션을 하는 데 도움이 되는 질문이다.

이 그림에 그려져 있는 사람들이나 동물들은 무슨 생각을 하고 있니? 아동과의 치료적인 관계에 있어서 목표 중 하나는 아동이 자신의 감정을 표현하도록 하는 것이기 때문에 저자는 그림에 등장하는 사람이나 동물들에 대해 물어봄으로써 아동이 그림을 통해서 자신의 감정을 투사하거나 관련시킬 기회를 주는 것이다. 만약 이러한 것들이 어떤 사물(자동차, 집, 나무 등)이라면 치료사는 이런 사물들이 무엇을 생각하고 있는지를 물어볼 수도 있다. 저자가 아동에게 이러한 무생물이 어떻게 느끼고 있는지를 물었을 때 아동이 혼란스러워하기 때문에(혹은 치료사에게 뭔가 문제가 있다고 생각하는 것 같았다), 저자는 종종 집이나 자동차, 나무가 감정을 갖고 있다고 생각하자고 미리 전제한 후에 질문을 하였다. 만약 아동이 그린 그림이 색깔, 모양, 선으로만 이루어진 것이라면, 치료사는 '이 모양(선, 혹은 색)은 무엇을 생각하고 있니?'라고 물어볼 수도 있다.

이 그림에 그려진 사람 혹은 동물은 다른 사람이나 동물에 대해서 어떻게 생각하고 있니? 만약 그들이 말할 수 있다면 서로에 대해서 무슨 말을 할 것 같니?

이러한 질문은 정서 표현과 관계가 있지만, 아동이 그림에 대한 이야기를 만들어 내는 데 도움을 주기도 한다. 치료사는 그림에 그려진 사람이나 동물, 사물의 목소리를 흉내내면서 아동에게 다른 사람이나, 동물, 사물에 대해서 이야기해 보라고 말할 수도 있다. 이러한 접근방법은 장난감이나 모래상자에 담겨 있는 인형을 가지고 서로 대화를 나누어 보는 놀이치료와 유사한 방법이다.

내가 이 작은 여자아이나 남자아이, 개, 고양이, 집 기타 등등에게 질문

해도 되니?

이러한 질문을 통해서 아동은 어린 소녀, 어린 소년, 개, 고양이, 혹은 집이 되어서 대답해 볼 수도 있다.

위와 같은 질문들은 그림에 대한 이야기를 만들어 내는 데 도움이 된다. 대부분의 질문은 직접 화법이라기보다는 간접 화법(3인칭 시점)이다. 많은 아동들이 자신의 그림에 대해 1인칭 화법으로 이야기를 만들어 내는 것에는 별로 어려워하지 않지만, 심한 외상이나 장애로 치료를 받고 있는 몇몇 아동들의 경우에는 간접 화법으로 그림에 대해 이야기하는 것이 유용할 때도 있다. 3인칭 화법으로 이야기하는 것은 어느 정도 안정감과 거리감을 주며, 동시에 아동이 능숙하게 자신의 그림의 의미를 이야기할 수 있도록 해 준다.

몇몇 아동들에게는 대신 대답을 해 주거나 이야기를 해 주는 퍼펫, 가면 혹은 인형 같은 소도구를 사용하는 것이 효과적이다. Oaklander(1978)가 지적한 것처럼, '아동은 표현하기 어려운 것에 대해서 직접 말하는 것보다 퍼펫을 통해서 이야기하는 것을 더 편안하게 여긴다. 퍼펫은 아동에게 거리감을 부여하며, 자신의 가장 내밀한 부분을 이런 식으로 드러내는 것에 대해서는 어느 정도 안전감을 느낀다.' (p. 104) 예를 들어서, 치료사는 이렇게 물어볼 수도 있다. '이 퍼펫(혹은 가면) 중에 하나를 써서 이야기해 볼까? 이 인형 중 하나가 내가 묻는 질문에 답해 줄 수 있을까?' 저자의 경험으로는, 그림이나 퍼펫 같은 소도구를 사용해서 아동이 안전하게 이야기할 수 있는 것을 통해서 대신 말해 주면 아동의 수줍음, 분노, 자기비난, 죄의식, 공포 등을 자연스럽게 줄이고 그림에 대해서 이야기할 수 있게 해 준다.

몇몇 아동들은, 소도구나 혹은 소도구 없이 하는 연극이나 활동이 순전히 그림만 그리거나 이야기하기보다 더 알맞고 즐거울 수 있다. 때때로 저자는 아동에게 자신이 그린 그림에서의 특정 캐릭터의 움직임이나 그림에 등장하는 내용을 각색하여 움직여 보라고 요구하기도 한다. 다시 말해서 움직임을 통해서 그림을 표현하는 것으로 퍼펫을 사용하여, 그림 속의 대상이 움직이거나 대화를 할 수 있다면 앞으로 어떤 일이 일어날지에 대해서 물어볼 수 있는 것이다.

이야기를 하는 데에는 녹음기도 유용하게 활용할 수 있는데, 녹음은 아동이 말한 그대로를 들을 수 있다는 장점이 있다. 대부분의 아동들은 녹음기를 계속 되돌려가며 듣는 것을 좋아하기 때문에 이렇게 듣고 있는 동안에 저자는 아동에게 설명을 요청하거나 질문을 하거나 혹은 상세한 것을 물어볼 수 있었다. 녹음기는 또 마이크를 부착해서 인터뷰에 사용할 수도 있다. 저자는 오래된 마이크를 가지고 있는데, 아동들은 이 마이크를 잡고 이야기하기를 좋아한다. 심지어 수줍음이 심한 아동이라도 금방 흥분하고 활발해지기도 한다. 치료사가 아동을 '인터뷰' 하는 동안 인터뷰하는 연기를 멋지게 펼쳐 보이면 더 효과적일 것이다.

그림과 그리기 과정에 대한 이해

아동에게 그림에 대해 묻는 것과 더불어, 아동의 그림에 대해서 생각하고 이해하는 데 도움이 될 만한 질문들이 있다. 처음에 논의한 것처럼, 치료사에게는 그림을 그리는 과정(아동이 그림 도구를 다루는 방법, 치료시간과 활동 경험, 치료사와의 상호작용 모두)과 그림 그 자체가 모두 중요하다. 또한 아동의 그림을 볼 때는 전후맥락을 함께 이해하는 것도 중요하다. 즉, 그림 그 자체에 드러나는 환경과 그림 재료의 영향, 치료적인 관계의 영향을 인지하는 것이 절대적이라는 뜻이다(제2장 참조).

또한 아동이 그림 그리는 작업을 어떻게 인식하고 있는지를 아는 것도 중요하다. 예를 들어서, 아동이 자연스럽게 그림을 그리는지, 아니면 그림 그리기를 숙제의 한 부분으로 보고 있는지 등이다. 치료 중에 아동이 그린 많은 그림들은 특정한 그림 그리기 규칙이나 평가를 만족시키기 위한 것이라기보다는 자연스러운 표현이다. 아동들은 자신이 그린 그림에 대해서 질문을 받으면 그 질문을 평가의 목적으로 인식할 경우도 있다는 점을 주의해야 한다. 예를 들어서 연필로 집이나 나무, 사람을 그려 보라는 과제를 주었을 때, 아동들은 지시가 구체적이고, 그림의 주제가 한정되어 있고, 미술 도구도 제한되어 있기 때문에 일종의 검사로 의심할 수 있다는 것이다. 또, 아동들은 치료계획의 한 부분이나 개입 때보다 미술 수업이나 혹은 세션에서 경험하는 그림 그리기를 창조적인 활동으로 보는 경향이 있다. 치료사들은 아무리 투사적이고 치료적인 목적으로 그림 그리기 활동을 이용한다 하여도, 아동은 미술을 다른 시각에서 보고, 치료사의 요구를 자신의 입장과 발달 수준에서 이해할 것이다. 미술에 대해 아동이 어떻게 인식하고 있는지를 이해하는 것은 치료사들이 치료에서 미술을 성공적으로 이용하는 데 있어 필수적이며, 아동의 창조적인 활동에 대한 존중감을 보여줌으로써 치료적인 관계가 증진될 수 있다.

저자는 다음에 아동의 그림과 그리는 과정에 대한 생각을 몇 가지 질문으로 정리해 놓고 있다. 이 질문들에는 정답이 없다. 아동 또는 치료에 대한 아동의 반응, 아동의 그림에 대한 어떠한 긍정적 혹은 부정적인 암시를 나타내는 것도 아니다. 아동의 반응은 아동 개인의 경험, 상황, 활동, 치료사와 아동과의 상호관계 등에 의해서 달라진다. 이 질문들은 치료사가 아동을 관찰하거나, 치료세션 동안 아동의 반응을 관찰하는 데 도움을 주기 위한 것들일 뿐이다.

〈그리기 과정과 관련된 질문〉

- 아동이 지시나 명령을 기다리는가, 아니면 충동적으로 그림을 그리거나 재료를 다루는가?
- 아동은 조용한가, 집중하고 있는가, 혹은 침착하지 못한가, 흥분하고 있는가? 활발한가 아니면 뒤로 물러나 있는가? 집중할 수 있는가, 아니면 산만한가?
- 이러한 변화가 세션이나 미술 활동 혹은 특별한 개입이나 상호작용할 때 일어났는가?
- 아동이 지시에 따를 수 있는가, 아니면 간단한 지시에 따르지 못하거나 쉽게 좌절하는가?
- 아동이 자신만만하게 그림을 그리는가, 아니면 실수할 것을 지나치게 두려워하는가?
- 그림 그리는 데 있어서 아동은 얼마만큼 생각하나, 아니면 도움이 필요한가?
- 그룹으로 그림을 그릴 때, 아동은 다른 아동과 미술 재료를 나누어 쓰는가 아니면 자기의 영역을 지키는가?
- 치료시간을 끝내는 데 어려움이 있는가? 요청에 의해서 그리던 그림을 멈추어야 할 때 어떻게 반응하는가? 자신이 그린 그

림을 가지고 가는 것을 즐거워하는가? 자신이 그린 그림을 치료사가 맡아 줄 것을 특별히 요청하는가?

〈그림과 관련된 질문〉

- 그림을 완성해 놓고 자랑스러워하는가, 아니면 자신이 그린 그림을 평가절하하는가?
- 그림에 독특하게 표현된 심상이 나타나는가, 아니면 정형화된 이미지가 나타나는가?
- 그림에 대해서 물었을 때 아동은 어떻게 반응하는가?
- 그림에 그려진 이미지와 아동 자신을 연관시키는가, 아니면 연관시키지 않는가?
- 그림에 대해서 은유적으로 혹은 자신과 관련시켜서 이야기할 수 있는가, 아니면 그림에 대해서 이야기하거나 설명하는 것을 어려워하는가?
- 그림이 아동의 연령에 비추어 볼 때 발달적으로 적합(제4장 참조)한가?

그림과 관련된 질문들에서 보면, 몇몇 치료사들은 앞서 언급한 질문들 외에도 그림의 특징들을 더 찾아낼 수 있을 것이다. 다시 말하자면, 아동의 그림에서 나타나는 이미지들이 갖고 있는 여러 의미들을 개방적으로 바라보는 것이 중요하다. 그림 자체를 해석하는 데 주목하기보다, 어떤 과정을 거쳐서 그림을 그리는지, 치료사와 어떤 관계를 갖는지, 자신이 그린 그림에 대해서 어떤 식으로 반응하는지를 살피는 것이 더 중요할 것이다.

아동이 그림을 완성시키는 것을 지켜보면서 저자는 스스로에게 되묻는다. '그림에서 이상한 점, 강조된 점, 중요한 점이 무엇일까?' 그리고 아동과 대화하면서 그러한 점을 떠올린다. 그러한 모습이나 대상들은 아동에 대한 중요한 정보를 제공해 줄 수 있기 때문이다. 발달적으로 부적절한 그림의 특징을 살펴보는 것도 좋은 출발점이 될 것이다(제4장 참조). 그러나 여기서 기억해야 할 것은, 성인의 시각으로 이상하고 두드러져 보이는 것이라도, 특정한 연령이나 발달단계에서는 정상일 수 있다는 점이다. 예를 들어서, 6세 아동이 사람이나 사물을 크게 그린다고 하였을 때, 그 연령 또래의 아동이 어떤 중요한 것을 강조해서 그리는 경향을 반영한 것일 수도 있다는 점이다. 반면에, 어떤 것을 강조할 때 색깔이나 선으로 강조하는 것은 문제가 있거나 걱정이 있다는 뜻일 수도 있다.

그림에 별로 이상한 점이 없어도 적어도 치료사와 아동 간에 대화가 필요하다. 예를 들어서, 성학대로 의심되는 6세 여자아이가 평가와 치료를 위해서 저자에게 의뢰된 적이 있었다. 여러 개의 그림을 그리고 서로를 알게 된 후, 나는 집에 있는 자신의 모습을 그린 그림을 설명해 달라고 그 아동에게 부탁했다. 그 아동은 자기 집에 있는 자기 모습을 그렸는데, 집은 X-ray처럼 투명하게 그 안에 있는 자신의 모습을 비추고 있었다. 그림 속의 집은 2층 집이었는데, 2층에는 침대가 무척 많았으며, 아래층에는 커다란 커피포트가 있었다. 그 커피포트가 눈에 띄어, 저자는 그림에 대한 일반적인 사항을 두 개 정도 물어본 다음에, 아동에게 그림 속의 커피포트에 대해서 질문했다. 그 아동은 사람들이 아침에 일하러 나가기 전에 커피 한 잔씩을 마신다고 열심히 설명했다. 저자는 일하러 가기 전에 커피를 마시는 사람의 이름을 말해 보라고 했고, 그 아동은 어머니, 아버지, 그리고 고등학교에 다니는 두 명의 언니 이름을 댔다. 그러면 집에는 누가 남느냐고 묻자, 그 아동은 자기와 직장이 없이 집에서 자기를 돌보는 삼촌뿐이라고 말했다. 그림에 나타난 커피포트가 의미하는 것은 삼촌이 그 아동을 성적으로 학대했다는 것을 실제적으로 확인할 수 있는 중요한 증거의 일부분이었다. 그 커피포트로 인해서 여자아이는 가족에 대해서 말하기 시작했고, 결국 성학대에 관한 단서까지 제공해 주었다.

그림 그리기에 대한 저항

몇몇 아동들은 자신이 표현하고자 하는 것에 대해서 잘 발달된 아이디어와, 미술활동과 그림에 나타난 이미지에 대해 직관적인 감각을 가지고 있다. 그런 아동들은 치료사가 이끌어 갈 필요성이 다소 적은 편이며, 자연스럽게 즐거이 그림을 그리며, 그림을 그릴 때 치료사가 옆에 있음으로 인해서 카타르시스를 느끼고, 증인이 되어 주고, 지지해 주는 역할을 하게 되는 것이다. 그러나 많은 이유로 인해서 아동들은 그림이 설사 즐거운 활동이라고 알고 있어도 그림 그리기를 거부할 수 있다. 치료 시에 아동이 그림 그리기를 거부하는 것에 대한 뚜렷한 대책은 없지만, 왜 어떤 아동들은 그림을 그리려 하지 않으며, 왜 이런 일이 일어나는지에 대해 알 수 있는 중요한 요소들이 몇 가지 있다. 저자의 경험으로 볼 때 그림 그리기를 거부하는 아동은 거의 없었다. 저자는 미술치료와 임상상담에 대한 많은 경험이 있었기 때문에 미술 활동 과정이 아동에게 재미있고 매력적인 것으로 보이게 할 수 있었다. 치료사는 미술 활동에 있어서 즐거운 것이 무엇인지를 즉시 알아내야 하며, 아동들은 치료사가 좋아하는지 싫어하는지에 대해 민감하게 느낀다.

아동과 미술 활동을 하는 치료사들을 지도감독하면서, 왜 아동이 그림 그리기를 거부하는지에 대한 의문이 자주 생겨났다. 만약 치료사가 언어로 하는 치료를 더 편안하게 생각하고 아동의 미술 표현, 미술 표현 매체, 미술 활동을 불편하게 느낀다면 이러한 신뢰감의 부족이 아동의 거부에 영향을 줄 수도 있다. 아동은 치료사가 열중하지 않거나 치료나 의사소통할 때 미술을 사용하는 기술이 부족하거나 하는 것을 민감하게 알아차려서 자신도 흥미를 잃고 미술 활동에 잘 참여하지 않게 되는 것이다. 미술이나 혹은 미술치료에 별 경험이 없는 치료사의 경우, 아동들에게 그림을 그리라고 말하는 것이 바람직한 결과를 이끌어 내지 못할 수도 있다.

주어진 미술 재료가 부실해도 그림 그리기를 거부할 수 있다. 2장에서 언급한 것처럼, 그림을 그리는 데 필요한 질 좋은 미술 도구와 좋은 종이를 주는 것은 중요하다. 다 말라서 나오지 않는 마커나 낡고 부러진 크레용, 잘 찢어지는 종이, 색이 부족한 그림물감 등은 아동에게 그림 그릴 의욕을 주지 않을 뿐만 아니라 좌절감을 준다. 아동이 그림을 그리게 하려면, 미술 재료들을 잘 갖춰서 시각적으로도 쓰고 싶다는 욕구가 일어나게 하여 아동이 미술 활동과 자기표현을 하도록 격려해 주어야 한다.

몇몇 아동들은 좀 더 개인적인 이유, 즉 걱정, 불신, 억압 등으로 인해서 그림 그리기를 거부한다. 또 어떤 아동들은 너무 방어적이거나 공포에 질려서 그림 그리기가 불가능할 수도 있다. 그림 그리기를 통해서 감정을 드러내는 것을 두려워하고 불안해하는 것이다. 때때로 그림 그리는 일 자체가 저항을 일으킬 수도 있다. 예를 들어서, 외상 경험을 했거나 혹은 가족에 문제가 있었던 아동에게 치료 초기에 가족의 그림을 그려보라고 하는 것은, 치료적인 관계에 대해 아직 안전하게 보호받고 있다고 생각하지 않는 아동에게 위협적인 경험이 될 수도 있기 때문이다.

이러한 저항을 극복할 수 있는 몇 가지 방법이 있다. 때때로 저자는 아동에게 그림의 내용, 모양, 특징적인 것까지 다 정해 주고 따라서 그리라고 한다. 저자의 경우 화가로 일을 시작했고, 어느 정도 그림을 그릴 줄도 알았지만, 실제적으로는 그림을 잘 그리는 것이 별 도움이 되지 않을 때도 있었다. 서투른 그림 솜씨로 치료사가 잘 못 그린 그림에 대해서 아동이 실수를 지적하도록 유도해서 아동이 그림을 그리도록 이끈다. 기초적인 선 하나만 그려놓아도 아동은 거기에 상세하게 덧붙여서 그리거나 훨씬 더 잘 그린다.

그리기를 아주 싫어하는 아동들에게는 cartoon 게임이라는 것을 하여 아동이 원하는 건 다 그려 주어, 치료사가 만화가가 되는 것이다. 저자는 가필드(저자가 그릴 줄 아는 캐릭터 중 하나)를 그려 주는 것부터 해서 그다음에는 가필드가 무슨 행동을 할지 물어보는 것이다. 보통, 다음 두 가지 중 하나가 일어난다. 아동은 저자가 그림을 그리도록 상세하게 스토리를 꾸며낸다. 저자는 그 스토리에서 실마리를 얻어서 아동이 발달하도록 돕거나 문제를 해결하는데 도움을 줄 수 있었다. 어떤 아동들은 즉각적으로 만화 그리는 것에 흥미를 가지기도 한다(특히 저자가 너무 못 그릴 때). 그래서 만화를 자기가 대신 그리겠다고 나서기도 한다. 아동과 치료사가 번갈아 가면서 만화를 완성시킬 수도 있다.

때로는 그림 그리기를 거부하는 것처럼 보이는 것이, 단순히 언제 어디서 어떻게 시작해야 할지 모르는 상황에 대한 불신감과 신뢰감의 부족 때문일 수도 있다. 아동은 '마음대로 그려 보도록' 커다란 흰 종이와 미술 재료를 주는 것에 오히려 압도되거나 자신감을 갖지 못할 수도 있다. 또 다른 경우, 아동은 그림을 통해서 자신을 표현할 수 있을 정도로 안전감을 느낄 만큼 신뢰감을 형성하는데 시간이 필요한 것일 수도 있다. 아동에게 자신이 그리고 싶은 것 중 한 가지를 정하라고 말하는 것도 효과적이다. 예를 들어서, 아동이 사람을 그린다고 하면, 치료사는 아동에게 단순히 사람의 머리를 그려보라고 요청할 수도 있다. 이 시점에서, 아동에게 그 다음으로 눈, 코, 입, 몸, 다리, 기타 신체부위를 그리도록 격려하는 것이다. 한번 이런 과정을 갖게 되면 아동은 점차적으로 자신감을 갖게 된다.

Steele(1997)은 여러 가지 이유로 인해서 그림 그리기를 거부하는 아동을 자극하기 위한 간단한 기법을 개발하였다. 그는 아동에게 인덱스 카드(이 카드의 크기가 중요한데, 보통 아동은 큰 사이즈보다 작은 사이즈에 위협을 덜 느낀다.)에 지문을 찍으라고 하고 특별한 친구를 만들기 위해서 상세한 모습을 덧붙여 그리라고 하는 것이다. 지문은 자동적으로 아동이 사람의 모습을 그릴 동기를 부여해 주는 것이다. 이것으로 집, 다른 사람, 동물 등의 요소가 첨가된 커다란 그림의 중심이 되게 하는 것이다.

마지막으로, 다른 아동의 그림이나 간단한 이미지를 보여 주는 것이 도움이 되는데, 특히 아동이 자신의 능력에 대해서 불안해할 때는 더욱 유용하다. 몇몇 아동들은 그림을 그대로 모방하려고 하지만, 대부분의 아동들은 자신만의 그림을 그리거나, 보여 준 그림을 보다 개인적인 방식으로 변화시켜서 그리게 된다. Silver 그림검사(1996a)는 그림(다양한 사람, 동물, 사물들을 간단한 선만으로 그린 일련의 그림들)은 아무것도 그릴 수 없다고 생각하거나 자신의 이미지를 창조하는 것에 불안감을 느끼는 아동들을 자극하는 데 여러 모로 편리하게 계속 사용되어져 왔다. Silver의 그림카드는 또한 병원에서 수술이나 치료를 받고 있는 아픈 아동들에게 그림을 그릴 의욕을 북돋워 주는 데 유용하다. 아동은 카드 중에서 두 개나 세 개 정도만 간단히 집어서 자기 맘대로 배열해서 스토리를 꾸미는 것이다. 또 카드에 그려진 그림을 맘대로 따라 그리거나 원하는 대로 바꿀 수도 있다.

그림이 자신에게 있어서 가장 생산적인 표현수단이 아닐지라도 치료사가 요구하는 대로 따르는 아동들도 있다는 점을 잊어서는 안 된다. 콜라주나 점토와 같은 미술 활동에 더 잘 어울리는 아동들이 있는가 하면, 어떤 아동들은 퍼펫, 드라마, 놀이, 운동 등과 같은 매체를 통해서 더 효과적으로 표현하기도 한다. 대부분의 아동들이 그림을 그리기는 하지만 치료사는 미술, 운동, 놀이, 이야기 나누기와 같은 것에도 민감하게 반응해서 치료 시 아동이 이러한 것들을 할 수 있게 해 주고 자신을 자유롭게 표현할 수 있도록 해 주는 것이 중요하다.

아동의 그림에 나타난 성적, 폭력적 내용에 대한 반응

정신건강 전문가와의 슈퍼비전 시간에, 저자는 종종 아동의 그림에 나타나는 성적이고 폭력적인 내용에 대해서 질문을 받곤 하였다(제5장 참고). 당연한 일이지만, 많은 치료사들은, 심지어 수년간 아동과 일해 온 치료사들도 아동의 그림에서 성적이거나 폭력적인 내용이 뚜렷하게 드러나 있는 것을 불편하게 여기거나 무서워한다. 치료사가 아동과 공공연하게 표현할 수 없는 사고나 감정, 생각을 나누는 하나의 방법으로 미술 활동을 사용할 때는, 말로써 표현할 수 없는 성적, 폭력적인 내용이 그림에 나타날 수 있다. 치료사들은 이러한 강력하고 때로는 압도적인 이미지들을 받아들이고 반응할 준비가 되어 있어야 한다. 노골적으로 성적이고 폭력적인 내용보다는 정형화된 하트, 무지개, 웃는 얼굴들을 보는 것이 치료사에게 더 편안한 것은 당연하다. 그러나 치료사가 불편하다고 해서 그림이 가지는 강한 영향력을 방해해서는 안 된다.

저자가 오래전에 치료사로서 처음 일할 당시, 13세의 남자아이가 그린 남자그림을 보고 충격을 받은 적이 있었다([그림 3-4]). 그

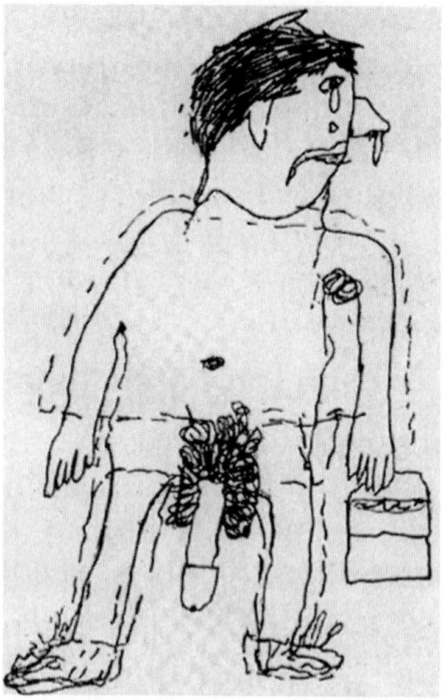

[그림 3-4]
13세 남아가 연필로 그린 인물화

아동은 행동적인 문제, 과잉행동장애, 학습장애 때문에 공립학교의 특수프로그램의 일부로 저자에게 평가와 치료가 의뢰된 아이였다. 그 아동은 읽고 말하는 데 있어서 약간의 학습장애가 있었는데, 학교 내 심리학자는 그 아동이 주의력결핍 과잉행동장애(ADHD)이며, 교실과 또래에 대한 자신의 행동에 대해서 전혀 통제가 되지 않는, 행동상으로 미성숙한 상태라고 진단했다. 우리는 그 아동이 다니는 특수학급에서 1학기 동안 매주 미술치료 시간을 가졌다.

그림에서 가장 충격적이었던 것은 그림이 상당히 성적 표현으로 두드러졌다는 점이다. 그 아동은 아직 사춘기 이전이었는데도, 그림을 현실과 비슷하게 알몸으로, 성적인 특징을 강조해서 그리는 능력이 있었는데, 이는 그 연령 또래에서는 드문 일이었다. 그림을 다 그리고 난 후 그 아동의 반응은 혼란스러워 보였다. 그 아동은 처음에는(충격받은 저자의 얼굴을 보고) 걷잡을 수 없이 웃었으며, 그 다음에는 갑자기 불안한 모습을 보이고 자신의 그림에 대해서 부끄러워했다. 저자는 그림에 있는 사람이 누군지를 물어보았는데, 그 아동은 '저예요.'라고 말하고는 더 이상 말하지 않았다. 그림에 표현되는 내용에 따라서 미술치료 시간을 이끌어 나가게 되었는데, 그림에는 성적인 내용뿐만 아니라 자기 자신에 대한 자신의 느낌을 포함하고 있었다. 불행히도 이 아동의 경우는, 아버지로부터 성적 · 신체적인 학대를 당했고, 어머니가 아버지의 학대로부터 자신을 전혀 보호해 주지 않았기 때문에 자신이 버려졌다고 생각하고 있었다.

저자는 그때 치료사로서는 초심가였기 때문에, 그 아이가 그린 그림에 상당히 놀랐었다. 그 이후로, 저자는 주로 성학대당한 아동이 상당히 성적인 내용이 담겨져 있는 그림들을 많이 그린다는 것을 알게 되었다. 어떤 식으로든 성학대당한 아동과 일하는 치료사들은 명백히 성적인 내용이 담긴 그림을 아주 많이 보게 될 것이라는 것은 분명한 사실이다. 이러한 그림들 중 일부는 성에 대한 치료사의 과거 경험이나 정서를 건드릴 수도 있다. 이러한 그림들을 보고 충격을 받는 것이 당연한 반면에, 성적인 내용에 대한 치료사의 개인적인 반응이 아동과 아동의 그림에 대한 상호작용에 영향을 줄 수 있기 때문에 이런 형태의 그림에 어떻게 반응할지에 대해서는 검토해 보아야 한다. 아동의 그림을 이해하는 데 있어서 전문적인 식견을 가지기 위해서 슈퍼비전을 받거나 아니면 단순히 동료 치료사와 서로 의견을 교환하는 것만으로도 혼란스럽고 폭력적이고 성적인 이미지와 관련된 맹점(blindspots)을 감소시켜 줄 수 있기 때문에 아주 효과적이다. 아동과 치료사가 상호작용하는 것을 직접 보거나 비디오로 찍은 것을 슈퍼비전하는 것 또한 상당히 효과적인데, 인터뷰 기술이나 아동의 미술 활동에 대한 반응 등을 직접 배울 수 있기 때문이다(Malchiodi & Riley, 1996).

어떤 면에서는 그림에 나타난 폭력적인 이미지가 더 심각한 문제일 수 있고 직면하기 어려울 수도 있다. 몇몇 어린 아동들도 분명히 폭력적인 내용이 담겨 있는 그림을 그리긴 하지만, 좀 더 나이든 아동이나 청소년들이 더 폭력적이거나 섬뜩한 그림을 그리는 경향이 있다. 이러한 그림들 중 몇몇은 학대당한 아동이나 청소년들이 그린 그림인데, 가해자를 해치고 싶다는 감정이나 소망을 미술 표현이라는 도구를 사용해서 재현하는 것이다. 자신이나 타인에 대한 직접적인 폭력을 나타낸 그림도 또한 문제인데, 특히 우울이나 자살에 대한 내용을 담고 있을 때 그렇다(아동기 우울과 그림에 대해 다루고 있는 제5장을 참고).

Haeseler(1987)는 치료사는 '다른 사람을 놀라게 하고 싶은가? 그들을 벌주고 싶어하는가? 도움을 원하는가? 언제 그러한 이미지가 나타나는가? 대상이 누구인가? 등 그림에 그려진 폭력적인 이미지가 나타내는 의도를 이해해서 환자를 도울 수 있어야 한다.' (p. 15)고 지적하고 있다. 이러한 질문들은 그림에 나타난 폭력적인 내용을 보고 반응해야 하는 치료사가 기본적으로 고려해야 할 사항들이다. 또한, 치료사는 그림에 나타난 폭력적인 내용을 수용해야 하지만 그림에 나타난 폭력적인 행동이나 행위를 수용해서는 안 된다. 이렇게 명백히 폭력적이고 강한 내용이 담긴 그림을 그리는 아동이나 청소년에게 그 차이점을 정확하게 구별시키는 것이 중요하다. 어떤 치료적인 관계나 상황에서도, 안전은 가장 중요한 문제이며, 폭력적이고 잔인한 주제가 담긴 그림을 그리는 아동이나 청소년에게도 반드시 이 점은 주지시켜야 한다.

Graham(1994)은 정서장애를 겪고 있는 청소년과 작업해 오면서, 왜 10대들이 폭력적인 그림을 그리는가에 대한 여러 가지 이유를 설명하였다.

a) 일반적으로 확실한 반응이 오기 때문이다.
b) 충격적이고, 관찰자로부터 정서적인 반응을 이끌어 내며, 위협적인 이미지를 만들어 내어 그림을 그린 사람의 힘을 구체화시켜 주기 때문이다.
c) 아름다운 그림을 그려서는 다른 사람과 자신이 구별되지 않기 때문이다. 그림을 바라보는 사람들은 초월성을 느끼고 그림에는 그림을 그린 사람이 드러나지 않지만, 충격적인 그림을 볼 때 우리는 놀라서 뒤로 물러나면서 이렇게 묻는다는 것이다

"누가 이 그림을 그렸지?" "왜 그렸을까?"(p. 118)

불행히도, 극도의 정서적 고통이나 심한 억압을 경험한 많은 아동들은 자신의 삶에 문제가 될 만한 실제적인 이슈에 대해서는 표현하거나 커뮤니케이션하는 것을 피하기 위해 정형화된 그림을 그린다. 폭력적인 주제가 담긴 그림은 시각적으로도 사람들의 시선을 끌고 충격적일 뿐만 아니라, 아동이 경험한 특정한 문제나 감정을 좀 더 드러낸다. 치료사에게는 공격적이거나 혼란스러울지라도 폭력적인 그림은 중요한 반응을 내포하고 있으며, 몇몇 아동과 청소년의 경우 그림이 좀 더 수용된 형태로 폭력적인 생각과 바람을 전이하는 하나의 방편이 되기도 하는 것이다.

결 론

이 장은 그림을 통해서 아동을 연구하고, 아동과 작업해 나가는 방법에 대한 개관이다. 이 장의 첫머리에서도 언급했듯이 치료사는 아동의 그림을 자신의 시각으로 반응할 수 있다. 그러나 적절히 질문만 잘하면, 미술 표현에 대한 아동의 이야기를 통해서 아동을 더 잘 이해할 수 있을 것이다.

그림과 아동의 치료에 있어서 그림의 의미에 대한 치료사의 개인적인 신념을 잘 검토한다면, 아동과 작업하는 데 있어 상당히 도움이 될 것이다. 어떤 치료기술을 사용하는가에 있어, 그림을 사용하는 경우 어려운 사례뿐만 아니라, 미술 표현의 내용에 대해서 치료사가 어떤 편견을 갖고 있는지를 계속 체크하는 데 있어서도 피드백이 필요하다.

아동과 아동이 그린 그림을 가지고 작업할 때, 치료에서 아동의 그림을 사용하는 목표를 항상 가슴에 새겨두는 것이 필요하다. Steele(1997)은, 외상을 입거나 가슴 아픈 일을 겪은 아동과 오랫동안 일해 오면서 느낀 점을 다음과 같이 말하고 있다.

> 그림 그리는 과정에서, 치료사의 역할은 아동이 자신의 경험을 그리고 나서 자신의 이야기를 하도록 격려하는 것이다. 이 과정을 통해서, 아동은 공포에 대한 그림을 치료사에게 그려 보여 줌으로써 공포로부터 벗어날 기회를 갖게 된다. 내적인 통제와 권위를 새롭게 하도록 격려해 주는 과정인 것이다. 자신이 그린 그림에 대해서 호기심을 갖고 흥미를 느낌으로써, 치료사는 아동에게 이러한 무서운 기억들이 가진 힘을 감소시키고 좀 더 긍정적이고 즐거운 기억들로 대체하는 도구와 기회를 제공해 주는 것이다(p. 43).

치료사는 아동이 그림을 통해서 스스로를 노출시키며 자신들의 내적인 경험을 자신에게뿐만 아니라 치료사에게 열어 보인다는 점을 기억해 두는 것이 중요하다. 아동의 그림에는 아동의 생각, 느낌, 환상 등이 담겨 있는 반면, 그림을 그리는 과정과 그리는 활동은 치료사로 하여금 아동과 상호작용하여 창조적인 활동으로서 보상과 회복을 촉진시키는 역할을 한다.

04 아동그림의 발달적 측면

아동들의 미술 표현이 대부분 비슷한 유형으로 나타난다는 흥미로운 사실은, 아이들 그림의 다른 모든 측면을 이해하는 데 있어서 중요하다. 20년 이상 아동과 미술 작업을 함께 하고 관찰해 온 저자는 몇 가지 비정상적인 상황들을 제외하고는 모든 아동들이 어린 나이에는 대부분 끼적거리기(scribble)를 하며 결국에는 사람 형태나 사물을 시각적으로 표현할 수 있게 되고, 주제와 개인적 의미를 그림에 결부시킬 수 있다. 다시 말해서, 아동기 동안 모든 아동들은 그림에 있어서 예상할 만한 진보적 변화와 각 연령의 특성을 나타내는 변화가 나타난다. 이러한 미적 발달 단계는 미술 표현을 통해 의사소통할 수 있는 모든 정상적인 아동이 가진 능력의 한 부분으로서 이렇게 무언가를 그리는(mark-making) 것은 전 세계의 모든 아동들에게 보편적으로 나타나는 특징이다.

아동의 미술 발달에 대한 모든 연구물들은 몇 권의 책으로 쓰일 수 있다. 다양한 연령의 정상적인 아동들이 어떻게 그림을 그리는지에 대해 대부분의 치료사들은 실제적인 지식을 가지고 있다. 그러나 아동의 미술 발달 단계에 대한 많은 의견들이 있음에도 불구하고, 어떤 치료사들은 미술 표현에 대한 발달 단계 이론에 익숙치 않다. 다양한 연령의 아이들의 그림을 통해 아동이 자신을 어떻게 표현하는지에 대해서 아는 것은 일반적으로 아동의 그림을 이해하는 데 있어 필수적인 부분이다. 이러한 근거는 치료사들에게 인지적, 발달적 또는 신체적 문제를 가진 아동, 삶의 위기나 정서적 혼란을 경험한 아동들을 치료할 때 특히 도움이 될 수 있을 만한 준거를 제공해 준다.

이 장은 아동의 미술 발달에 대해 많은 포괄적인 주제들을 다루려 하는 것은 아니다. 그러나 저자는 미술 발달 단계에 대해 생소해하는 사람들과 미술 발달 단계에 대한 기초적인 이해를 필요로 하는 독자들을 위해 중요한 정보를 요약하고자 한다. 이러한 기초적인 정보는 대부분의 치료사들뿐 아니라 아동과 관련된 일을 하는 사람들에게 아동그림의 발달적 측면을 효과적으로 이해하는 데 필요한 내용이 포함될 것이다. 이 장과 관련된 선행 연구와 정보에 대한 제언들은 이 책의 끝부분에 있는 참고문헌에서 찾을 수 있을 것이다.

아동그림의 발달 단계

1800년대 후반과 20세기 초에 걸쳐 아동의 미술 표현에 관심을 가진 연구자들은 그림 발달에서 관찰된 단계들을 기술하기 시작했다. 이러한 초기 연구들은 아동이 일반적으로 세 단계의 그림 발달 단계를 경험한다고 결론지었다.

1. 난화기(끼적이는 단계, scribbling stage): 선을 조직적으로 여기저기에 그리고 후기에는 선과 원모양을 한 덩어리의 형태로 끼적임
2. 도식기(schematic stage): 사람이나 사물, 주위 환경을 표현할 수 있을 정도로 도식이 발달됨
3. 사실기(naturalistic stage): 더욱 사실적이고 실물에 가까운 세부묘사까지 할 수 있음

이러한 초기 연구는 그림 발달 단계에 대한 좀 더 세부적인 정보를 확립시키고 좀 더 특별한 정보에 대한 촉매제 역할을 하였다. 1921년 초반에 Burt는 아동의 그림을 몇 단계로 분류시켜 연구하였다. 그는 아동이 2세에서 3세에 끼적거리기를 시작하고 4세에 하나의 선이 나타나며, 사람과 동물을 표현하는 기본틀이 형성되는 단계에 이른다고 하였다. 그는 5세에서 6세의 아동들은 자신의 주변 환경에서 자신들이 본 것을 그릴 수 있게 되고, 7세에서 11세의 아동들은 공간의 깊이나 동작, 색에 대한 발견으로 더욱 자연스럽게 사실적으로 사물과 형태를 그리는 능력이 증가된다고 하였다. Burt는 그러나 아동이 청소년기에 이르면 자신의 능력에 대한 자신감 부족과 타인들의 지지가 부족하여 그림 표현에 있어서 자신들의 관심을 잘 표현하지 않는 경향이 생긴다고 하였다. Goodenough(1926, 제1장 참고) 또한 미술 표현의 발달적 중요성을 관찰하고, 지적 능력을 측정하기 위한 목적으로 아동들의 그림

을 분석하여 연령 규준을 마련하였다.

계속해서 다른 연구자들도 아동의 그림에서 보이는 연속적인 패턴을 관찰하고, 아동의 미술 발달에 대한 이론을 세우기에 이르렀다. 가장 잘 알려진 것으로는 아동미술 표현에 대한 전체적인 내용에 대해 다룬 Lowenfeld(1947)의 연구다. 「창조성과 정신적 성장」이라는 그의 초기 연구는 그가 사망한 이후에 몇 가지 내용을 삭제하여 몇 편의 개정판으로 다시 만들어졌다(Lowenfeld & Brittain, 1982). 많은 미술교사들과 치료사들, 특히 미술치료 분야에서는 여전히 Lowenfeld의 단계를 아동의 미술 발달 수준을 측정하는 기준으로 사용하고 있다.

Lowenfeld는 미술을 통한 아동의 성장이 사고를 조직하는 과정과 인지능력의 발달과 유사하다고 믿었다. 이와 같은 의미로, 미술표현의 많은 부분에서 운동기술이나 지각력, 언어, 기호조직화, 감각력, 공간적응력 등 아동의 능력에 대한 표시가 나타난다고 했다. Burt 등의 연구자들의 초기 연구에 기초를 둔 Lowenfeld의 연구는 그림 발달을 주요한 6단계로 기술하고 있다.

① 난화기(scribbling, 2~4세): 초기 그림은 흔히 움직임이 많다가 후에 지적인 활동으로 나타난다. 무질서한 직선과 곡선을 포함하는 다양한 끼적임이 나타난다. 이 단계의 후반부에는 이러한 낙서 형태에 명칭을 붙인다.
② 전도식기(preschematic, 4~7세): 구상주의적 기호의 초기 발달단계. 특히 사람을 표현하는 기본 형태가 나타난다.
③ 도식기(schematic, 7~9세): 구상주의적 기호의 지속적 발달단계. 특히 물건, 상태, 색에 대한 도식이 생기고, 기저선(base

line)을 사용한다.

4 형태적 사실기(drawing realism, 9~11세): 공간의 깊이와 자연스러운 색을 나타내는 기술이 발달하고 미적 표현에 있어서 정교함이 증가한다.

5 의사실기(pseudorealism, 11~13세): 사람의 형태와 주변 환경에 대해 더 비판적인 인식을 가지게 되고 세부적인 표현이 증가한다. 미적 표현에 있어서도 정교함이 증가한다(예: 만화).

6 결정기(period of decision, 청소년): 표현이 더욱 복잡하고 정교해진다. 어떤 아동은 그림 그리기를 계속하지 않거나, 지지받지 못할 경우 이 단계에 도달하지 못하기도 한다.

연구자들 중에는 어린 연령의 아동에서 성인에 이르기까지 그림 활동의 발달적 특징에 대한 전반적인 지식뿐 아니라 그림 발달과정에서 벗어난 점들을 제시해 줌으로써 아동의 그림 발달에 대한 연구를 계속하였다. 예를 들어, Pasto(1965)는 '공간-구조' 이론에서 발달뿐 아니라 정서적 경험으로서의 아동의 미술 표현을 고려하였다. 그는 초기 미술 표현에서 세상과 분리되어 정체성을 형성하는 상징으로 직사각형을, 어머니에 대한 이미지의 표현으로 원을 그리는 것과 같이 아동들의 첫 번째 시도에 대한 다양한 형태의 상징주의를 제시하였다. 이러한 관찰들은 정서 발달과 성숙을 이해하는 틀을 제공해 줌으로써 인간 발달 이론에 의한 모형이라기 보다는 오히려 Jung학파와 그 시대의 다른 심리학 이론들을 기술해 놓은 것처럼 보인다.

Winner(1982)와 Golomb(1990), 그리고 Gardner(1980)는 발달심리학, 미술, 인류학 등의 시각으로 아동의 그림을 이해할 수 있게 해 주었다. Gardner는 난화, 사람 형태의 발달, 도식적 표현, 사실주의, 청소년기의 만화, 성인기의 미적 능력을 포함시킴으로써 Lowenfeld가 제시한 단계와 비슷하게 제시를 하고 있다. Gardner(1980)는 다른 사람들과 마찬가지로 전 세계적으로 어린 아동들에게서 공통적으로 미술 발달에 대한 특별하면서도 단정지을 수 있는 단계가 나타나며, 이 단계는 아동 초기에 시작하여 성인기까지 이어진다는 데 동의하였다.

미술 표현 단계에 대한 다양한 명칭이 있기는 하지만, 그들은 다음과 같이 발달 단계를 제시했다.

- 1단계: 난화
- 2단계: 기본적인 형태
- 3단계: 사람 형태와 초기 도식
- 4단계: 다양한 도식의 발달
- 5단계: 사실주의
- 6단계: 청소년기

그리고 각 단계마다 그 단계의 중요한 측면을 요약하고 강조하였다. 또한 주어진 연령범위도 비슷하다. 다시 말해서 주어진 단계에서 정상적인 표현으로 간주되는 그림 형태는 연령에 있어서 다소 중복되는 점이 있어서 아동이 각 단계를 거치면서 단계 간을 왔다 갔다할 수 있다는 것을 기억해 두는 것이 중요하다. 예를 들어, 3단계의 아동이 어떤 날은 사람 형태를 그리고 그 다음날은 2단계의 덜 복잡한 형태를 그릴 수도 있다는 것이다. 이러한 변동은 모든 아동들에게 나타날 수 있는 공통적인 특징이다.

아동의 인지 발달에 대한 Piaget의 연구와 이와 유사한 연구를 하는 정신건강 연구자들에게는(Piaget, 1959; Piaget & Inhelder, 1971) 이 장에 기술된 그림 발달 단계가 인지 발달에 대한 그들의 이론과 일치한다고 보는 것이 더 유용할지도 모른다. 난화기(1단계)는 감각운동기 후반과 유사하고, 다음 단계인 기본 형태(2단계)와 사람 형태와 초기 도식기(3단계)는 7세까지 지속되는 전조작기로 간주된다. Piaget 이론에서 7세에서 12세는 조작기로서 다양한 도식의 측면과 사실적 그림에 관심을 가지는 이 시기와 유사하다. 12세에 시작되는 형식적 조작기인 마지막 단계는 청소년기의 미술 발달 단계(6단계)와 일치한다. 인지발달이론과의 관계는 이 장 전반에 걸쳐 독자로 하여금 아동의 인지 발달과 그림 발달 간의 관계를 이해하는 데 도움을 줄 것이다.

아동미술치료사들에게는 이 간략한 부분이 발달적 관점을 가지고 미술 표현을 이해하는 기본 토대를 제공해 줄 것이다. 치료와 평가시 아동미술치료사들을 위해 이 장은 좀 더 깊은 관점에서 중요한 것을 언급할 것이다. 때에 따라서는 경험이 많은 미술치료사, 미술교사 또는 아동발달 전문가들과의 합의가 필요할 수도 있다.

1단계: 난화기

이 첫 번째 단계는 18개월에서 3세 사이의 아동에게서 나타나며, 아동을 잘 감독하지 않으면 벽이나 책 또는 다른 곳에 최초의 기호를 나타내는 시기다. 앞에서 언급한 것처럼 이러한 미술 발달 단계와 유사한 인지 발달 시기는 감각운동기 후반과 전조작기의 초반이다(Piaget, 1959; Piaget & Inhelder, 1971). 이 시기는 아동이 활발하

[그림 4-1]
2세 여아가 그린 난화

[그림 4-2]
2세 여아가 그린 난화

[그림 4-3]
3세 남아가 그린 난화

게 사고하고 손·발의 협응이 향상되고 기고 걷고 달리는 것을 시작하는 시기다. 목표지향적인 행동이 점진적으로 발달하고 주변 사람들의 언어와 행동을 모방하기 시작한다. 이 단계 후반(3세)에는 아동이 상징적 사고를 하기 시작하고, 난화는 아무도 그리는 방법을 아동에게 가르치지 않아도 형태나 색, 크기를 자연스럽게 표현할 수 있으며, 1.5세에서 2세 사이의 아동에게서 나타난다. 끼적이는 동작은 거의 통제를 할 수 없다. 사실 아주 어린 아동은 크레용을 깨물며 그림을 그릴 때도 있다. 뜻밖의 결과가 나타나기도 하며 초기 그림의 수준은 다양하게 나타난다([그림 4-1]~[그림 4-3]).

끼적이기, 그리고 그 밖의 초기 그림 활동은 역동적인 경험과 시각적 활동, 신체적 활동 간의 조절법을 연습하는 것과 관계가 있다. 다시 말하면, 이것은 어린 아동이 발음을 연습하고 발달시키다 결국에는 통제할 수 있게 되는 것과 같은 이치다. 그러나 아동은 종이 위에 기호를 만들 수 있다는 것을 알게 되며, 크레용을 올려놓는 경험을 즐기게 된다. Gonas와 Yonos(in Winner, 1982)는 아동의 작품에 어떤 흔적도 남기지 않고 바꾸어 놓게 되면 아동은 끼적이기를 멈춘다고 하였다. 아동은 비록 팔을 움직이는 것을 즐기기도 하지만 종이나 다른 표면에 표시하는 과정에 호기심을 가진다.

난화에 대한 의미를 추정하는 것이 어렵기 때문에 그 의미에 대한 다양한 이론들이 있다. 초기 연구자들은 난화가 팔, 손목, 손의 움직임을 기록한 우연한 표시(mark-making)라고 언급하였다(Burt, 1921; Goodenough, 1926). 그러나 이러한 연구들은 최근 10년간 변화를 가져왔다. 아동의 난화가 성인에게 있어서는 선들의 뒤얽힘을 의미하는 것처럼 보일지 모르지만, 아동은 언어와 몸짓으로 자신을 표현하는 능력을 발달시키는 것일 수 있다. 이것은 난화가 꼭 그림을 표현한 것일 뿐 아니라 아동에게 있어서는 무언가를 표현하는 방법일 수도 있다고 제안하고 있다. 예를 들어, 불규칙한 선들은 어떤 것을 나타내는 정확한 모습이라기보다는 개가 달리는 모습 또는 풍선이 날아가는 모습 등 행동을 상징적으로 나타내는 모양새를 그리는 것일 수도 있다는 것이다. 종이 위에 그려진 선들과 형태들인 난화는 아동이 인식한 주변 환경을 표현하는 것일 수도 있다.

아동이 그린 난화를 보게 되는 성인들은 초기 그림들의 의미 발달에 중요한 역할을 할 수 있다. 성인들은 사람, 동물, 사물에 대한 아동의 난화가 계속될 때 "아빠를 그리고 있는 거니?" 또는 "이것이 네 고양이니?" 라고 물을 수 있다. 아동은 다른 사람들이 자신의 그림이 어떤 것을 표현하도록 기대하고 있다거나 혹은 사람, 동물, 나무처럼 보인다는 사실을 깨닫기 시작하면서 아동은 자신의 그리기 활동에 어떤 개념을 관련지을 수 있다.

아동의 난화 그림을 범주화하려는 다양한 시도들이 있어 왔다. 예를 들어, Lowenfeld(1947)는 아동의 난화를 다음 4단계로 분류했다.

1. 혼란스럽고 조직화되지 않으며 동작의 어떤 통제도 가해지지 않은 것을 의미하는 무질서한 형태
2. 반복적인 동작과 협응, 그리기의 통제를 의미하는 세로선의 형태
3. 부가된 운동기술과 복잡성이 요구되는 통제를 나타내는 원의 형태
4. Lowenfeld가 아동의 상상력의 능동적 변화라고 생각했던 난화

다시 말해서, 아동의 운동기술이 발달함에 따라 그들은 수평 또는 수직선, 곡선모양을 그림으로써, 그리고 점이나 기호, 다른 형태를 분류시킴으로써 자신들의 난화를 반복된 동작으로 형성하기 시작한다.

이 시기의 아동은 대표적인 기호나 상징적 형태를 그리기 위해 의도적으로 선을 사용하지는 않는다. 이 시기에는 또한 색의 사용을 의식하지 않는다. 즉, 색은 특별한 의미 없이 사용된다. 아동은 색 선택에 관심을 갖지 않고 크레용을 바꾸지도 않고 다양한 난화를 그린다. 또한 그림은 능동적 경험으로 즐기는 것이다.

Gardner(1980)은 점이나 찌르기(jab) 모양을 그리는 것을 난화라고 언급하였다. 이것은 Lowenfeld의 연구와 유사하지만 난화를

[그림 4-4]
기호와 유사한 선을 그린 2세 6개월 남아의 난화

그리는 과정에 더 초점을 맞춘 것이다. 점과 찌르기는 스타카토와 같은 움직임으로 다른 난화의 형태들과 혼합되어 종이에 그리는 동작이다([그림 4-2]). 예를 들어, Gardner는 난화가 성인의 기호를 모방하려는 아동의 시도라고 생각하여 '형태를 그리는 것(writing forms)'이라고 하였으며([그림 4-4]) 자기 이름을 쓰는 능력을 발달시키는 초기 연습의 기능을 한다고 보았다.

Rhoda Kellogg(1969)는 아동의 초기 그림 활동에 대한 가장 광범위한 조사를 하였고 더 진보된 미술 표현 발달로 난화를 중요하게 생각했다. 그녀는 아동이 간단한 표시에서 시작하여 점점 더 복잡한 형식이나 디자인을 하게 된다고 제안했다. Kellogg는 2세에서 3세 아동의 난화를 분석하고 후기 그림 발달에 대한 토대로 20가지의 기

[그림 4-5]
켈로그의 기본 난화 형태 20가지

본 난화 형태([그림 4-5])를 완성함으로써 이러한 과정(1969)을 증명했다. Golomb(1981, 1990)은 후에 Kellogg의 연구를 고리 및 원(원의 움직임), 그리고 평행선(수평선, 수직선 또는 대각선의 움직임)의 두 가지 종류의 난화로 단순화시켰다.

비록 아동이 그린 난화의 다양한 형태에 대한 관심이 있어 왔지만 성인의 시각으로 제작된 난화의 종류와 형태의 모든 명칭을 안

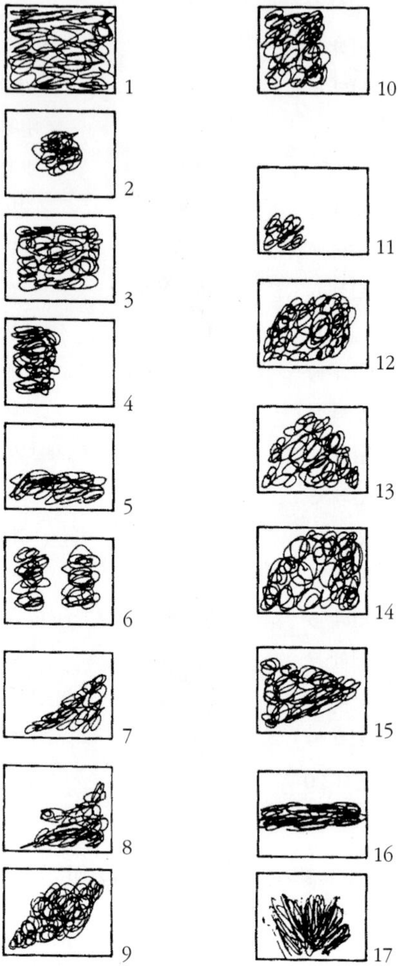

[그림 4-6]
켈로그의 난화 배치 패턴

다는 것이 일반 치료사들에게 중요한 것이 아닐 수도 있다. 가장 중요한 것은 이 단계의 발달적 중요성과 아동이 왜 이러한 경험을 하는지, 이것이 후기 미술 발달에 어떠한 영향을 주는지를 이해하는 것이다. 종이에 남겨진 첫 번째 표시는 후기 그림에 대한 기초 자료가 되고, 난화를 통한 선과 모양의 실험은 후기 발달에 중요한 것이 분명하다.

2세에서 3세의 아동은 종이의 가장자리를 인식함으로써 다양한 방법으로 종이를 사용하기 시작한다. 그들은 다양한 방법 또는 배치로 선이나 표시를 배열하기 시작한다. Kellogg(1969)는 아동들이 얽혀 있는 선에서 삼각형이나 직사각형과 같은 모양을 만들어 내기 시작한다는 것에 주목하여, 이러한 배치 패턴을 17가지로 정의하였다([그림 4-6]).

이 시기 아동의 그림에 대한 발달적 특징은 아주 어린 아동에게 미술을 사용하는 치료사들에게는 중요한 고려사항이다. 어린 아동은 미술 활동에 있어서 주의집중 시간이 짧고 제한된 운동능력을 가지고 있다. 난화의 선과 그 외의 내용뿐 아니라 아동은 관련된 많은 이야기를 하게 된다. 즉, 이 단계의 후반부를 제외하고, 아동은 허구적인 방법으로 자신의 난화에 명칭을 붙이기 시작한다. 이 단계의 어린 아동에게는 그림을 그릴 수 있는 기회를 제공해 주는 것이 중요한데, 왜냐하면 자신의 경험에 대해 움직임과 표현을 즐길 수 있기 때문이다. 발달적 또는 정서적 어려움을 가지고 있는 아동은 이러한 방식으로 자신을 표현하는 것이 쉽지 않겠지만, 그렇더라도 아동이 난화 그리기를 편안하게 느낀다면 아동의 난화를 관찰하는 것은 매우 의미가 있다.

2단계: 기본적인 형태

3세에서 4세의 아동은 여전히 난화를 그릴 수도 있지만 더불어 난화에 이야기를 만들어 내는 데 관심을 가지게 된다. 미술 발달에 있어서 이 단계는 전조작 전기, 특히 2세 후반에서 4세의 전개념적 단계와 유사하다(Piaget, 1959). 인지 발달에 있어서 이 시기 동안에 아동은 자아중심적이며 원인과 결과에 대한 주관적인 인식을 갖게 된다. 언어가 발달하고 상징적 사고가 나타나며 아동은 형태, 색, 크기로써 그들의 세상을 분류할 수 있다.

아동은 움직임과 자신의 주변 세상을 그린 것을 연관지을 수 있기 때문에 이 시기에 나타난 난화와 그 외의 미술 표현들은 발달적 경계점의 전조가 된다. 그림에 대한 이야기들은 이 시기에 더 중요하기 때문에 아동이 그린 난화가 성인이 보기에 정확하지 않더라도 아동이 자신의 그림에 대해 능동적으로 말하는 내용은 치료사들에게 가치 있는 것이다. 그러나 성인의 시각으로 난화를 관찰한다면 아동이 말한 것과 비슷한 것을 그림에서 찾아볼 수 없을 것이다.

Gardner(1980)는 아동이 자신의 난화에 대해 아무런 설명도 하지 않는 것을 포함하여 아동이 말하는 '꾸며낸 이야기' 또는 넓게 난화라고 한 것에 대해 조사하였다. 성인들이 아동의 그림에 대해 묻고 싶다면 아동이 그린 이미지에 대해 이야기를 하도록 아동에게 호감을 주어야 한다. 이와 반대로 아동미술가의 눈으로 아동의 그림을 본다는 것은 어렵기 때문에 아동의 그리기를 다양한 의미로 보아야 한다. 또한, 우리가 더 이해하기 어려운 것은 난화라고 하는 것이 어떤 아동에게는 빈번히 나타나고 어떤 아동에게는 전혀 나타나지 않을 수도 있다는 점이다.

이야기하는 것은 미술 작업의 요소가 될 수 있으므로 이 단계는 아동미술치료사에게 있어서 중요하다. 요컨대, 아동은 자신의 난화에 대해 이야기함으로써 듣고 있는 성인에게 중요한 것을 말해 줄 수도 있다.

그러나 이 연령의 아동은 주의집중 시간이 짧기 때문에 오랜 시간 동안 그림을 그릴 수 없는 상황이 문제가 된다. 이야기하는 것이 어린 아동이 가진 어휘와 관심에 제한되어 있기 때문에 어려울 수도 있다. 또한 난화의 내용이 여러 가지일 수 있고 이야기가 몇 분 동안 충분히 바뀔 수도 있다는 것을 인식해야 한다. 아동은 난화를 가지고 "이 사람은 나의 엄마예요."라고 말하기 시작해서 곧 다른 것으로 바꿀 수도 있다. 사실, 아동은 다음날 완전히 다른 것과 동일시함으로써 그림에 다시 명칭을 붙이기도 한다. 따라서 그 다음날은 똑같은 난화가 다른 것을 의미할 수도 있다.

예를 들어, 3세 6개월의 여자아이인 catelin은 할머니가 놀이방 바깥쪽 마루에 쿠키와 주스를 쏟은 그녀를 꾸짖었는데 그러고 난 후 몇 분 동안 펠트마커로 난화를 그렸다([그림 4-7]). 저자가 catelin

[그림 4-7]
3세 catelin이 그린 난화

에게 그림의 제목에 대해 물었을 때, 그녀는 '나쁜 짓을 한 나에게 소리지르고 있는 검은 벌레 괴물'이라고 말했다. 이것은 그녀가 벌을 받거나 혼났던 때와 그녀의 할머니가 한 행동을 명백하게 드러낸 것이다. 난화는 짧은 선, 종이의 중간 부분을 가로지르는 선들의 큰 움직임, 그리고 거친 선들로 구성되어 있는 어떤 형태들이 제한되고 반복되어 있었다. catelin은 그 날 치료세션에 왔을 때 확실히 화가 나 있었기 때문에 그녀의 그림에 있는 선들이 그녀의 감정을 반영한 것이라고 저자는 추측하였다. 그러나 다음 날 catelin이 다시 미술실로 와서 자기가 그린 그림을 보고 음악에 대해 이야기하면서 'catelin의 음악'이라고 다시 제목을 지으며 전날의 '검은 벌레괴물'에 대해서는 언급하지 않았다. 이것은 이 시기의 정상적인 아동에게서 나타나는 현상이며 치료사는 변화된 상징의 의미가 이 시기의 미술 발달에 있어서는 적절한 것으로 인식해야 한다.

Gardner(1980)는 어린 아동이 자신의 그림을 이해하고 그림의 이미지에 대해 이야기하는 것이 중요하기 때문에, 아동의 행동을 두 가지로 분류함으로써 난화에 제목을 붙이는 것에 대한 한 가지 중요한 점을 발견했다. 그는 난화그리기 과정과 난화 이미지에 대해 말하는 것을 관찰하여 두 가지 반응으로 분류하였다. 그 한 가지로 어떤 아동은 '형태에 관심이 있는 아동(patterner)'이다. 즉, 그들은 무늬나 색, 크기, 모양과 같은 형태특징에 관심을 갖는다. 그들은 탐구와 실험을 즐기지만 사회적 상호작용에 관심을 갖지는 않는다. 또 다른 한 가지로 Gardner(1980)는 '이야기에 관심이 있는 아동(dramatist)'이라고 하였다. 그들은 활동과 모험, 드라마틱한 이야기에 더 관심을 갖는 경향이 있다. 이러한 아동은 또래, 성인들과의 사회적 접촉을 즐기고 이야기를 꾸며서 하는 것을 좋아한다. '형태 관심형'과 '이야기 관심형' 아동 모두 그림 그리는 것을 좋아하는 것처럼 보이지만 '형태 관심형 아동'들은 호기심 많은 성인들이 명령을 하지 않으면 그림의 이미지에 대해 언급하려 하지 않는다. 반대로 '이야기 관심형 아동'들은 성인들이 듣게 하기 위해 꾸며낸 이야기 또는 현실과 관계된 이야기를 함으로써 이미지를 만들어 내거나 이미지에 대해 이야기한다. 두 가지 범주에 속해 있지 않거나 두 가지 스타일을 왔다갔다하는 것처럼 보이는 아동도 있을 수 있다.

'형태 관심형'과 '이야기 관심형' 아동에 대한 Gardner의 연구(1980)는 적은 수의 아동을 관찰하여 이끌어낸 것이지만 미술 표현에 대한 상호작용의 이 두 가지 형식은 아동을 도와주는 일을 하는 치료사들에게 있어서 중요하다. 이야기하는 것 또는 드라마틱한 연기로 치료적 놀이를 사용하는 놀이치료사 또는 임상 전문가는 행동중심적인 방식으로 자신을 표현하는 아동을 발견하게 된다. 어떤 아동들은 그림에 대해 이야기하거나 그리는 것보다 그림 그리는 것 자체에 더 관심을 가지고 그리는 활동을 더 좋아한다. 저자는 치료사들이 '형태 관심형' 또는 '이야기 관심형'으로 아동을 사정하고 분류하는 것을 지지하지는 않지만, 아동이 창조적인 작업에서 이러한 경향을 나타내며 미술 활동을 할 때 아동이 더 좋아하는 것이 무엇인지에 민감해야 하는 치료사들에게는 중요한 것이 될 수 있다.

이 시기에 난화는 만다라(곡선, 디자인 또는 패턴)와 삼각형, 원, 십자가 모형, 사각형과 직사각형과 같은 형태 등 아동에게 있어서 더욱 복잡한 형태로 나타나게 된다. 즉, 그림 발달을 위한 연습을 제공해 주는 요소들이다. 이 시기 동안 아동의 시각적 언어는 그림

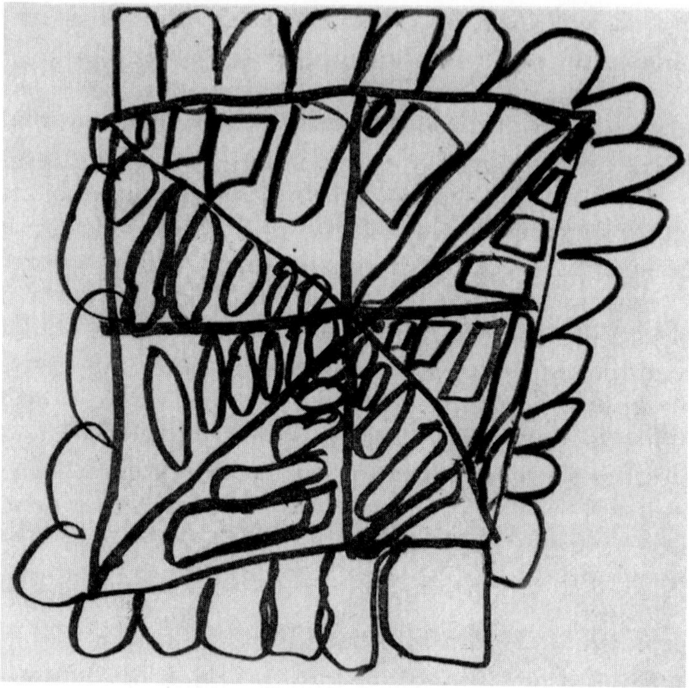

[그림 4-8]
4세 남아가 그린 만다라

발달의 다음 단계의 중요한 이정표인 사람 형태와 그 외의 형태들을 만들어 내는 데 필요한 기본 형태가 포함될 정도로 빠르게 발달한다.

Kellogg는 만다라가 나타나기 시작할 때 만다라는 십자가 모형과 원, 사각형 또는 직사각형이 결합된 것으로 나타난다([그림 4-8])는 데 주목하였다. 아동과 성인의 그림에서 만다라는 인류학과 심리학에서 많은 관심과 추측을 이끌어 냈다. 많은 학자들이 많은 문화에서 성인의 그림뿐 아니라 아동의 그림에 나타난 만다라에 대해 진술하였다(Jung, 1960; J. Kellogg, 1993). Jung은 만다라가 균형과 조화를 상징화시킴으로써 집단 무의식의 이미지를 조직화시킨다고 믿었다. 비록 Rhoda Kellogg도 이에 동의는 하였지만 그녀는 만다라가 아동이 그리는 방법을 배우기 이전에 모양과 선을 결합시키고 요약하는 것이라고 보았다. Allan(1988)은 '만다라는 행동의 분열과 감정 폭발을 예방하는 내면적 수단으로서 방어의 발달을 반영하는 것'이라고 언급하였다(p. 6).

이 시기의 아동에 대한 저자의 경험으로는 Rhoda Kellogg가 그녀의 연구에서 언급했던 드라마틱하고 디자인 같은 형태를 거의 찾아보지 못했다. 미술치료사로 일하던 초기에 Kellogg가 3세에서

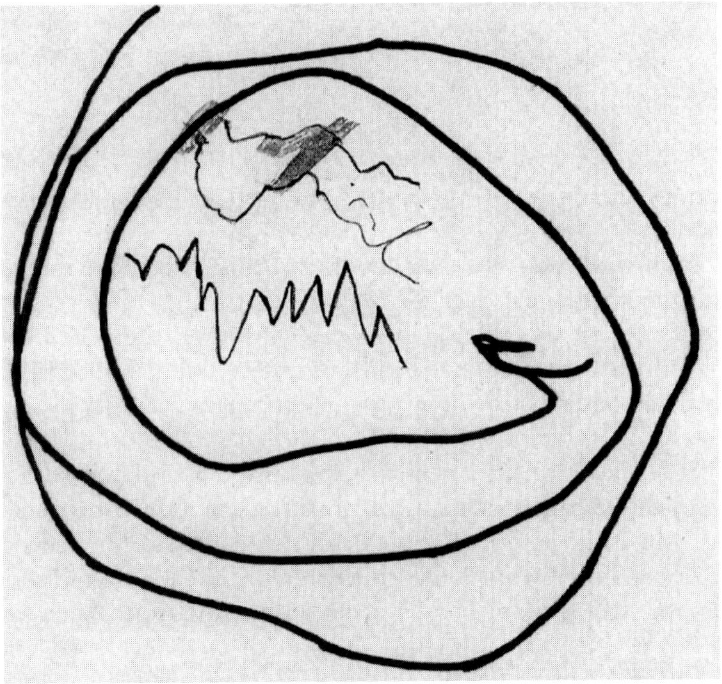

[그림 4-9]
4세 여아가 그린 만다라

[그림 4-10]
3세 남아가 그린 알파벳을 쓴 것 같은 그림

4세 사이의 100명의 아동그림과 미술 활동을 관찰하여 얻은 결론을 찾아볼 수 없었다는 사실에 저자는 당황했다. 그 시기에 저자가 발견한 것은 만다라 형태의 결합, 도형으로 불린 것들을 그린 것은 단 두 명의 아동들이었다. 대개의 경우, 미술 표현은 무질서한 난화에서 직선과 곡선 형태의 난화로 변함으로써 대표적인 형태와 난화가 포함되어 있다. 잘 발달된 곡선 형태의 난화로 된 만다라가 많고([그림 4-9]), 알파벳을 쓰거나 그린 것 같은([그림 4-10]) 그림들도 있지만 다양한 형태들이 결합된 그림은 이미 보고된 것처럼 공통적으로 나타나지 않을 수도 있다.

Kellogg가 그녀의 발견에서 내린 결론은 Golomb(1990)과 Gardner(1980)에 의해, Golomb는 단지 4%의 아동만이 Kellogg가 기술한 형태로 그림을 그린다고 결론지었다.

아동이 처음으로 그들 주변에서 보았던 사람과 사물을 그리기 시작하는 시기를 말하는 것은 어렵지만 많은 연구자들은 이것이 3세에서 4세 사이에 일어난다고 믿고 있다. 예를 들어, Rhoda Kellogg는 아동이 그린 초기 그림의 형태와 디자인들은 그들이 본 것과 연관된 것은 아니라고 믿었다. 어떤 사람들은 아동이 항상 그들의 주변 환경을 그리며 이러한 지각은 난화와 초기 그리기를 통해서라고 생각한다. 이 시기 동안 아동은 난화에 제목을 붙이기 시작하거나, 그들의 그림과 그들 주변 세상을 연관짓기 시작한다. 아동은 그림이 완성된 후에 그들이 본 것(사과, 새)을 기억하여 난화를 강조하기 시작한다.

Gardner(1982)에 의하면 이 연령의 아동은 색과 디자인, 자신의 장난감 또는 다른 물건의 특별한 이미지를 동일시하기 때문에 현실적인 것보다 추상적인 그림이라고 하는 것이 더 바람직하다고 생각한다. 상상력이 미적 발달에 있어서 이 시기에 중요한 발달적 이정표라는 것은 분명한 사실이다.

3단계: 사람 형태 및 도식의 시작

이 시기는 전조작기로(4~7세)서 조작기 후기에는 상징적 사고 및 관계를 분류하고 관찰하는 능력, 숫자를 이해하는 능력이 증가한다(Piaget, 1959). 이 시기 동안은 아동의 공간지각이 특히 중요하다. 아동은 그들 자신과 관계된 공간을 인식한다. 사실상 아동의 주변 환경에 대한 개념은 아동의 사고와 감정이 아동 주변의 사물 또는 사람들로 혼란을 겪으면서 자신과 강하게 연관짓는다. 예를 들어, 램프가 떨어지고 깨지면 아동은 자신이 램프인 것처럼 램프가 깨진 것을 자신과 연관짓는다. 이 시기에 가장 중요한 발달은 개구리의 초기 모습과 비슷하여 올챙이라 불리는 최초의 사람 형태의 출현이다(Lowenfeld & Brittain, 1982)([그림 4-11]). 이러한 사람 형태는 기본적이면서 매우 매력적이다. 비록 어떤 특별한 아동의 올챙이 그림에서 약간의 차이점이 있을 수는 있지만 그것들은

[그림 4-11]
4세 남아가 그린 올챙이 형태의 그림

다른 사람들을 대표한다는 점에서 동일하게 나타난다(예를 들어 엄마, 아빠, 언니, 동생). 이러한 첫 번째 사람 형태의 그림은 4세에서 6세 사이의 아동의 미술 표현에 나타난다. 어떤 아동은 더 어린 시기에 나타날 수도 있다. 그러나 어떤 아동은 사람을 그리기 몇 달 전의 난화 그림으로 되돌아가기도 한다.

올챙이 형태는 머리(원)와 두 개의 다리(원으로부터 나온 두 개의 선), 작은 팔(원 바깥쪽에 있는 두 개의 선)의 형태다. 머리는 때때로 얼굴 생김새(눈, 코, 입)를 가지고 있고 이따금 중앙에 배꼽이 있다. 머리로 생각되는 원은 머리와 몸통을 나타내는 것이다(Arnheim, 1974).

Arnheim(1974)은 이것이 아동이 사람으로 인식할 수 있는 가장 간단한 형태를 그리는 것이라고 하였다. 아동은 미술적 어휘가 제한되어 있어서 간단한 기하학적 모양으로 변형시킨다. Cox와 Parkin(1986)은 아동의 그림에서 원 모양의 머리에 팔, 배꼽 또는 머리 아래의 옷 위에 그려진 단추 같은 모양을 가진 변화된 올챙이 상이 나타난다고 했다. 모든 아동이 이렇게 변화된 형태를 그리는 것은 아니지만 이 시기 동안 대부분의 아동들은 몸과 머리를 머리에 그린다. 아동은 완전하게 그려지지 않았다는 이유로 자신들이 그린 올챙이 그림이 사람이 아니라고 말할지도 모른다. 반대로 아동은 자기가 그린 그림에서 정확하게 당신이 어디에 있는지를 지적할 수도 있다. 대부분의 아동들은 몸을 머리와 다리 사이에 있는 더 작은 부분으로 보는 것처럼 여겨진다(Cox, 1989).

이 시기에는 주관적인 색을 사용한다. 어떤 아동은 그들이 주변 환경에서 지각한 것을 그림에 색과 함께 그리기 시작한다(예를 들어, 나뭇잎은 초록색). 이 시기의 아동은 색보다 형태 또는 물건을 그리는 것에 더 관심을 보인다. 색은 여전히 주관적으로 선택되기 때문에 생소한 색의 사용이 이 시기에 나타나며 이것이 정상적인 시도와 다른 것이라면 색을 결정한다는 것은 어려운 일이다. 일반 아동에게 있어 그림은 자유롭고 변덕스러우며 상상력이 풍부한 것으로 보인다. 즉, 일정한 규칙이 없고 태양은 자주색으로, 소는 노란색으로 표현한다.

Lowenfeld(1947; Lowenfeld & Brittain, 1982)는 그림, 사고, 현실성 간의 관계에 대한 발견을 강조함으로써 이 시기를 미술 발달의 학령전 단계로 언급했다. 또한 윤곽선이나 위치 또는 디자인에 대한 무의식적 접근이 있다고 하였다. 아동이 윤곽선 또는 크기에 관계없이 한 페이지에 물체를 배치한다([그림 4-12]). 아동은 물체의 위치관계와 방향에 관심을 갖지 않기 때문에 종이의 꼭대기 또는

[그림 4-12]
5세 여아가 기저선을 고려하지 않고 그린 집 그림

가장자리에 자유롭게 배치하고 어떤 것은 맨 위쪽이나 맨 아래쪽에 그리기도 한다. 공간배치에 대한 인식부족은 전조작적 사고, 아동의 개념에서 바깥 세상에 대한 공간관계가 성립되어 있지 않은 시기와 동시에 일어난다. 그러나 종이 위에 사물의 배치가 논리적이지 않게 나타나는 반면 아동은 형태에 대한 자신만의 배치 규칙인 개인적 시각 논리를 가진다(Winner, 1980). 이것은 미술 표현 발달에 있어서 정상적인 방향이라고 볼 수 있다.

인물화(가족 또는 자신의 초상화)는 흔한 주제이며 상세하고 생략되어 있는 인물화를 흔히 보는 심리학자, 학교 상담가, 치료사들은 아동이 그린 올챙이 그림에 표현되어 있는 것보다 실제로는 아동이 더 많이 알고 있다는 것을 인식하고 있어야 한다. Golomb(1990)

은 아동들이 그들이 그린 것보다 더 많이 알고 있다는 것을 발견하였다. 그녀는 어린 아동에게 다양한 명칭을 물었을 때 아동은 사람 형태의 그림에서 생략된 팔에 대해 말하는 것을 발견하였다. 그녀는 또한 아동에게 팔이 요구되는 활동(예: 볼을 던지는 것)을 그리라고 하면 그들이 팔을 그린다는 것을 발견하였다.

이는 아동이 성인의 눈에는 명백하지 않은 세부적인 것을 지적할 수 있기 때문에, 어린 아동에게는 아동의 사람 형태 그림에 대해 토론하는 기회를 주는 것이 중요함을 강조하는 것이다. 예를 들어, 4세 아동은 처음으로 사람 형태를 그린다. 그러나 손, 손가락, 입술, 발, 배와 같은 몸의 여러 세부적인 부분을 명확하지는 않지만 그릴 수 있다. 아동에게 있어서 이러한 간단한 그림은 우리가

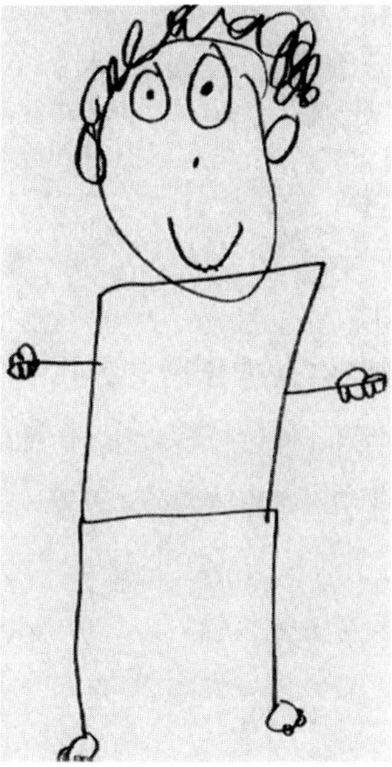

[그림 4-13]
발가락, 손가락, 머리카락, 귀를 그려 넣은 5세 6개월 된 여아의 사람 그림

상상하는 것보다 더 자세하게 사람의 몸을 그린 것이다.

아동은 서로 다른 형태를 그릴 수 있게 된다. 하나의 원은 머리와 몸을 의미하고 이것은 이제 몸을 나타내는 두 개의 원이 된다. 이 시기 후반에는 대부분의 아동들이 손가락, 이, 눈썹, 머리카락, 귀 같은 얼굴특징과 생김새를 그리기 시작한다([그림 4-13]).

개인에 대한 다양한 크기와 모양이 나타나고 아기, 아빠, 누나, 텔레비전에서 본 인물들을 다양하게 표현한다. 올챙이 다리가 많아진 것 같은 그림인 최초의 동물이 처음으로 나타난다(예를 들어, 개 또는 말). 아동은 태양, 꽃, 나무와 같은 주변 환경에 있는 것을 처음에 자신이 동일시한 이미지와 직선의 모양으로 집에 대한 도식을 발달시킨다. 3단계 후반에 아동은 미술 표현에서 단순한 것을 더 복잡한 특징으로 나타내고 사실적으로 그리는 것에 관심을 갖게 된다.

4단계: 시각적 도식의 발달

미술 표현에 있어서 시각적 도식의 발달 단계는 전조작기 후반과 조작기 아동의 인지적 능력을 반영한다. 아동은 보존과 무게 개념을 이해할 수 있으며, 연속적으로 물건을 배열할 수 있고 개념적으로 조직할 수 있게 된다(Piaget, 1959; Piaget & Inhelder, 1971). 아동은 자아중심적인 것에서 좀 더 벗어나고 그들 자신과 관계된 것보다 다른 것에 관계된 것을 표현할 수 있게 된다. Piaget(1959)에 따르면 이러한 발달 시기 동안 아동은 주변 환경에서 규칙을 발견하고 그들의 삶에서 행동과 구조의 규칙을 발달시킨다고 하였다(예를 들어, 인도의 선을 밟지 않고 틈 사이로 걷는 것 등의 독특한 개인

[그림 4-14]
6세 6개월 된 남아가 그린 사람, 집, 나무, 꽃, 벌 도식화

적 관습들). 이러한 행동 도식의 발달은 아동이 그림이나 다른 창조적인 표현을 통해 자신을 표현하는 것에서 분명하게 나타난다.

6세에서 9세의 아동은 자신들의 미술 능력을 빠르게 발달시킨다. 이 능력은 무엇보다도 시각적 상징(Lowenfeld, 1947; Lowenfeld & Brittain, 1982) 또는 사람 형태, 동물, 집, 나무와 주변 환경에 있는 다른 물체와 같이 사실적 도식을 발달시키는 것이다. 이러한 많은 상징들은 둥근 머리, 머리 스타일, 팔, 다리를 가진 사람을 그리는 특별한 방식과 같이 대부분의 아동들의 그림에서 명백하게 나타난다. 즉, 갈색 몸과 초록색 잎을 가진 나무, 종이 중앙에 있는 노란 태양, 삼각형의 비탈진 지붕을 가진 집([그림 4-14]) 등이다. 색과 사물 사이의 관계에 대해 발견하고 때로는 색이 고정적으로 사용된다. 예를 들어, 모든 나뭇잎이 똑같은 초록 색깔이어야만 한다. 이전 단계의 올챙이는 머리와 몸을 가진 형태로 변화된다. 형태는 종이의 가장자리를 강조하거나 종이의 아래쪽에 치우쳐서 기저선을 그린다. 물체는 이 기저선 위에 놓여지고 기저선은 하늘선(skyline)이 될 수 있다(예: 그림 위에 있는 선, 하늘을 가리키는 파란색 선). 아동은 기저선 또는 하늘선을 그리는 반면 3차원의 세계를 나타내려는 시도는 하지 않는다.

6세 아동은 깊이를 나타낼 수 없다. 예를 들어, 탁자를 그릴 때 간단한 윤곽을 그리고 탁자 위에 있는 물건은 탁자 위에 떠 있는 것처럼 그려진다. 7세 또는 8세 아동은 탁자를 여전히 똑같은 방식으로 그리지만 물건이 탁자 위에 놓여져 있도록 그린다. 아동은 또한

[그림 4-15]
7세 여아가 그린 '전개도식 표현'인 피크닉 테이블

[그림 4-16]
두 개의 기저선을 그린 9세 여아의 그림

탁자 바깥쪽으로 네 개의 다리를 그리기 위해 탁자 위에 새의 눈 같은 점을 그림으로써 3차원을 나타내려고 노력한다([그림 4-15]). 이러한 현상을 '전개도식 표현(folding-over)' 이라고 한다(Lowenfeld, 1942; Lowenfeld & Brittain, 1982). 아동은 네 개의 다리를 네 개의 바퀴 또는 의자를 나타냄으로써 자동차를 그린다. 이 시기 후반에 아동은 깊이에 대한 첫 번째 시도를 나타내는 두 개의 분리된 기저선을 그린다([그림 4-16]). 그림에 멀리 떨어진 물체를 더 높게 배치함으로써 원근에 대한 초기 형태가 나타난다.

아동은 안쪽에 있는 모든 것을 볼 수 있는 X-ray식 표현 또는 훤히 들여다보이는(see-through) 그림을 그린다([그림 4-17], 집의 일부를 잘라낸 것처럼 보임). Winner(1982)는 X-ray식 그림의 두 가지 다른 유형이 있다는 데 주목하였다. 하나는 동물의 배에 무엇이 있는지 그리는 물체 또는 사물의 내부에 있는 내용물을 보여 주는 그림이다. X-ray식 그림의 또 다른 유형은 탁자 뒤에 있는 사람을 나

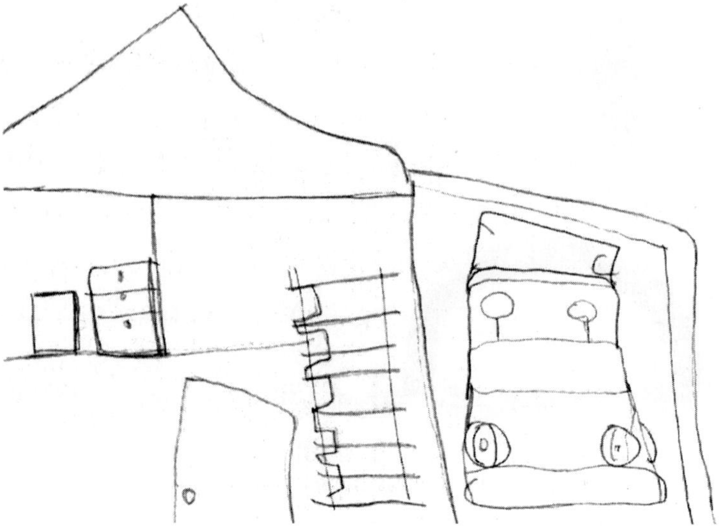

[그림 4-17]
차고, 층계, 서랍장이 들여다보이게 그린 9세 남아의 'X-ray'식 그림

타내기 위해 '투명함'으로 나타내는 것이다. 예를 들어, 아동은 물체가 탁자 뒤에 있는 것처럼 보이기 위해 투명한 탁자를 그린다.

3단계와 4단계 초반에 있는 아동이 그린 그림은 성인의 시각으로 볼 때 아름다운 색과 자유로운 규칙, 그리고 매력적인 것으로 보여진다. 아동의 미술 발달에 대해 연구하는 연구자들은 이 시기의 미술 표현이 '미적 표현의 황금기'를 대표할 만큼 매우 창조적이며 억제되어 있지 않다고 하였다(Gardner, 1980). 이것은 현대 미술가들의 작품과 같은 것으로 보인다(Winner, 1982). 이 시기 동안 아동의 그림이 좀 덜 감정적이고 좀 더 감정적인지는 여전히 논의되고 있는 부분이다. 그러나 명백한 사실은 많은 이미지들이 억제되지 않고 매혹적이라는 것이다.

크기에 대한 과장은 이 시기의 아동이 자유롭게 사용하는 하나

[그림 4-18]
웃고 있는 자기 모습을 그린 7세 Joey의 그림

의 요소다. 이 시기에는 중요성을 강조하기 위해 크기의 변화를 사용하는데 이것은 정상적인 것이다. 예를 들어, 아동은 자신을 강조하려고 그림 속의 집 또는 나무보다 자기 자신을 더 크게 그린다. 아동은 공을 던지는 사람을 그릴 때 보통 사람보다 팔을 더 길게 그

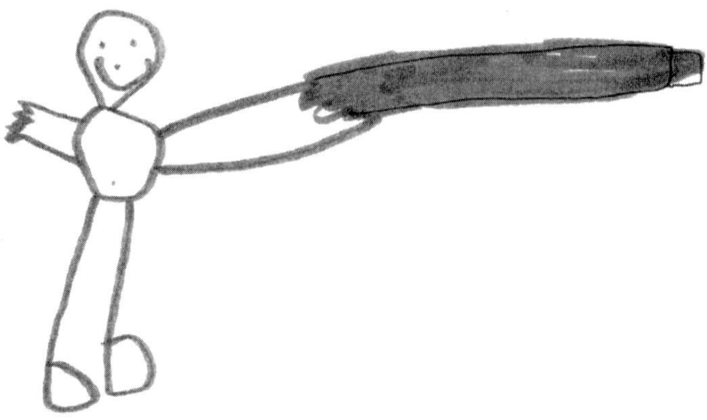

[그림 4-19]
'나는 초록색 마커로 그림을 그려요'
커다란 초록색 마커를 들고 있는 자기 모습을 그린 6세 남아의 그림

린다. 7세 소년인 Joey는 이를 드러내고 크게 웃는 모습을 강조하는 그림을 그리면서 새로운 집으로 가족이 이사가는 것이 자기에게 얼마나 행복한지를 보여 주었다([그림 4-18]).

어떤 소년은 저자에게 '나는 초록색 마커를 그리고 있어요!' 라고 말하면서 펠트마커로 자기 자신을 그렸다([그림 4-19]). 중요하지 않은 부분은 무시되었다. 예를 들어, 아동이 공을 던지는 사람을 그릴 때 그림에서 중요하지 않은 신체 일부(예를 들어, 얼굴에 있는 눈)는 생략하게 된다.

과장이나 강조된 요소 또는 이미지의 생략은 이 발달 단계에 있어서 색다른 특징으로 아동의 그림을 볼 때 특히 중요하다. 과장, 드라마틱한 강조, 생략을 생소하다고 하기는 어렵다. 많은 경우에 이러한 특징들은 특별한 아동의 정상적인 발달과정의 일부분이다. 예를 들어, Joey의 이를 드러내고 크게 웃는 그림은 어떤 사람에 대한 적의로 해석된다. 특히 투사 검사에 있는 특징들로 이 그림을 본다면 그렇다. 왜냐하면 이는 그 사람이 이 상황에서 표현하고 있는 순수한 기쁨보다는 공격성을 나타내는 것으로 간주될 수 있기 때문이다. 비록 Joey의 자화상은 다른 시각에서 다양한 방법으로 이해될 수도 있고, 의미 있는 관계에서나 발달적 관점에서 볼 때 이 시기에 공통적으로 나타나는 과장된 면을 증명하는 것이다.

아동은 외상(trauma)의 결과로 어떤 것을 강조하여 형태, 물체의 과장을 사용한다. 이 시기의 전형적인 그림 형태의 예로 이전에 보여 주었던 [그림 4-14]가 이것을 증명한다. 이 그림을 그린 아동은 벌로 쏘인 것과 같이 매우 큰 상처를 경험했다. 아동을 쏜 이 '나쁜' 벌은 다른 것들과 비교해 볼 때 더 크게 강조되었고 작은 벌들이 위쪽에서 날고 있는 그림을 그림으로써 가장 큰 물체라는 것을

[그림 4-20]
6세 Ian이 그린 야구 투수

보여 준다(여기서 반복되는 주제, 예를 들어 아동의 그림에서 상처받은 경험의 특징이 되는 벌의 이미지가 반복되어 나타날 수 있다. 5장에서 더 세부적으로 논의될 주제다.).

또한 시간의 연속성을 창조하는 능력이 증가한다(예: 여행을 하거나 공을 던지는 것을 보여 주는 이미지). 일련의 사건이 일어날 것을 암시하는 그림이 나타나기도 한다. 예를 들어, 타자의 머리 위로

공이 날아가는 것을 지켜보는 투수를 그린 6세 Ian의 그림([그림 4-20])이 있다.

이 간단한 그림은 많은 것(투수가 공을 던지는 것, 타자가 공을 치는 것, 공이 야구장 바깥쪽으로 날아가는 것, Ian의 설명에 따르면)들을 의미한다. X-ray식 그림의 출현과 함께 이야기와 시간의 연속은 아동을 담당하는 치료사 또는 교사들이 이 연령대 아동의 그림에서 흥미를 가질 수 있는 두 가지 발달적 주제다.

5단계: 사실주의

미술 발달에 있어서 이 시기(9~12세) 동안은 조작기가 계속되는 시기로 아동은 자아중심적 사고에서 벗어나려고 한다. 아동은 다른 사람에 대한 사고, 의견, 감정을 고려하기 시작한다. 아동의 상호관계, 원인과 결과, 상호의존에 대한 이해가 시작되고 집단 내에서 활동하는 능력의 토대를 이룬다. 이 연령대의 아동은 그들 주변의 세상에 대해 인식하기 시작하고 아동의 그림에서 표현의 초기 모델(예: 도식적 표현)이 더 이상 아동 자신들의 욕구를 만족시키지 못한다.

9세에서 10세의 아동은 자신들의 그림에서 자신이 지각한 현실적 요소를 그리는 것에 매우 관심을 갖게 된다. 도식적 표현에서 벗어나 선, 모양, 세부적인 것을 더 복잡하게 표현한다. 이것은 원근법의 첫 번째 시도다.

아동은 더 이상 간단한 기저선을 그리지 않는다. 대신 거리감이 있게 땅과 하늘을 그리고 자연스럽게 더 적당한 색을 사용하게 된다. 예를 들어, 나뭇잎은 초록색 한 가지보다는 여러 다른 색깔로

[그림 4-21]
11세 여아가 그린 인물화

표현될 수 있다. 인간의 형태는 더 세부적으로 표현되고 성적 특징에 따라 다르게 표현된다. 예를 들어, 머리카락, 옷, 골격을 더 세부적으로 표현한다([그림 4-21]).

많은 아동미술 연구자들은 이 연령에 그려진 그림이 이전 단계에 그린 그림보다 덜 자유롭고 덜 매력적이라고 생각한다. 실제로 아동은 그들이 해석한 대로 더 '모방효과'를 추구하려고 하기 때문에 미술 표현에 있어서도 더 상투적이고 사실적인 것에 충실하게 된다. 5단계에 있는 아동은 4세 또는 5세 때보다 상징의 세계를 덜 만들어 낼 수 있다. 모든 것이 사실적 관점에서 보여지고 아동의 미술 표현은 더 좋아지며 주변 환경, 사람, 사물을 더 정확하게 그릴 수는 있다.

그러나 사실주의에서의 이러한 관심의 시작은 이전 단계에서 시

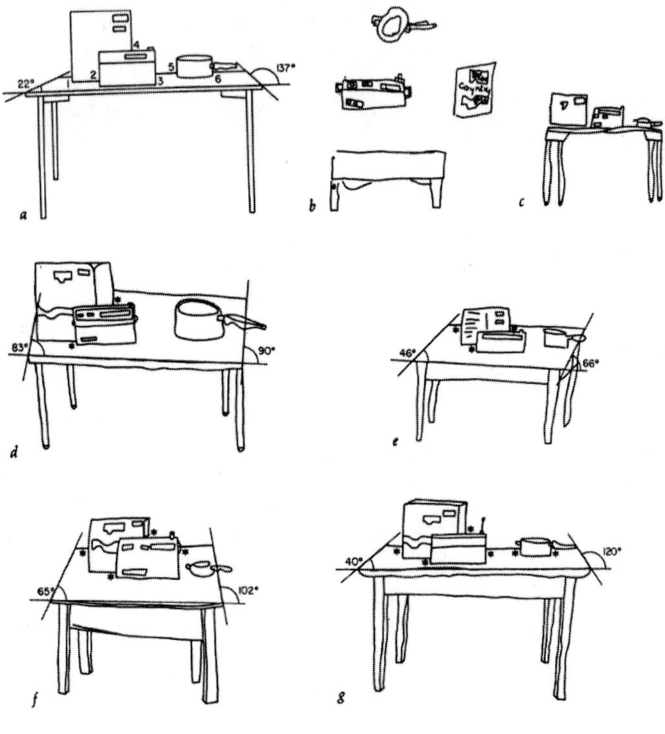

[그림 4-22]

5~17세 아동이 탁자 위의 물체를 그리는 진보적 변화

(a) 책상의 각도와 겹쳐지는 6개의 부분이 맞게 그려진 원근
(b) 1 단계: 책상 위에 떠 있는 물체와 깊이의 겹쳐진 부분이 생략됨
(c) 2단계: 보여지는 부분만 그리고 깊이와 겹쳐진 부분이 생략됨
(d) 3단계: 위-아래 관계로 나타낸 앞-뒤 관계(* 모양: 겹쳐진 부분)
(e) 4단계: 평행사변형으로 그려진 탁자 위
(f) 5단계: 약간 겹쳐진 선과 단순한 원근
(g) 6단계: 광학법(laws of optics)에 따른 선과 맞게 그려진 원근

작된 것이다. 6세 또는 7세 아동은 현실세계에 대한 관심이 두드러지기 시작하고, 더 사실적이고 전통적인 그림을 좋아하기 시작하며, 사진이 더 사실과 가깝기 때문에 그림보다 사진을 더 좋아하게 된다(Gardner, 1982).

아동의 원근법에 대한 초기 시도의 특성은 부정확하며 3차원을 비슷하게 그리기 시작한다. 예를 들어, 아동은 탁자를 표현할 때 앞의 두 개의 다리를 그리고 뒤에는 더 작은 두 개의 다리가 있는 직사각형으로 그린다. Willats(1977)는 5세에서 17세의 아동이 어떻게 탁자 위에 있는 물체를 그리는지에 대한 진보적 변화를 조사했다([그림 4-22]). Willats는 가장 어린 아동이 탁자를 표현하기 위해 직사각형을 그리고 물건을 탁자 위에 떠 있게 그린다는 것을 발견했다. 7세 또는 8세 아동은 탁자를 직선으로 그리고 그 선 위에 물건을 놓았다. 선은 이전 4단계에 묘사된 도식적 기저선과 비슷한 역할을 하는 것처럼 보여진다. 9세의 아동은 평행한 면을 탁자 위에 그리고 탁자 표면에 물체를 놓음으로써 깊이를 나타내기 시작한다. 이것에 의해 아동은 탁자 꼭대기에 더 정확한 평행사변형을 그리기 시작하지만 현실적인 원근법은 부족하다. 6단계인 청소년기 아동은 원근법으로 그림을 그릴 수 있다. 탁자에서 떨어진 면은 가까운 면보다 더 작게 그린다.

이 단계의 아동은 그림을 완성시키는 데 관심을 갖고 이전 연령과는 다른 방법들로 그림을 발달시키고 조직한다는 것을 기억해 두는 것이 중요하다. 예를 들어, 아동은 어디에 있는지보다 어떤 것을 어떻게 보는지에 대해 더 관심이 있다. 아동은 또한 그들이 완전하게 또는 잘 그릴 수 없다고 느끼는 얼굴을 무시해 버리기도 한다. 예를 들어, 어떤 아동은 현실적으로 만족스러운 방법으로 그

[그림 4-23]
12세 남아가 그린 만화형태

리기 어렵기 때문에 몸 뒤에 손을 그린다.

이 단계에 만화 이미지 또는 캐리커처가 인기가 있는 것은 놀라운 일이 아니다. 사람을 그리라고 했을 때 아동과 청소년기 이전의 아동들의 그림 특징은 그들이 편안하다고 느끼는 연재만화 주인공 또는 만화 그리기를 더 좋아한다. 왜냐하면 만화 주인공의 얼굴은 과장되고 우스꽝스럽고 또는 포악하기 때문에 사람 형태를 그리라고 했을 때 사진 같은 정확함이나 기술적인 능력이 부족해도 되기 때문이다([그림 4-23]).

그러나 이 단계의 아동은 그들 자신만의 독특한 이미지를 창조하기보다는 고정관념적 이미지에 의지하거나 모방하는 것을 더 좋아한다.

이 단계 동안은 많은 아동들이 그림을 그리면서 부모에게 지지

받지 못했거나 중학교 또는 고등학교에 와서 따로 미술 코스를 밟지 않은 경우, 아동들은 낙담하게 되고 다시는 그림을 그리지 않으려 할 수 있다. 이러한 이유로 성인들이 그린 그림들(이 책에 있는 그림들을 포함하여)은 10세 또는 11세 때의 아동이 그린 그림처럼 보여진다. 사람들은 언어 등 발달의 다른 영역에서는 진보를 계속하지만, 미술 능력의 발달은 지속되지 않는다. 실제로, Lindstrom (1957)은 다음과 같이 진술했다.

> 자신의 성취에 대해 불만스러워하고 자신의 그림으로 타인을 기쁘게 해 주기 위해 독창적 창조와 개인적 표현을 포기하려는 경향이 있다. 주변 환경에 대한 개인적 느낌을 통해 자기 자신과 관련시키고 창조적인 사고를 받아들이는 수용능력, 밖으로 드러난 힘의 발달은 이러한 시점에서 방해가 될 수도 있다. 성인으로 진보할 수 없는 결정적인 단계다(p. 13).

이것은 아동 관련 치료사뿐 아니라 치료의 일부분으로 그림을 사용하는 성인들에게 중요하다. 성인들을 상담, 치료하면서 저자는 그들로부터 그림을 그릴 수 없는 그들의 고통스러운 기억과 관련된다고도 하고, 미술을 통해 그들 자신을 표현함으로써 편안해짐을 느낀다고도 들었다. 그들은 또한 그리는 과정에서 좌절을 경험할 수도 있다. 예를 들어, '나는 똑같이 그릴 수 없어.' 또는 '나는 미술에 재능이 없어.' 라고 이야기하기도 한다. 이 단계에 있는 아동은 자신들의 그림이 완전히 사실에 가깝지 않다는 데 대한 좌절을 이야기한다. 어떤 사람들은 아동기 때 그린 그림에 대해 들었던 타인들의 평가를 기억할지도 모른다. 아마도 교사나 가족 또는 친구들로부터 들은 생각 없는 비판들이다.

인류학 박사학위와 두 개의 석사학위를 가진 저자의 동료인 Ewa는 그녀가 9세 또는 10세 때 그녀가 그린 말을 보고 선생님이 '멋진 바느질 기계' 라고 말했던 기억이 선명하다고 말했다. 분명히 그녀는 당시 선생님의 말에 낙담했고 그림 발달에서 특히 중요한 시기에 그림을 그리지 않겠다는 생각을 강화시켰다. Ewa는 다시는 그림이라는 것을 편안하게 느낄 수 없었다.

Gardner(1980)는 왜 아동이 그림을 그리는 것에 대한 이전의 흥미로부터 벗어나는지에 대한 다른 가능성들을 연구하였다.

> 다른 가능성이 있을 수 있다. 즉, 아동은 자신들의 감정을 더 이상 사실적으로 나타낼 수 없고 그림이 더 이상 자신들의 감정을 직면시켜 주는 적당한 방법이 아니라고 생각할 가능성이 있다……. 그림은 발달 과정에서 아주 어려움을 겪은 아동에게 가장 적당한 방법이다. 즉, 개인적 또는 가족문제를 가진 아동, 지적이나 사회적 어려움을 가진 아동들은 다른 아동들을 압박하는 특징들에 압도되지 않는다 (p. 152).

Gardner는 이러한 생각이 실제로 그럴듯하다는 결론을 내렸다. 가장 가까운 결론은 그림이 자신을 표현하는 다른 방법들 중의 하나라는 것이다. 특히 언어는 학교와 이 시기에 중요한 또래와의 의사소통에 있어서 유용하다. 어떤 이유에서건 미술 발달에서 대부분의 개인들은 이 단계의 후반에 그림 그리는 것에 대한 격려가 부족하거나, 드러내지 않으려 하는 특성 때문에, 혹은 부정적인 피드백이나 자기비판적 태도 때문에 발달이 멈춘다.

6단계: 청소년기

청소년기는 비록 이 책의 중요한 주제로 다루어지지는 않지만 아동의 미술 발달의 전반적인 특징을 이해하는 데 있어 중요하다. 이미 언급했듯이 대부분의 성인들은 그림 발달 단계 중 이 단계에 이르지 못한다. 왜냐하면 그들은 자신들의 기술적 능력이 부족하다고 낙담하거나 다른 관심들로 인해 10세 또는 11세 즈음 그리거나 만드는 미술을 계속하지 않기 때문이다. 따라서 10대들을 대하는 사람들은 10대들 대부분이 그림에 대한 그들의 경험과 미술적 기술을 더 이상 발달시키지 않는다는 것을 알고 있어야 한다. 청소년기의 아동들은 5단계 특징으로 그리는 것이 더 정상적일지도 모

[그림 4-24]
16세 여아가 그린 자화상

[그림 4-25]
17세 남아가 그린 주전자

른다. 특히 그들이 이 시기에 더 이상 미술시간이 없다면 치료사들 역시 앞에서 언급한 여러 가지 이유로 인하여 그림 그리는 것에 대해 어떤 정상적인 저항을 발견할 수도 있다.

그러나 미술을 계속한 13세 또는 14세 아동들은 그림을 그릴 때 원근법을 더 정확하고 효과적으로 사용할 수 있다. 즉, 아동은 자신의 미술 작업을 더 세부적으로 표현할 수 있을 것이다. 또한 아동은 주변 환경에 대한 비판적 인식이 증가하기도 하고 미술 재료를 더 익숙하게 다루며 색과 디자인에 더 주의를 기울인다. 이 시기의 아동은 추상적인 이미지를 나타낼 수도 있다. 청소년들이 그림 그리는 기술을 향상시키고 발달시킬 기회를 계속해서 제공받고 격려받을 때, 그들의 작품은 형식이나 내용에 있어 매우 인상적이고 상세하며 사려 깊고 창조적으로 표현할 수 있다([그림 4-24]와 [그림 4-25]).

어떤 청소년들은 복잡한 기술적 능력을 가졌을 뿐 아니라 사물, 사람, 장면을 그리는 방식을 선택하기 시작하기 때문에 성인 미술가들의 예술적 기술로 발전될 수 있다. 예를 들어, 청소년기 아동은 분위기와 그 상태를 나타내기 위해 이미지를 어떻게 표현할 것인가를 주의 깊게 생각해서 그린다([그림 4-25]). 더 어린 아동은 사람이나 동물, 주변 환경에 대한 이미지를 만드는 것에 초점을 맞추는 반면, 청소년들은 그 구성요소의 하나뿐만 아니라 주제, 개인의 철학, 자신들의 생각을 어떤 목적을 가지고 상징적으로 나타낼 것인가, 그리고 의사소통할 것인가 등 모두를 고려한다.

아동그림의 발달적 중요성

아동의 미술 표현 발달 단계는 일반적으로 아동의 그림을 이해하는 토대가 된다. 특정 연령 집단에서 기대되거나 '정상적인' 것이 무엇인가를 아는 것은 아동의 그림에서 기대되지 않거나 비정상적인 것과 비교할 수 있는 준거를 제공한다. 발달적 측면에서 아동의 그림을 이해하는 것은 평가에 있어서 중요한 정보를 제공할 뿐만 아니라 효과적인 중재를 할 수 있는 출발점을 확립시켜 준다.

아동의 그림에서 발달적 특성을 인식하는 것은 아동의 미술 표현과 관련된 어떠한 작품에 있어서 중요하기도 하지만, 이렇듯 유용할 뿐 아니라 필수적인 상황이 있을 수 있다. 발달적 특징은 발달이 늦고, 학습장애나 정신지체를 가진 아동들을 치료하는 데 특히 유용하다. 일반적으로 학습장애나 정신지체를 가진 아동들은 장애유형이나 그 밖의 요인들에 의해 미술 표현에서 발달지체를 보인다. 예를 들어, 학습장애를 가진 6세 아동과 정신지체 청소년은 여전히 난화를 그리며 크레용이나 사인펜을 쥐고 다소 통제된 난화를 그리게 되면 성공적인 것으로 본다. 정신지체 청소년 사례의 경우, 일반적으로 난화를 그리는 시기보다 더 여러 해 동안 그가 그린 난화의 선들과 마구 그린 표시들은 그것 자체가 그 아동의 미술 표현이라고 할 수도 있다.

학습장애는 지각적, 신경학적 장애, 그리고 특정 학습장애(읽고 이해하는 것과 같은), 주의력 결핍과 난독증을 포함한다. 따라서 학습장애를 가진 아동이 그린 그림의 특징과 발달적 측면은 매우 다양할 수 있다. 미술 표현을 통해 그들 자신의 학습장애를 표현하는 방법이 정해져 있지는 않다. 사실, 학습장애아동의 그림은 발달뿐 아니라 다른 요인들에 의해서도 영향을 받을 수 있다. 그러나 미술 표현은 인지 발달과 지각 기술에 대한 많은 정보를 제공할 수 있다.

발달장애아동은 그림 주제가 전형적인 이미지로 제한되거나 재료를 시험해 보는 능력이 제한되어 있다. 중요한 발달문제를 가진 아동과 함께 일을 하는 치료사나 교사는 꽤 오랜 기간 동안 다음 단계로의 많은 발달을 볼 수 없을지도 모른다. 아니면 변화가 있어도 작은 변화만 나타난다. 그림과 같은 미술 활동은 탐구 활동 영역이 될 수도 있다. 비록 개인적 의미의 상징적 이미지 창조가 치료의 목표일지는 모르나, 이러한 아동들에게 있어서는 재료를 시험해 보는 것 이상이 아닐 수 있다.

그림으로 아동을 치료할 때, 발달에 대한 몇 가지 의문에 대해 생각해 보는 것이 유용하다. 고려될 수 있는 한 가지는 그림 그리는 데 사용되는 재료의 유형이다. 재료가 아동이 자기표현하는 데 도움이 되는 적합한 것인가? 예를 들어, 넓은 선을 그리는 큰 펜이 유용한가 혹은 선을 더 잘 연결할 수 있는 작은 그림도구가 더 유용한가? 아동이 어떤 재료에 혐오감을 가지지는 않는가?(예: 분필 같은 '더럽혀지는' 재료) 재료의 적합성과 밑그림 재질은 발달적으로 지체된 아동의 그림에 대한 경험에 영향을 줄 수 있다.

창의성과 지능 측정도구로서의 그림

학습장애나 발달지체, 그밖의 장애가 미술 표현의 질과 내용에 영향을 주기도 하지만 어떤 발달적 측면은 그림으로 창의력이나 인지능력을 알 수도 있다. 제1장에서 언급했듯이, 그림은 지능과 인지를 측정하는 수단으로 사용된다(Harris, 1963; Koppitz, 1968). 이는 사람 형태를 그리는 것을 포함한 표준화된 그림 검사로 사용된다. 이것은 아동이 그린 미술 표현의 발달적 측면에 의존하지만 그림을 그리는 상황의 복잡성, 공간관계, 정신기능을 고려해 볼 때 제한적이다. 이 장에서 기술된 것처럼 아동의 그림에는 상세한 표현이나 생략을 수반한다. 즉, 선과 모양을 결합시키고 종이 위에 서로 다른 물체를 관련시키고 깊이와 원근법을 그리는 능력 등의 측면들은 아동의 미술 표현을 살펴볼 때 간주되어야 하는 요소들이다.

Silver(1978, 1992, 1993, 1996)는 아동의 창조적이고 인지적인 측면들을 발달적 시각으로 이해하려는 연구에 몰두하였다. Silver Drawing Test(SDT)는 이러한 생각이 반영된 Silver 연구의 일부분이고, 그녀가 미술 표현과 지능 간의 관계를 연구할 때 처음으로 개발한 것이다. SDT는 언어기술이 부족한 아동의 지능을 이해하는 Silver의 가설로부터 발전된 것이다. 그녀는 미술 표현이 아동의 능력을 이해할 수 있고 그림과 다른 미술 활동을 통해 언어기술이 부족한 아동(또는 타인을 이해하는 데 어려움을 가지고 있거나 자신을 이해하는 데에도 어려움을 가진 아동)이 단어를 통해 하는 것보다 더 쉽게 그들 자신을 표현할 수 있다는 가능성을 관찰했다.

Silver는 그림방식으로 개념상의 문제를 해결하려는 아동의 능력을 측정하려는 그림작업 시리즈를 고안하였다. 그녀는 인지 발달을 알아보기 위해 세 영역에 초점을 맞췄다. 즉, 예측 또는 연속되는 그림, 관찰에 의한 그림, 상상에 의한 그림 등이다. 인물화와 같은 그림은 특별한 항목을 그리는 것으로 제한되어 있는 반면, Silver의 작업은 재미있는 활동 시리즈를 포함하고 아동이 선택하도록 하여 이미지를 적절히 변화시킬 수 있어 그 폭이 넓다. 그림 활동은 제목과 이야기를 제공해 주고 그림에 그것들을 결합시키고 이미지 시리즈를 선택하도록 함으로써, 상상해서 그림을 그릴 기회를 주어 덜 구조화시키면서도 구조화된 계획안(예측되는 그림과 삶에서 관찰한 그림)을 수반한다.

발달적 이정표와 관련하여 이 장에서 가장 적절한 것은 Silver의 예측 그림 작업과 관찰에 의해서 그리도록 하는 작업이다. 예측 그림 작업의 목적은 아동이 수평상태, 수직상태, 연속성의 개념을 어떻게 다루는가를 측정하는 것이다. 아동에게 비어 있는 것처럼 보이는 소다수가 어떻게 채워지는가를 보여 주고, 비어 있는 소다수 잔에 선을 그림으로써 어떤 방식으로 병이 기울어지는가를 보여준다([그림 4-26]). 세 번째 작업은 가파른 경사에 말을 그린다. Silver는 예측력을 이 세 가지 영역에 점수를 주게 하였는데, 5점 척도로 점수를 주어 더 높은 점수를 받을수록 발달된 기술을 말해준다.

이 세 가지 작업은 아동의 인지 발달 단계를 이해하는 데 있어

[그림 4-26]
Silver의 예측기술테스트

중요하다. 예를 들어, 소다수 잔 연습은 원인과 결과, 보존을 이해하는 데 중요한 기술이고 연속성과 관련하여 아동의 발달된 능력을 이해하는 데 있어서 특히 중요하다. 물병 연습은 평행상태에 대한 개념을 강조하는 것이다. 예를 들어, 4세 또는 5세 아동은 병에 물을 그리라고 하면 둥근 형태로 그리려는 경향이 있다. 점차적으로 그들은 병이 기울어졌다 하더라도 병의 바닥에 평행하는 선을 그리게 된다.

수직상태에 대한 개념은 언덕 가장자리에 점을 그림으로써 분명해진다. Silver(1996a)에 의하면 산 가장자리에 집을 그리라고 하면 아동은 산의 바깥선 안쪽에 집을 그린다. 후에, 아동은 산 가장자리에 직각을 이루도록 집을 그리고, 8세 또는 9세 아동은 집을 더 위로 그린다.

관찰을 통해 그리는 활동은 공간개념을 다루는 능력을 요구한다. Silver에 의해 개발된 검사는 5세에서 17세 아동이 탁자 위에 있는 물체를 보이는 대로 그린다는 Willats(1977)의 연구와 비슷하다([그림 4-27]). Silver의 연구는 각기 다른 높이, 넓이를 가진 세 개의 실린더와 작은 돌 또는 물체를 배열해 놓고 그림을 그리도록 하는 것이다. 4개의 물체(세 개의 실린더, 돌 또는 물체)를 그리는 것은 아동이 높이, 넓이, 깊이와 공간 사이의 관계를 나타내는 능력을 요구하는 것이다.

비록 인지와 정서에 대한 표준화된 검사로 개발되었지만(Silver

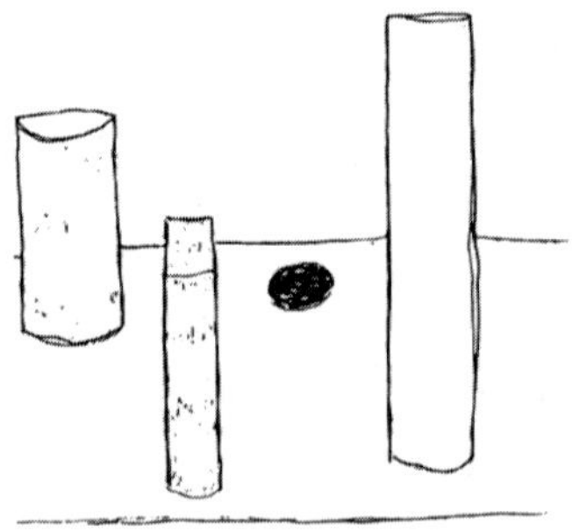

[그림 4-27]
Silver의 공간개념 능력을 알아보는 테스트

의 정서에 대한 검사는 제5장에서 언급될 것이다.), Silver의 연구는 치료사, 교사, 아동를 대하는 직업을 가진 여러 사람에게 중요한 정보를 제공해 준다는 점에서 의의가 있다. 아동이 공간을 어떻게 개념화하는지, 어떻게 연속성, 수평상태, 수직상태를 통해 보존을 증명하는지는 그들의 그림에 모두 명백하게 드러난다. 이러한 요인들이 초기와 후기 아동기를 통해 어떻게 나타나는지에 대해 이해하는 것은 아동의 그림 내용을 이해하는 본질이다. 여기에 Silver의 광대한 연구에 대한 짧은 개관이 제공되어 있으므로 더 정보를 얻으려는 독자들은 *Silver Drawing Test of Cognition and Emotion* (1996a)이라는 저서를 참고하면 될 것이다.

탁월한 그림 능력

치료사는 아동의 그림이 색다른지 또는 그림에 재능이 있는지를 살펴볼 때가 있다. 치료사는 아동의 그림 그리는 능력이 아동의 연령보다 더 뛰어나다고 생각할 때 감명을 받는다. 보통 성인들은 대체로 10세 아동과 유사한 수준으로 그림을 그린다. 이는 얼마나 많은 치료사들이 더 발달된 미적 재능을 가진 아동에게 감명을 받는지 쉽게 이해할 수 있게 해 준다. 그러나 사진과 똑같이 그리거나 따라 그리는 모방 기술이 그림이나 미술 표현에 있어서 유별나거나 순수한 재능으로 오해받기 쉽다. 실제로 그들의 능력과 능숙함에 감동받는다 하더라도, 그림 그리는 능력이 '타고난' 것으로 여겨지는 몇몇 아동들도 있다.

특히 인간 발달과 창조적 표현에 관심이 있는 연구자에게 관심

[그림 4-28]
Nadia가 어릴 때 그린 그림

을 끄는 아동의 탁월한 그림 능력에 대한 몇 가지 보고된 사례가 있다. 자폐증상으로 발달이 지체되었다고 진단받은 어린 소녀 Nadia의 사례가 하나의 예다. Nadia 사례는 심층연구(Selfe, 1977)의 주제가 되었고 미술과 심리학 분야의 많은 사람들에 의해 연구되었다(Gardner, 1979; Winner, 1986; Henley, 1989, 1992). 장애와 기능적 언어 결핍에도 불구하고 Nadia(3~6세까지)는 성인 예술가에 뒤지지 않는 그림을 그렸다([그림 4-28]~[그림 4-29]).

그녀의 재능은 무의식적으로 나타난 것이었고, 미적 표현에 있어서의 발달 단계의 원리가 무시되었다. 그러나 이러한 특별한 능

[그림 4-29]
Nadia가 어릴 때 그린 그림

력은 Nadia가 성인이 된 몇 년 후에 끝이 났다. 그녀의 작업은 심한 정신지체를 가진 여느 사람들의 특성과 같이 퇴보되었다([그림 4-30]). 이러한 퇴보적인 형식으로 그녀의 예술적 기질이 사라진 것은 특이하면서도 미스터리한 사례가 되었다.

대부분의 치료사들 또는 교사들이 Nadia와 같이 특별한 능력을 가진 아동과 함께 일할지도 모르지만, 그 사례는 아동의 미술 발달에 대해 여전히 답하기 힘든 많은 의문점들을 가져왔다. 특히 예술

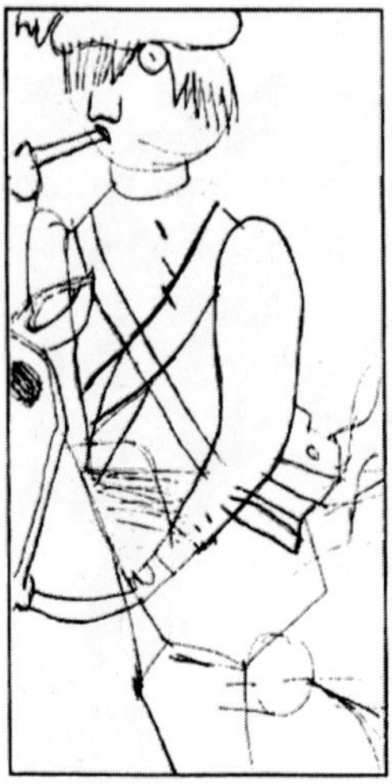

[그림 4-30]
Nadia가 청년이 되어 그린 그림

적 재능과 측정 가능한 지능 사이의 관계에 대한 의문점을 가져왔다. 성인이 된 Nadia와 함께 작업을 한 Henley(1989, 1992)는 그림에 대한 그녀의 관심, 어떤 특정한 시간에 그림을 그리는 것, 그녀의 작품의 변화, 그림 그리는 능력의 명백한 퇴보가 그녀가 어머니를 잃어 어머니와의 분리와 함께 나타난 위기와 관련된 것이라고 지적하였다. Nadia와 그녀의 주목할 만한 그림에 대해 Henley(1988)는 다음과 같이 이야기하였다.

> Nadia의 빛나는 예술작품에도 불구하고, 그녀는 계속 성공하는 데에는 실패하였다. 그녀는 많은 언어치료와 다른 특수교육을 받았지만 자립과 학습기술을 발전시키지는 못했다. Nadia의 표현 언어는 완전히 기능하는 데 이르지 못하였고 그녀의 행동은 자폐 상태로

> 남아 있다. 그녀의 정서 발달은 엄마가 암으로 죽으면서 더 방해를 받았고, 그녀는 그림 그리는 것을 점차 멈추기 시작했다(p. 46).

예술적 표현에 대한 Nadia의 능력이 떨어진 것은 인지, 언어, 신경학상의 결핍과 관계가 있다. Nadia와 함께 일을 함으로써 Henley는 아동의 그림과 정서적 외상 간의 관계에 대해 조사하게 되었다. 그는 Nadia가 엄마가 장기간 입원하였다가 퇴원했던 시기에 그림을 그리기 시작했다는 것을 알았다. 그녀는 또한 엄마와 분리되었을 때 자포자기한 감정으로 반응함으로써 자신의 감정을 극복하고 적응하려는 시기에도 그림을 그렸다.

Henley가 내린 결론(1989)은 5장의 주제인 미술 표현과 정서적인 측면 간의 관계에 대한 흥미로운 질문을 던진다.

결론

아동미술 표현의 발달 단계는 일반적으로 아동의 그림을 이해하는 데 중요한 토대가 된다. 대부분의 아동이 예측할 수 있는 결과에 따른다는 사실은 치료사들로 하여금 아동의 그림을 평가하는 데 있어 중요한 출발점이 된다. 이 장에 나타난 단계들은 치료사들에게 아동의 인지와 개념 발달의 지연을 구분하고 확인하는 데 도움을 주고, 발달적 측면에서 아동의 표현 작품에 대해 생각할 수 있는 토대를 제공해 줌으로써 아동의 그림을 사정하는 기초로 사용될 수 있다. 비록 아동미술 표현의 발달적 측면에 대한 많은 연구들이 있었지만 답을 내릴 수 없는 의문점들이 여전히 남아 있다.

예를 들어, 아동은 다른 발달 단계로 진보하다가 갑자기 예술적 행동의 초기 형태로 퇴보될 수도 있다. 따라서 많은 아동들이 왜 Lowenfeld(1947, 1982), Gardner(1979, 1980)에 의해 기술된 전후 단계들로 이동하는지 명백하지는 않다. 부모, 교사, 또래, 사회, 문화와 같은 많은 요인들이 어떻게 미술 발달에 영향을 끼치는지는 여전히 정의되지 않는다. 또한 기질(예: 생물학적 유전) 대 양육(예: 사회의 영향)도 까다로운 질문으로 남고, 성이 다양한 발달 수준에서 아동의 그림에 영향을 주는지도 완전하게 이해되지는 않는다 (아동의 그림 표현과 성에 대해 논의한 6장 참고).

발달과 그림을 고려할 때 중요하게 기억해야 할 것은 아동의 미술 발달이 엄격한 수직적 과정이 아니라 아동의 삶의 많은 요인들로 인해 영향을 받는다는 점이다. 왜냐하면 미술 발달은 정서적, 인지적, 사회적, 신체적 성장을 포함하는 많은 요인들에 의해서 만들어지며, 그림 형식의 진보와 퇴보는 이러한 영향들 중 하나 또는 많은 것들로 인한 결과일 수 있기 때문이다. 그들이 받은 삶의 외상, 손실, 위기로 인하여 많은 정서적 스트레스를 받는 아동들은 그림의 발달적 측면에 변화를 줄 것이다. 제5장에서 다루겠지만 발달적 측면들은 스트레스 상황이나 정서적 장애를 다루는 아동의 능력에 대한 중요한 정보를 제공해 주고, 치료사가 아동이 그런 미술 표현의 형식과 내용을 이해하는 분명한 요소가 된다.

마지막으로 Lowenfeld와 Brittain(1982)은 '그림은 더 큰 환경의 일부분으로서의 아동이 자기중심적 시각에서 벗어나 자아에 대해 점차 인식하면서 아동의 성장을 우리에게 알려 주는 좋은 지침을 제공해 준다.' (p. 52)라고 하면서 미술 표현이 아동에게 있어서 '전체적' 성장을 반영하는 것이라고 강조했다. 아동미술의 발달적 측면은 인지적 향상과 지적 성장에 보다 더 관련이 있을 수 있다. 그림은 아동 자신뿐 아니라 상호발달로 간주되는 발달에 대한 반영이다. 즉, 6장에서는 아동이 주변의 세상을 어떻게 보고 수용하며 반응하는지를 알려 준다. 아동의 그림은 많은 부분에서의 아동의 전반적인 발달을 평가하고 생각하는가에 대한 특별한 토대를 제공해 주며, 이러한 이유로 치료사들로 하여금 다양한 발달적 관점으로 아동을 이해하는 독특한 방식을 제공해 준다.

05 아동그림의 정서적 측면

Arnheim(1992)은 미술을 다음과 같이 표현하였다.

> 미술은 의미심장한 창작물로서, 개인에게 문제가 있을 때 조력자로서, 인간의 상태와 그 상태에 직면하고 이겨내기 위한 이해의 수단으로서, 그리고 다루기 힘든 혼란스러운 외부 현실로부터의 피난처를 제공하는 데 도움이 된다(p. 170).

대부분의 아동미술치료사들은 정서적 외상이나, 정서장애, 또는 슬픔을 겪는 아동들에게 미술로 표현하게 하는 것은 강력한 양식이며, 강하고 복잡한 감정을 수용하고 탐색하게 해 주는 하나의 방법이라고 생각했다. 이러한 이유로, 아동전문가들은 미술 표현이 아동들의 정서적 삶을 말해 줄 수 있다는 데 많은 흥미를 가졌다. 이는 그리 놀랄 만한 일은 아니다. 왜냐하면 미술이 감정에 대한 의사소통의 방식이며, 아동에 대한 대부분의 치료적 개입이 정서적 위기나 외상 또는 정서장애의 해결에 주로 초점을 두고 있기 때문이다.

진단 및 치료도구로서의 그림

정서적 요소들을 해석하는 데 미술을 사용한 것은, 치료의 하나로서 정신병리적인 진단에 환자의 그림을 사용하거나 그들의 심리적 상태를 이해하는 데 대한 관심이 높아졌던 20세기 초에 시작되었다. 그러나 정서를 이해하기 위해 미술 표현을 사용하는 데 지속적인 관심이 있었음에도 불구하고, 정서나 정신적 질병을 진단하기 위해 미술을 사용하는 것은 비판을 받아 왔고, 이렇게 진단의 방식으로 그림을 이용하는 것을 미덥지 않게 여기는 사람들도 있었다(Golomb, 1990).

이러한 경향에도 불구하고, 아동들의 미술 표현의 진단적 가치가 지속적으로 연구되었다. 특히 심각한 외상을 경험한 아동들은 종종 그 감정을 이야기하는 것을 주저하기 때문에 신체적, 성적 학대, 폭력, 혹은 다른 심각한 위기상황으로 인해 외상을 갖고 있는 아동들의 그림 내용을 이해하는 데 관심이 상당히 집중되어 왔다. 대부분의 치료사들은 아동의 미술 표현이 성격이나 정서를 말해주는 중요한 정보원이라는 데 의견을 같이 하면서도, 아동이 그린 그림의 정서적인 내용을 특별하게 해석하는 것은 그리 신뢰할 수 없다고 생각하고 거기에는 기껏해야 정서적 문제를 암시하는 몇 가지 일관된 특징만 있을 수 있다고 하였다. 투사 그림 검사는 그림에 나타나는 몇 가지 구조적 요소와 상징이 정서적인 문제를 가리킨다는 생각에서 지지를 받아 왔다. 그러나 이미 이전에 언급했듯이, 아동의 작품을 단일한 요소로만 평가하는 것은 문제가 될 수 있을 뿐 아니라, 그들의 경험을 완전히 이해하는 데는 종종 역효과가 난다. 또한 많은 임상 저서, 특히 미술치료 분야에서 아동의 미술 표현과 그들의 정서적 경험 간의 관계를 인정하고 있지만, 그중에 많은 부분이 양적인 자료보다는 사례연구나 해당 분야의 임상 전문가들의 견해에 근거하고 있다. 그러나 최근 몇 년 동안 아동그림에 대한 상당한 진단적 가치가 다시 새롭게 탐색되고 있다 (Neale, 1994; Sobol & Cox, 1992).

그림을 진단적으로 사용하는 것에 대한 여러 논쟁에도 불구하고, 미술치료 분야에서는 아동의 미술 표현이 감정을 나타내고, 미술을 통한 정서 표현이 고유의 치료적 가치를 가진다는 점을 계속 연구하고 있다. 전통적인 미술치료에서는 미술 작업을 통한 의사소통, 통제, 미술 작업을 통한 정서적 갈등의 해소를 치료적 가치에 포함하고 있다(American Art Therapy Association, 1996). 이러한 개념은 해결되지 않은 감정과 정서적 적응 간의 관계를 강조하는 정신역동 이론과 밀접한 관계가 있다. 카타르시스(억눌린 감정의 표현)와 같은 경험은 아동들로 하여금 그림이나 다른 형태의 이미지 표현을 통해 정서문제나 긴장을 해결하도록 도울 수 있다는 점에서 미술치료 과정의 중요한 부분이라 생각된다. 예를 들어서, 여동생에 대한 분노를 그림으로 표현한 아동은 미술을 통해 그 상황에 대한 갈등적 감정으로부터 어떤 안도감을 가질 수 있다. 마찬가지로, 감정을 언어로 잘 표현하지 못하는 아동들에게는 미술 표현이 상반된 감정이나 혼란스러움, 또는 말로 표현하기 힘든 감정을 정리하게 해 준다고 여겨진다.

Kramer(1993)는 단지 시각적 상징 전달만이 아닌 감정에 대한 미술 표현의 치유력과 잠재력이 중요하다고 강조하였다. 그는 독일 나치하의 아동 난민들에 대한 그의 연구에서 이렇게 말하고 있다(Kramer, 1993).

> 나는 우선 아동의 작품에 나타난 스트레스에 대한 반응들이 각기 다르다는 것을 알았고, 그 후 그런 다양한 반응들이 나에게 더 익숙해졌다. 나는 퇴행, 즉 풀리지 않은 갈등의 반복적 이야기를 보았는데, 처음엔 히틀러와 공격자를 동일시하는 아이들의 모습을 관찰하였고, 그렇게 움츠러들었다가 마침내 그 어려움 속에서도 살아남는 아이들의 창조적인 표현능력을 볼 수 있었다(p. 54).

아동이 미술을 통해 감정표현을 거부하는 것은 자신이 누구이고 자신과 주변 환경을 어떻게 지각하는가 하는 중요한 부분을 무시하는 것이다. 미술은 아동의 정서적 삶에 대한 든든한 용기(container)가 되며, 아동을 이해할 수 있는 중요한 방식임을 부인할 수 없다.

아동그림에서의 정서적 내용의 복잡성

아동그림의 정서적인 내용을 이해하기 위해 첫 번째로 중요한 것은 그들 그림의 복잡한 창조적 작업을 고려하는 것이다. 그들이 가진 정서적인 문제들이 각기 서로 다른 경험을 가지고 있기 때문에 정서적인 어려움에 근접하여 작품을 들여다보는 것이 그리 간단한 일은 아니다. 아동들의 감정은 흔히 복잡하고 모순적일 때도 있으며 그 아동이나 아동을 관찰하고 함께 작업하는 성인들 모두에게 혼동을 일으킬 수 있다. 다행히도, 그림은 많은 정서가 저절로 담겨질 수 있는 극히 드문 양식 중 하나다.

아동그림의 정서적인 내용을 이해하는 데 있어서 가장 어려운 점은 아마도 성인들의 시각으로 성인들 자신의 감정을 의식하는 것이다. 이미 앞서 언급했듯이, 미술은 그림의 관찰자가 아동의 미술 표현, 특히 정서적 위기에 놓여 있는 아동의 그림을 봄으로써 어떤 감정을 일으키게 되는데, 그것이 종종 그 그림을 보는 사람에게서 강한 감정이 일어난다는 것이다. 아동의 그림에 관심이 있는 성인은 아동이 그린 그림의 색이나 선, 내용, 형태에 성인들 자신의 즐거운 감정, 불안, 두려움, 슬픔을 투사하지 않을 수 없다. 치료사들은 아동이 경험하고 전달하려 하는 것을 그림으로 나타내건 나타내지 못하건 개인적인 방식으로 아동의 그림이 성인 치료사에게 영향을 준다는 것을 인식하게 된다.

정서는 아동들에게 있어 추상적인 개념이기 때문에, 초기 아동기의 그림이 아동 자신의 감정을 표현했다고 말하기는 어렵다. 아주 어린 아동들은 비교적 본 것을 표현하는 단어가 한정되어 있고, 자신들의 감정 상태를 그림으로 표현하기가 그리 쉽지 않다. 그러나 도식기(제4장 참고)의 아동들은 감정에 대한 이미지를 좀 더 알아볼 수 있게 그릴 수 있게 된다. 예를 들어서, 기쁠 때, 화날 때, 슬플 때를 그려달라고 하면, 아동들은 대개 웃고 있는 얼굴 또는 넓은 이를 드러내고 있는 모습(기쁠 때)으로, 찡그린 표정이나 일그러진 모습(화날 때)으로, 아니면 슬픈 얼굴(슬플 때) 등의 표현으로 그림을 그린다([그림 5-1]).

Golomb(1990)은 아동들은 어떤 특별한 감정을 표현해 달라고 요구받았을 때 자신들의 감정을 나타내기 위해 구부러진 선이나 눈썹, 때로는 슬픔을 눈물로 표현하는 등 대표적으로 얼굴을 사용하는 시기가 10세까지라고 하였다. 10세 이후에는 신체가 더 그려지는 경향이 있고, 팔과 같은 신체 부분이 관련된 감정을 나타내는 데 그려지기도 한다.

아동이 자발적으로 그린 미술 표현의 상징적인 내용을 이해하기 위해서는 선이나 형태, 색, 크기, 전체적인 구성 등 구조적인 요소를 살펴보는 것이 중요하다. 이러한 요소가 어떻게 표현되는가는 제4장에서 다룬 발달적 특징에 영향을 받는다. 나이가 어린 아동일수록 일반적으로 나이가 많은 아동들보다 운동조절력이 떨어지며, 이것이 아동들의 그림에 있어서 선이나 형태, 구성의 질에 영향을 미칠 수 있다. 다시 말해서, 아동그림의 구조적인 요소만을 보고 확대 해석을 하지 않는 것이 중요하다. 성인의 시각에서 불안하고 곤궁에 빠진 감정을 나타내는 선으로 보일 수 있는 것이, 오히려 재료를 조절하는 기술이 부족하거나, 연필이나 매직, 크레파스를 잘 다루지 못하는 것일 수도 있다.

색

아동들이 자신들의 감정을 표현하기 위해 색을 사용하는 방식은 아동의 그림에 대한 관심 분야에서 수년간 강조되어 온 것이다. 색은 감정과 밀접한 관련이 있기 때문에, 미술 표현 속에 담긴 정서적인 반응과 관계없이 보는 것은 어렵다. 갖가지 색은 저마다의 의미를 가지고 있는데, 많은 경우 개인적인 의미뿐만 아니라 문화나

[그림 5-1]
9세 여아가 그린 감정: 피곤, 행복, 슬픔

사회적인 영향, 전통과도 관계가 있다.

색은 다양한 정서를 내포하고 있기 때문에, 치료사들은 특히 정서적인 문제나 외상을 경험한 아동들에게 있어 색이 어떤 특별한 의미를 가지고 있는지, 혹은 진단적 가치가 있는지를 당연히 알고 싶어한다. 특히 어떤 아동이 그림에 한 가지 색만 사용하여 그리는 등 색의 사용이 한정되어 있다든가(즉, 단색 사용), 색을 특이하게 사용한다는가, 다른 색에 비하여 한 가지 색만 두드러지게 사용한다는가 하는 것에 흔히 관심을 가진다. 이것이 몇 가지 의미를 지닌다 하여도, 아동이 자신들의 미술 표현에 색을 어떻게 사용하는가에 영향을 미치는 많은 요소들을 기억해 두는 것이 중요하다.

아동들의 미술에 사용된 색에 대해 생각해 보면, 각각의 단계에 대한 색 사용의 발달적 기준을 고려하는 것이 특히 중요하다. 미술 발달의 초기 단계(1, 2단계, 18개월~4세)의 아동들은 일반적으로 색을 의식해서 선택하지 않고, 흔히 크레용이나 매직이든 간에 가장 손에 닿기 쉬운 것을 잡는다. 나중(3단계, 4~6세)에는 주관적으로 색을 사용하고, 어떤 아동들은 환경을 자기가 인식하는 대로 자기 그림에 색을 연관시키기 시작한다. 이는 이 시기에 보통 재료를 가지고 실험하는 것과는 다른 특별한 의미를 가지고 색을 사용했는지를 결정하기 어렵게 만든다. Golomb(1990)은 4세 정도의 어린 아동들은 무엇을 나타내기 위해 색을 사용하기 시작하는 데, 여전히 색 선택을 고려하는 자율성이 있고 몇 가지 색은 대상을 나타내는 것과 관련이 있다. 그 다음 단계(4단계, 6~9세)에서는 색의 도식적 사용이 보여지는데, 아동들은 자신의 그림에서 색에 대한 법칙을 만들어 낸다(예를 들면, 갈색 줄기와 녹색 잎을 가진 나무). 이 시기에 색이 좀 더 경직되고 법칙에 근거하여 사용될 수 있어서,

색을 특이하게 사용하는 것이 좀 더 쉽게 발견되고 이전의 시기보다 더 의미를 갖는다. 나이든 아동들(5단계, 9세 이상)은 색을 사실적으로 사용하는 경향이 있어, 보여지는 대로 색을 사용하기 쉽다.

아동들의 색 사용에 대한 지침은 발달적 모델에서 비롯된 것이며 어떤 연령이나 단계에서는 색 사용에 대한 어떤 변화가 있을 수도 있는데, 이는 아동 혹은 아동의 경험에 달려 있다. 그러나 전반적으로, 정상적인 미술 발달 단계는 아동이 어떻게 색을 사용했는가와 그 과정에서 어떤 감정을 나타냈는가를 고려할 때 적용하기 쉽다. 아동들의 색 사용, 발달적 측면, 감정에 대한 좀 더 깊은 연구를 위한 좋은 자료로는 Golomb(1990)의 논문이 있다.

그림에서 표현된 감정과 관련하여 특별하게 사용된 색의 의미에 대하여 많은 논의가 있어 왔으나, 이러한 정보는 오히려 대부분이 일화와 인상을 다룬 것이다. 예를 들면, 가장 감정적인 색으로 생각되는 빨간색은 열정이나 애정 등의 감정뿐 아니라 공격이나 분노, 증오 등 '생명과 관계된 의미, 강렬한 문제, 끓어오르는 감정이나 위험'을 나타낸다(Furth, 1988). 또한 빨강은 나이든 아동이나 좀 더 어린 아동들 모두에게서 나타나는 지배적인 색상으로 보인다. 노란색은 일반적으로 에너지, 빛, 긍정적인 감정과 관련이 있는 반면, 파란색은 물과 하늘을 연상하게 하는 의미뿐 아니라 평화롭거나, 혹은 우울한 감정과 관련이 있다. 검은색을 너무 많이 사용하면 부정적인 암시를 나타낸다. Furth(1988)는 수년 동안 아동들의 그림을 연구하여, "검은색은 잘 알려지지 않은 것을 가리키거나 상징하는 데, 만약 음영으로 사용되었다면 대개 부정적이고 어두운 생각, 위협, 공포를 투사하는 것으로 보인다."(p. 97)라고 하였다.

아동의 그림에 대한 초기 연구에서 Alschuler와 Hattwick(1947)

은 더 어린 아동일수록 빨강이나 오렌지색같이 따뜻한 색을 좋아하는 반면, 나이든 아동일수록 파랑이나 녹색 등 시원한 색을 좋아한다고 지적하였다. 이러한 선택의 차이는 어린 아동들의 본능적인 충동성과 나이든 아동들의 발달적 조절능력에 기인된다고 생각했다. 그러나 어린 아동들이 그린 그림에 대한 정신분석적 평가를 포함해서 그들의 연구는 불행하게도 방법론적인 오류(과제에 이용된 색의 수와 종류 등 색을 표준화시키는 데 있어서의 부족)를 범했다. 또한 색의 사용과 아동의 행동, 성격적 특성, 특히 충동 조절과 갈등 간의 관계와, 당시의 정신분석적 사고를 대표하는 역설을 지지하려는 것으로 보여졌다.

아동들의 미술 표현에 사용된 색의 의미에 대한 많은 추측들이 있다. 예상할 수 있는 것으로는 색에는 개인적인 의미와 문화적인 의미가 있다는 것이다. 때때로 아동들이 사용하는 색은 우리가 보통 예상하는 것에 비해 상치되고 놀라울 때가 있는 것 같다. 예를 들면, 한 연구는 우울한 아동들과 그렇지 않은 아동들의 그림을 비교했는데(Gulbro-Leavitt & Schimmel, 1991), 우울한 아동들이 검정이나 단색을 사용한다는 널리 알려진 믿음과는 상치되는 점을 발견했다. 이 결과는 아마도 우연이겠지만, 미술 표현을 통해 아동들의 정서적인 삶에 대한 이해가 복잡하다는 것을 반영해 주는 결과이기도 하다.

색의 사용은 또한 작업 활동 또는 미술 활동에 의해서도 영향을 받기 때문에 색과 감정을 이해하는 것은 복잡하다. Golomb(1990)은 5세 아동들은 흔히 가족이나 사람을 그릴 때에는 한 가지 색을 사용하지만, 정원을 그려 보라고 하면 여러 가지 색을 많이 사용한다고 하였다. 이는 선이나 형태와 같이 세부적인 부분이 중요할 때는 색을 부수적으로 사용하며, 주제를 나타내는 것이 중요할 때는 (이 경우, 정원 속의 꽃들) 색을 주로 사용한다. 그러나 이러한 색의 사용은 연령에 따라 변화하며, Golomb(1990)은 아동들의 사람 그림과 정원그림이 해를 거듭하면서 아주 많은 다양한 형태로 변화함을 발견하였다. 일반적으로, 아동들은 자기 그림에 세부적인 것을 많이 그리는 데 흥미가 있고, 단색 사용을 더 좋아한다. 어떤 아동들은 사람을 그릴 때 복잡한 부분을 그려야 하기 때문에 연필을 좋아하기도 하는 데, 연필은 또한 틀린 것을 '실수'로 인정하여 지울 수 있게 해 준다. 이런 경우에 색은 중요하게 고려되지 않을 수도 있고, 정서적인 의미로 해석될 수 없다. 아동들은 색에 있어서의 일시적인 유행에도 영향을 받는데, 예를 들면 유명한 만화주인공인 바니의 색인 보라색은 최근에 많은 아동들의 미술 표현에서 보여지는 색이다.

크기

정서적인 의미를 갖는다고 생각되는 또 하나의 구조적인 요소는 대상, 특히 사람의 상대적 크기다. 대부분의 투사 그림에 대한 문헌들은 인물화에서의 사람의 크기가 아주 의미가 있다는 데 일치하고 있으며, 이와 가장 관련이 되는 것은 자아존중감(self-esteem) 혹은 개인 모습의 적절성이다(Buck, 1948; Hammer, 1958; Koppitz, 1968, 1984; Machover, 1949). 이러한 믿음은 사람 그림을 그리라고 했을 때 아동들은 그 그림을 통해 자기 자신을 상징적으로 드러내고, 자기 자신에 대한 감정을 반영하여 자기상을 만들어 낸다는 가정에 근거하고 있다. 특히 사람 그림에서 사람을 아주 작게 그리는

[그림 5-2]
"나는 아빠에게 아주 화가 나서 모든 화가 분출되도록 작아져서 아빠가 보지 못하게 하고 싶었다."
아버지로부터 신체적으로 학대받아 온 7세 남아의 그림

것은 아동이 자신에 대해 어떻게 느끼는가와 관련이 있고, 자아존중감이 낮은 것을 드러내는 다른 근거가 될 수 있다. 예를 들면, 작은 남자 아이가 자기 자신을 아주 작게 묘사하고 저자에게 이야기하기를 "나는 아빠에게 아주 화가 나서 모든 화가 분출되도록 작아져서 아빠가 보지 못하게 하고 싶었다."([그림 5-2])라고 하였다. 여기서 이해할 수 있듯이 그 아동은 자기와 엄마를 신체적으로 학대한 아버지가, 자기가 화나 있는 것을 모르기를 바랐으며, 아버지가 복수할 것이라는 약간의 두려움을 가지고 있었고 그런 아버지에 대한 자신의 감정에 대해 죄책감을 느끼고 있는 것이다. 따라서 이 소년이 그림에서 자기를 더 작게 묘사한 것은 위협감을 덜 느끼고,

자기를 학대하는 부모가 알아보지 못하도록 자기 자신을 폭력으로부터 보호하기 위한 하나의 기술이었던 것이다. 2장에서 묘사된 작은 여자아이가 치료 초기에 작게 그린 그림도 미술치료사들에게 또 다른 좋은 예가 될 수 있다([그림 2-4]~[그림 2-6]).

때로는 아동들은 자신을 방해하는 성인들로부터 자기 자신을 감추기 위해 작게 그리기도 한다. 일단 관계와 신뢰감이 형성되면, 그림의 크기는 짧은 시간에 극적으로 변하기도 한다.

'그림 그리는 태도'

미술 작품의 정서적인 내용을 보는 것과 더불어, 아동이 미술 활동시 어떠한 행동을 보이는가('art behavior'), 즉 그림을 그리라는 지시나 그림 작업에 대한 반응이 어떠한가를 잘 살펴보아야 한다(Malchiodi, 1990, 1997). 아동들의 최종 작품의 내용과 함께 아동이 재료를 어떻게 사용하는가(주저하는지, 대담한지, 두려워하는지, 딱딱 끊기는지, 반복하는지)를 관찰하는 것도 중요하다. 예를 들면, 폭력을 경험한 아동들은 종종 계속 경계하는 듯이 행동하거나, 유사 공포증적인 상태(Silvern, Karyl, & Landis, 1995)가 남아 있고, 이전에 경험한 외상적 사건이 재현될까 봐 두려워한다. 아동은 지나치게 경계심을 가질 수도 있고 '차갑게 주시하는' 행동(Ounstead, Oppenheimer, & Lindsay, 1974)을 보이기도 하는 데, 이는 장면이나 소리, 냄새 등의 경험을 포함해서 본래의 외상 사건에 대한 어떤 특성으로 인하여 유발될 수 있다. 미술 작업 과정이 아동의 공포심과 그밖의 강력한 감정을 일으켜 외상을 상기시키기도 한다. 따라서 학대나 외상 경험이 있는 아동이 물감통을 엎질렀을 때, 그 아동은 치료사(권위적인 인물)가 어떻게 자기 행동에 반응하는지 두려워할 수도 있다. 아마도 저녁 식탁에서 음료를 엎질러 부모가 그 아동이나 형제, 또는 배우자에게 학대를 가했던 경험이 있었을 것이다. 물감을 엎지른다는 것은 가족체계에서 있었던 폭력에 대한 시나리오가 만들어지는 갑작스러운 사건에 대한 은유적인 표현이 되는 것이다.

아동들의 그림에 대한 정서적인 내용은 반드시 다루어져야 하며 치료사들은 위기, 공포, 불안 등등의 고통스러운 경험에 대한 표현을 자주 접하게 된다.

이 장의 나머지 부분에서는 아동 정신건강 전문가들이 주로 접하게 되는 두 영역이라 할 수 있는 우울과 외상에 초점을 둘 것이다. 미술 표현은 아동들의 인식과 감정을 반영하는 것이며, 적어도 위기와 관련된 강력한 감정을 담는 공간(container)을 제공한다. 아동들은 그림을 통해 자기 자신을 표현하기 쉽고, 적응력이나 회복력과 같이 좀 더 긍정적인 측면뿐 아니라 불안이나 절망, 두려움 등의 부정적인 측면도 드러낼 수 있다.

아동기 우울

저자는 아동을 상담해 오면서 종종 아동의 우울이 다른 행동으로 가려지는 것을 보고 아동기 우울에 대해 관심을 가지게 되었다. 미국 정신의학협회(American Psychiatric Association)의 가장 최근의 진단 분류인 DSM-IV에 따르면, 아동 우울에 대한 진단은 성인들과 아주 흡사하다. 그러나 아동들에게서 발견되는 우울 행동은 논쟁의 여지가 있다. 어떤 이들은 성인들의 우울 형태와 유사한 장애를 보인다고 하는가 하면, 어떤 이들은 가리어지거나 다른 행동 문제로 나타난다고 하기도 한다(Kashini et al., 1981). 아동들의 우울은 여러 다른 장애나 조건과 함께 나타나기도 하고 분류나 확인도 어렵다. 아동들이 여러 해 동안 우울할 수 있다고 믿지도 않았다. 지금에서야 대부분의 임상가들이 많은 아동들이 우울을 경험하며, 이것이 심각한 심리상태라는 데 동의하고 있다.

우울한 아동들은 슬퍼 보이거나 위축되어 보일 수 있으나, 자신들의 감정을 다른 반응이나 행동으로 감추기도 한다. 전형적으로, 우울은 외견상 무기력과 무가치, 에너지 결핍, 지나친 죄의식, 또는 통제할 수 없이 울부짖는 등의 감정으로 나타난다. 그러나 특히 어린 아동들의 우울은 이러한 행동들을 잘 나타내지 않을 수 있으며, 전혀 슬퍼 보이지도 않아 그냥 지나치기 쉽다. 또 어떤 아동들은 분노, 울화, 공격적인 행동 등으로 우울을 나타내기도 하고, 또래나 가족들과 잘 어울리지 못하여 행동장애로 평가되는 수도 있다. 우울한 아동들 중에는 자신의 좌절감을 동물을 괴롭히거나, 방화, 유분증(encopresis), 야뇨증(nocturnal enuresis), 사람들에게 적대감을 표현하는 행동 등으로 표출하기도 한다.

치료사들은 자연히 아동들에게 보이는 우울 증상을 찾게 되고, 종종 그들을 돕기 위해 미술이나 놀이 활동으로 우울에 대한 단서를 찾으려고 한다. 불행하게도 아동들의 미술 표현에서 우울을 확인하는 것은 전혀 쉽지도 간단하지도 않다. 사실, 아동들의 그림을 살펴볼 때 더욱 어려운 점 중의 하나는 아마도 아동들이 보이는 우울증세가 아주 복잡하게 얽혀 있기 때문일 것이다. 아주 훌륭한 정신건강 전문가조차도 아동들의 우울과 비애 반응, 슬픔을 구별하기 어려워, 아동이 경험하고 있는 것을 증명해 주는 그림이나 묘사 등 다른 단서를 필요로 한다. 그러나 우울감이 줄었는지를 참고하기 위해서는 아동의 그림 표현에 그럴듯한 조짐이 있는지 살펴보는 것이 중요하다. 그림은 아동으로 하여금 우울에 수반될 수 있는 분노, 불안, 좌절, 슬픔 등 자신들의 감정을 표현하게 해 주기 때문에 아동들이 경험하는 우울에 도움을 준다. 그림은 복잡한 감정을 표현하도록 허용하고, 아동들이 자신의 개인적인 이야기를 성인 조력자에게 털어놓는 기회를 제공해 주기도 한다.

투사 그림 검사, 그림 평가 및 우울

집-나무-사람(HTP), 동적가족화(KFD), 인물화(DAP)와 같은 투사적 평가 도구에서는 우울에 대해 많이 언급하고 있다. 대부분의 연구자들은 우울을 가리키는 특징으로 아주 작게 그린 그림이라든가, 필압이 지나치게 약하다든가, 세부적인 묘사가 부족한 등의 준거들을 지적한다. 그러나 이러한 연구의 대부분은 성인들에게 초점을 맞추어 왔다. 우울한 성인들의 그림을 연구한 Wadeson(1971)은, 심한 우울을 나타내는 그림의 특징으로 색의 사용이 빈약하다든가, 여백이 많아지는 점, 활동과정에서 노력이 줄어드는 점, 그리고 의미 있는 상징들이 줄어드는 점 등을 지적했다. 그녀의 연구대상이 성인들이었기 때문에 이를 아동에게 적용하는 것은 무리가 있지만, 어느 정도는 관련이 있을 것이다. Gantt(1990)는 우울한 환자들의 그림이 정상인들의 그림보다 더 공간 사용이 적고 더 세부적이지 못하다는 데 의견을 같이 했다.

아동들의 그림에서 구조적인 요소를 살펴보는 것은 그림 속의 특별한 상징만으로 단정짓는 것보다는 우울을 확인하는 데 더 도움을 줄 수 있다. Gulbro-Leavitt과 Schimmel(1991)은 우울을 평가하기 위한 목적으로 아동그림의 구조적인 요소들을 살펴보는 그림 평가도구로써 진단적 그림 시리즈(DDS; Cohen, Hammer, & Singer, 1988)를 사용하였다. 그 도구 사용의 결과를 결론짓지는 못했지만, 다음과 같은 경향의 틀을 제공해 주었다. 즉, 종이의 1/3만 사용하고, 특별한 색의 사용이 줄고, 음영과 기하학적 도형을 그리는 경우가 많아지고, 사람은 그리지 않고 동물을 그리는 등의 특징이다. 이 연구의 한 가지 제한점은 여기서 우울을 나타낸다는 증상이 다른 진단들과 겹치는 경향이 있다는 점인데, 이 연구는 우울, 특히 아동들의 우울을 발견하는 것이 그리 쉽지 않다는 것을 강조하고 있다.

Silver(1988, 1993)는 자신이 개발한 그림도구인 DAS(Draw-A-Story)를 사용하여, 우울과 관련된 아동들의 그림 특징을 보다 광범위하게 연구해 왔다. DAS에 이어 Silver 그림 검사(SDT; Silver, 1996a) 역시 인지 및 창의적 기술과 더불어 우울을 평가할 수 있는 도구다. DAS는 아동들이 그림을 그리고, 그린 그림에 대해서 이야기를 하게 되는데, 일련의 간단한 선을 이용하여 우울을 평가하기 위해 만들어진 것이다. Silver의 평가는 그림을 그릴 때 주어진 그림카드 중에서 몇 가지 이미지를 선택하여 이야기하게 되는데, 이런 이미지들이 부정적인 상상을 자극시키는 것으로 보여졌다. 실제 검사에서, 아동들에게 그 그림에서 두 가지 이미지를 선택하게 하고, 그 이미지와 연상되는 것을 묻게 된다. 아동들은 어떤 방식으로든 자기가 바라는 그림을 그리고, 치료사는 세부적인 것을 첨

[그림 5-3]
11세 여아가 그린 Silver DAS
'숲속 동물들의 결혼'

가하거나 원래 이미지의 특징을 바꾸어도 좋다고 권한다. 그러고 나서, 아동에게 그림에 제목을 붙이고 그림에 대해 이야기를 하게 한다.

예를 들어서, [그림 5-3]은 '숲 속 동물들의 결혼' 이라는 제목의 그림인데, Silver 척도에 의하면 '매우 긍정'으로 평가되었다. 그 이유는 그림과 제목 모두 사랑스러운 관계를 나타내고 있다는 것이다. [그림 5-4]의 그림 제목은 '고양이는 음식을 원하는데, 아무도 고양이에게 음식을 주지 않고, 개가 그 고양이를 두려워하고 있다' 이다. 이 그림은 '보통 부정'으로 평가되었는데, 이는 그림의 주된 주제가 두렵고 배고픈 것인데다 배경도 적대적이고 상황의

[그림 5-4]
8세 여아가 그린 Silver DAS
'고양이는 음식을 원하는데, 아무도 고양이에게
음식을 주지 않고, 개가 그 고양이를 두려워하고 있다'

결과도 불확실하기 때문이었다. 마지막으로 [그림 5-5]는 13세 남자아이가 그린 그림인데, 제목은 '먹이'이고, 쥐가 뱀에게 잡아먹히는 그림이다. 이 그림은 '매우 부정'적인 주제로 미래에 대한 희망이 없음(이 경우, 쥐의 입장에서)을 보여 주고 있고 주된 주제도 무력감과 죽음이다.

Silver의 연구는 보통 수준의 우울에서 좀 더 심각한 수준의 우울, 그리고 자살, 자기파괴적 사고(self-destructive thoughts)까지 우울의 범위를 연속적으로 나타내고 있는데, 이는 우울의 다양한 수준이 아동들의 DAS 검사에서 드러날 수 있다는 점에 근거하고 있다. Silver(1996a)에 의하면, 적어도 세 가지 예비연구가 DAS가

우울을 결정짓는 데 유용하다는 것을 뒷받침해 주며, 이 연구들 중 두 가지는 아동과 관련이 있다고 했다. 그러나 아동들의 그림에서 '매우 부정'적인 내용이 반드시 우울을 가리키는 것은 아니며, '매우 긍정'적인 내용이라고 해서 우울을 배제시켜서는 안 된다고 하면서, DAS의 결과가 '매우 부정적인 주제'로 나타났을 때 우울의 위험도가 좀 더 높을 수 있다고 제안했다.

Silver의 DAS는 몇 가지 이유에서 아동기 우울을 발견할 수 있는 아주 흥미로운 도구다. DAS에서의 평가방식은 아동이 그린 그림에 나타난 공간, 색, 선의 질적 특성 등 구조적인 요소보다는 그림의 내용이나 의미에 더 근거하고 있다. 또한 DAS는 아동이 선택할 수 있는 표현의 자유를 제공하는 개방적인 활동이다. HTP, DAP, 혹은

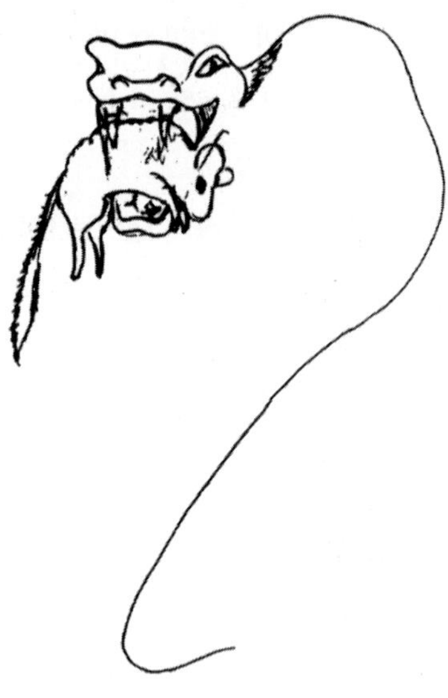

[그림 5-5]
13세 남아가 그린 Silver DAS
'먹이'

KFD와 같은 투사 그림 검사는 무엇을 그리는가에 더 초점을 맞추어, 창조적이거나 공상적인 자료를 드러내는 경향이 적을 수 있다.

Silver의 그림 도구와 아동 우울에 대한 그녀의 생각은 위험 상황에 놓여 있는 아동의 경우, 그들의 정서장애를 이해하고 결정하는 데 있어 은유와 이야기가 중요한 요소라는 점을 뒷받침한다. 다양한 방식으로 우울을 경험하는 아동들과 그들 고유의 그림에 대한 이야기는 그들이 특히 그 상황에서 무엇을 느끼고 있는지를 이해하는 데 도움이 된다. 아동들의 이야기는 그들을 치료하는 과정에서, 특히 그들이 아주 많은 정서적 고통을 느끼고 있을 때 혹은 자기파괴적인 경향이 있을 때 더욱 중요하다.

우울 평가에 있어서 주제와 내용의 중요성

우울, 그리고 어떻게 하면 아동들의 자발적인 그림에서 우울이 드러날 수 있는지에 대한 저자의 생각은 아동이 표현한 그림 속의 특별한 요소나 상징보다는 아동 스스로 만들어 내는 이야기 내용에 있다고 본다. 미술 표현의 내용과 아동의 이야기 모두에서 다음의 네 가지 주제가 중요하다. 즉, 슬픔/희망을 빼앗김(bereavement), 고립, 절망, 파괴 또는 자기파괴적인 주제들이다. 그러나 이 네 가지 측면은 쉽게 구분되지도 않고, 아동들은 흔히 자기 그림과 그림에 대한 이야기에서 한 가지 이상을 표현하는 경우가 더 많다.

슬픔이나 희망이 없음을 표현한 것은 일반적으로 아동들의 미술 작품에서 쉽게 알아볼 수 있다. [그림 5-6]은 검은색 무지개를 그린

[그림 5-6]
9세 여아가 그린 검은색 무지개

9세 여자아이의 그림인데, 이 아동은 겉으로는 우울해 보이지 않았지만 수년간의 신체적 방임과 학대를 경험하고 가정폭력을 보면서 심한 우울증상을 보였던 아동이다. 그 아동이 그린 무지개는 대부분이 검정으로 칠해져 있었으며, 녹색을 조금 사용하였고, 종이 윗부분의 검은 구름이 그림을 어둡게 만들고 있었다. 이렇게 그림에 검은색을 사용한 것은 여러 가지 색을 사용하는 이 연령대의 대부분의 아동들에 비해 우울을 직접적으로 알려 주는 지침이 된다. 다른 지침으로는 집이나, 풍경그림, 또는 다른 배경에 눈물([그림 5-7])이나 비([그림 5-8])를 표현하는 것이다. 이러한 것들이 반드시 항상 비탄, 슬픔을 가리키는 지침은 아니지만, 아동들의 그림에서는 드물게 나타나며, 눈물이나 비가 그려지면 치료사들은 아동이 혹시나 우울이 아닌가 하는 관심을 가져야 한다.

고립은 소외감이나 버려짐(abandonment), 거부(rejection) 등의

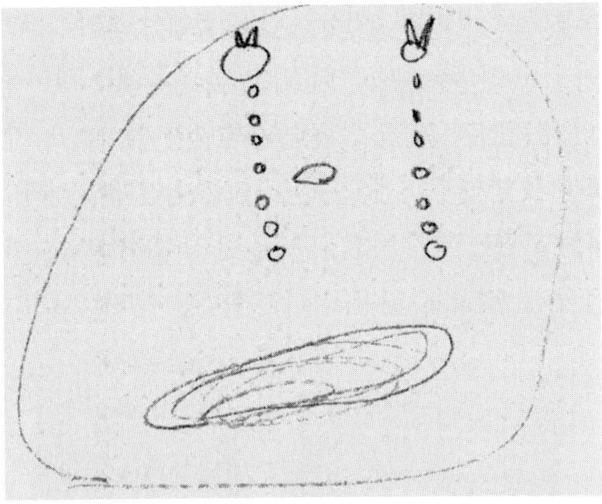

[그림 5-7]
우울증상의 8세 여아가 그린 얼굴의 눈물

[그림 5-8]
우울증상의 8세 여아가 그린 비 오는 그림

감정을 포함한다. 때때로, 아동들의 그림에서 보이는 고립에 대한 주제는 아주 눈에 띄는 때도 있고, 어떤 경우에는 알아볼 수 없을 정도로 더 감추어져 있다. 그 예로, 엄마와 엄마의 남자친구에게 신체적 학대를 받아 온 8세의 여자아이는 집안에 둘러싸인 채 다른 사람들과는 고립된 자기 자신을 여러 번 그렸다([그림 5-9]).

신체적 구타, 성학대, 혹은 심리적 학대는 분명히 고립이나 소외

[그림 5-9]
집안에 둘러 쌓인 채 고립된 자기 모습을 그린 8세 여아의 그림

된다는 감정을 일으키며, 특히 자기 가족으로부터 그러한 학대를 당했을 때 그 상처는 더 크다. 이 소녀의 경우, 고립되었던 경험이 우울과 무기력을 나타내었고, 이러한 고립은 신체적 학대로부터의 보호수단이었다.

외상의 영향으로 다른 사람들로부터 고립이나 소외된다는 감정을 가지고 있는 우울한 아동들은 정신적으로 무감각하거나 사고가 경직되어 있기 때문에 미술치료집단에서는 말없이 앉아만 있을 수 있고, 또 해리(dissociation)되기 때문에 미술 활동 시간에 집중하기 어려울 수 있다는 점을 기억하는 것이 중요하다. 우울한 아동들은 흔히 절망적이고 무력하고 공허함을 느낀다. 그들이 가지는 절망감은 아주 깊을 수 있고, 자신의 감정, 사고, 활동에 대한 두려움도 있다. 또한 아동들은 그들의 삶, 가족 혹은 생활방식이 변하기를 소망하는 표현을 할 수도 있다. 그러나 그러한 소원이 이루어진다는 것은 불가능하기 때문에 미래에 대한 절망감을 표현할 것이다. 아버지에게 성학대를 당한 12세 여자아이와 그 여동생은 보호서비스기관의 사회사업가에게 성학대 노출에 대한 슬픔과 두려움을 모두 표현하였다. 볼에 흐르는 눈물과 그들과 그들 부모 사이에서 일어난 일에 대한 긍정적인 변화에 대해 기도를 하면서 숨김없이 자기 자신의 슬픔을 나타내 보였으며, 이러한 상황에 노출되어 있는 상태이기 때문에 12세 소녀는 지금 부모와 분리되어 있다([그림 5-10]).

아버지에 의해 두 언니와 함께 성학대를 경험하고 우울증상을 보이는 9세의 여자아이는 자기의 어머니가 임신 중에 "이번엔 아들이기를 희망한다. 아무 잘못도 하지 않았으니까. 아마 하느님이 도와주실 거야."라고 말함으로써 자기 가족이 더 이상 좋게 변화되

[그림 5-10]
울며 기도하고 있는 자기 모습을 그린 12세 여아의 그림

지 않을 것이라는 절망감을 표현했다. 그 소녀의 말은 근친상간에 대한 가족구성원의 변화를 갈망하며 남동생은 세 자매처럼 아버지에 의해 학대를 당하지 않기를 바라고 있음을 나타낸다. [그림 5-11]에서처럼 소녀의 그림은 미완성된 신체와 무표정한 얼굴로 자신의 이미지를 표현하고 있다.

우울증과 관련된 파괴적인 주제들은 자기혐오(self-hatred), 자기비난(self-denigration), 자기파괴(self-destruction), 죄의식(guilt), 그리고 아주 낮은 자존감을 포함한다. 아동들은 자기 자신에 대해 자기비하적인 태도를 가질 수 있으며, 자화상을 그릴 때 우스꽝스럽게 그리거나 추한 모습으로 표현하거나, 혹은 매력이 없는 것처럼 묘사하기도 한다. 방임이나 학대의 경험을 가지고 있는 아동들

[그림 5-11]
자기 자신을 그린 9세 여아의 그림

은 그림에서 자기 모습을 손상시키거나, 변덕스럽게 혹은 매력적이지 않게 표현하는 것은 그리 놀랄 만한 일이 아니다. 예를 들어 [그림 5-12]에 묘사된 것처럼, 방임이나 학대를 경험한 8세 여자아이가 '(여자아이의 이름)은 끔찍해?'라는 제목으로 자신을 우스꽝스럽게 묘사했다([그림 5-12]).

우울한 아동의 그림에 자살하려는 행동이나 실패감을 반영하는 경우도 있다. 가족문제로 인해 소년들을 위한 그룹홈에 속해 있는 8세 남자아이 Felix는 자기 가족과 학교에서 분리되어 좌절감을 우울증상과 유분증을 통해 나타냈기 때문이다. 공교롭게도, 처음에는 이 아이를 그룹홈에 배치하기 어려웠다. 왜냐하면 그것은 그룹홈 가정의 공동 공간인 레크리에이션실 벽이나 몇몇 군데의 화장실에 유분증의 흔적을 남겼고 이곳을 제외하고는 아무도 아이가 어디로 가서 배설물을 묻히고 있는지 확인할 수가 없었기 때문이

[그림 5-12]
8세 여아가 그린 자기상(self-image)
'(여자아이의 이름)은 끔찍해?'

다. Felix는 그룹홈에서 그러한 행동을 했다고 의심을 받기는 했으나 아무도 확신할 수는 없었다. 직원인 심리학자는 저자에게 어떤 아이가 그러한 행동을 했는지 아느냐고 물어보았는데, 저자는 다른 직원들과 마찬가지로 당황스러웠다.

저자는 '의심되는 아이들'을 미술실로 모두 모이라고 했으며, 그들과 함께 그 문제를 논의한 후 어떠한 것이든 그들이 원하는 대로 그림을 그리도록 요구했다. Felix는 [그림 5-13]에서와 같이 배기관에서 커다란 깃털모양의 검은 연기를 뿜어내는 경주용 자동차를 아주 상세하게 묘사하였다.

경주용 자동차가 남자아이들의 그림에서 나타나는 전형적인 주제일지 모르나, 검은 연기가 매우 눈에 띄었다. 연기가 단순히 자동차의 배기가스를 나타낸다 하더라도, Felix가 자기 그림을 꽤 오랫동안 그렸기 때문에 이 연기는 또 다른 유형의 배출물(exhaust)이 표현된 것이라고 생각되었다. 미술 활동 후, 저자는 Felix와 함께 의심되는 점들에 대해 이야기했다. 그는 자기 가족상황에 대해

[그림 5-13]
8세 Felix가 그린 배기가스를 뿜어내는 경주용 자동차

우울하고 좌절감을 느꼈으며, 뿐만 아니라 자신이 행했던 일들에 대해서 부끄러워하고 난처해했으며 유분증에 대해서도 이야기하였다.

Felix가 그린 자동차 배기가스는 자기 문제에 대한 은유적 표현으로 나타났으나, 심하게 우울한 아동들로부터 보이는 더 폭력적인 은유적 표현들과 비교해 본다면 이러한 그림은 그나마 조금 온화한 이미지라 할 수 있다. [그림 5-14]와 같이 어떤 그림들은 내용면에 있어서 매우 강하고 직접적으로 다른 사람 혹은 자신에 대해 극단적인 분노를 나타내는 경우도 있다. 아동들에게서도 자기파괴적인 그림은 자살에 대한 관심을 일으킨다. 자살위협은 항상 심각한 상황이 되며, 우울한 아동들에게서 발생될 수 있다. 비록 잠복기 아동이 자살하는 경우는 비교적 적지만, 시간이 지날수록 그 수가 증가 추세를 보여(Pfeffer, 1986), 임상에서 관심의 대상이 되고 있다. 다행히, 대부분의 아동들은 성인들보다 덜 고립되어 있고, 성인보다는 더 큰 정서적 지지를 경험하게 되기 때문에 자살 시도나 자살이 일어나지 않는 것 같다. 하지만, 비록 드물다 하더라도 자살위협적인 그림이 아동의 우울증을 드러내고 있다는 것을 고려하는 것은 중요하다.

아동들의 자살위협은 흔히 행동이나, 몹시 놀라게 하거나 혹은 받아들일 수 없는 상황을 변화하려는 데서 나타난다. 어머니, 그리고 어머니와 동거하고 있는 여러 명의 남자친구에 의해 신체적 학대를 경험한 8세 남자아이 Mike는 어느 날, 2층 창문에 서서 마당으

[그림 5-14]
'살인자'
우울증과 행동장애를 가진 청소년 남아가 그린 도끼를 든 사람 그림

[그림 5-15]
자살 시도 후 자기 모습을 그린 8세 Mike의 그림

로 떨어지겠다고 위협하였다. 직원들과 능숙한 치료사는 부드럽게 Mike를 설득시켜 창문에서 벗어나 안전하게 할 수 있었다. 그 아동과 치료사가 함께 미술 활동을 했는데, 소년은 바로 [그림 5-15]와 같이 무엇인가 외치고 있는 얼굴을 작게 묘사했다. 심하게 상처 입은 자기 자신 혹은 자신의 삶의 끝을 어떻게 마감해야 할지 생각하고 있었기 때문인지 그림을 그리는 동안 매우 불안해했다. 꾸밈없이 그려진 그림은 우연히 일어나기 쉬운 심한 공포, 불안, 그리고 혼란스러운 감정들을 아주 효과적으로 파악할 수 있게 해 준다.

이 그림의 내용에 있어서 가장 중요하게 다가오는 것은 자살위협에 대한 아동의 의미와 의도이다. '도움을 요청하는 울부짖음', 혹은 깊은 절망감과 자포자기의 메시지처럼 특별한 이미지로 바라보는 데 있어, 이것이 직접적으로 누구에게 이 메시지를 주고 있는 것인가를 결정하는 것이 중요하다. 이 경우, 메시지는 자신을 학대하고 다른 사람에 의해 자기 아들이 학대당하게 놓아두었던 어머니, 그리고 또한 아동을 위해 개입하여 일하고 있는 직원들에게 주는 메시지였다. 그림 속의 사람이 말하고 싶어하는 것이 무엇이냐는 질문에 Mike는 "엄마 같은 사람은 아들을 죽인 것에 대해 아주 아주 미안해해야 해요."라고 간단히 응답했다.

우울증 아동들의 그림에 나타나는 자살의 증거를 미술 표현에서 정확하게 지적해 내기는 종종 어려운 일이다. 예를 들면, Mike의 경우, 자살을 시도하기 전에 그린 그림들에서 그의 가족 환경에 대한 좌절과 자기 자신에 대한 열등감을 나타내기는 했지만, 자살을 실행하는 것에 대해서는 분명한 목적이나 계획이 없었음이 분명하다. 사실 자살 시도 전에 그는 대외적으로는 자기 주변 사람들에게 매우 긍정적이고 반응적으로 대했다고 한다.

우울과 자살 충동적인 아동들을 연구한 Cox(1984)는 아동들의 미술 표현에서 우울하거나 자살 위험의 소지가 있는 자기파괴적인 그림의 10가지 주제를 제시하였다.

1. 화, 적개심, 공격성, 분노
2. 자기혐오, 자책감, 자기파괴, 죄의식 , 매우 낮은 자존감
3. 절망감, 자포자기, 무기력, 고통, 공허감, 포기
4. 소외, 거부, 고립, 중요한 타인에 대한 상실감 혹은 상실에 대한 두려움, 극단적인 취약성(vulnerability)
5. 적대적인 대인상호 간의 관계
6. 의존욕구의 좌절, 초기의 박탈
7. 영적 재탄생에 대한 갈망, 정신적 회복, 그리고 사랑하는 사람과의 재결합에 대한 갈망
8. 긴장, 불안, 좌절, 혼돈의 감정, 충동적 감정의 증가
9. 분열(fragmentation), 비인간화
10. 죽음에 대한 양가감정(p. 44)

Cox는 이 중 다섯 가지가 미술 표현에 나타나면 잠재적인 자기-파괴적 행동을 심각하게 고려해야 할 충분한 근거가 될 수 있다고 하였다. 비록 Cox가 제안한 주제들이 아동과 성인들의 그림에서 모아진 주제들이기는 하나, 우울이나 자살 경향을 예언해 주는 내용을 아동의 그림에서 찾아내는 데 도움이 되는 지침이 될 수 있을 것이다.

외 상

아동의 외상 경험은 가정 폭력, 신체적 · 성적 학대, 거리 폭력, 그리고 비극적인 사건의 결과로 정신건강 전문가들로 하여금 관심이 증가되고 있는 부분이다. 외상을 경험한 아동은 다양한 감정을 경험하고, 불안, 무기력, 두려움, 외로움, 우울, 취약성 그리고 절망감 등의 깊은 심리적 고통을 경험한다. 또한 그중에서도 상실은 중심적인 이슈가 되며 이혼, 감금, 정신 · 신체적 질병, 혹은 죽음으로 인해 부모나 중요한 타인을 잃는 것과도 관련이 될 수 있다. 또한 아동은 부모의 실직이나 이사로 인해 충격적인 행동을 일으키기도 한다. 여러 가지 상실은 외상을 경험할 수 있는 상황에서 아주 보편적인 것이며 아동들에게 다양한 방식으로 영향을 미칠 수 있다.

DSM-IV에 의하면, 외상 후 스트레스 장애(PTSD)의 증상에는 이전에 즐겼던 활동에 대한 흥미를 잃거나, 감정 표현이 줄고, 미래에 대해 의미를 잃고, 똑같은 외상을 반복하게 될까 봐 두려워하는 특성 등이 포함되며, 외상을 경험한 후에는 '정신적, 심리적 마비상태'를 경험할 수도 있다고 되어 있다.

지나친 경계심이나 불안, 위축, 계속적인 악몽, 인지적 수행능력의 저하 등은 PTSD의 일반적 증상들이다(Terr, 1990: Green, 1983). 원래 'PTSD'는 자연재해에서 살아남은 사람, 전쟁을 경험해 본 사람, 혹은 사고를 경험한 사람들에게 적용되는 용어였다. 지금은 일반적으로 폭력에 노출된 아동들, 특히 가정 폭력이나 신체적 학대에 노출되어 있는 아동들이 외상 후 스트레스 장애를 경험한다고 알려져 있다(American Psychiatric Association, 1994). 비록 성인을 기준으로 한 진단이기는 하나, PTSD는 학대받은 아동들에게 많이 인용되어 왔으며(Pynoon & Eth, 1985; Green, 1983; Anthony, 1986; Webb, 1991), 연령과 관계없이 아동기 동안 언제든지 발생할 수 있다고 하였다.

아동들은 자신이 경험한 외상을 슬픔, 비탄, 상실에 대한 감정과 연관지어서 미술이나 놀이 활동으로 종종 표현한다. 아동학대의 외상에 대한 많은 저서를 남긴 Alice Miller(1986)는 자기 자신의 아동기 때 학대와 예술적 창조성과의 관계를 언급하면서, 아동기 때 받았던 외상으로 인한 감정들이 미술 표현에 보여질 수 있다는 것을 깨달았다.

> 내가 아동기 때 억눌렸던 감정, 즉 두려움, 절망 그리고 절대적인 외로움이 내 그림에 나타났으며, 처음에 나는 그러한 작업을 통해서 이 감정들을 그림에 표현할 때 늘 혼자였다. 왜냐하면 그 당시 나는 내 아동기 기억을 함께 나눌 수 있는 그 어떤 화가(painter)도 알지 못했고 내가 그림을 그리고 나서 어떠한 일들이 있었는지에 대해 설명해 줄 친구도 없었기 때문이다. 나는 정신분석학적인 해석을 원하

지 않았으며, 융의 상징에 대한 설명을 원하지도 않았다. 나는 단지 아이들이 나에게 이야기를 털어놓고 오랫동안 그림을 그림으로써 충분히 내가 아이들의 언어를 이해하기만을 바랐던 것이다(p. 7).

제2차 세계 대전 동안 폴란드 아이인 Nelly Toll은 단어와 이미지를 사용해서 자신의 경험을 일기로 작성하기 시작했다. 그녀가 쓴 최근의 회고록은 다음과 같다.

> 그림은…… 나로 하여금 환상적인 세계로 피할 수 있게 해 주었다. 나는 60편 이상의 수채화를 그렸는데, 그 그림들은 나를 즐겁게 해 주었고 작은 팸플릿에 하얀 실을 이용해서 그림과 이야기를 엮어 나감으로써 나를 환상적인 행복한 세계로 빠져들게 해 주었다. 5×7인치와 7×10인치의 종이 위에 화려한 꽃들과 파란 하늘, 사랑스러운 어른들과 아무런 근심없이 보통의 일상적인 일을 바쁘게 하고 있는 아이들을 가득 그렸다. 그것들은 단지 우리 주변의 위험한 것들에 대한 나의 감정을 상징적으로 반영한 것이었다(pp. 4-5).

비록 성인들의 관점으로 그녀의 그림 의도를 설명하고 있지만, Toll의 이야기에는 스트레스, 위기, 외상을 경험한 시기 동안의 아동들의 미술 표현이 매우 중요하다는 것을 강하게 나타내 주고 있다. Toll에게 있어서 미술 작업은 자신에게 일어났던 공포스러운 경험들 밖의 세계를 밝은 색과 이미지로 표현할 수 있게 해 주는 비밀의 세계였던 것이다. 그녀는 그러한 이미지를 통해서 자기 안의 두려움, 고통, 그리고 제2차 세계 대전 동안 경험했던 몹시 두려운 사건들을 표현할 수 있었던 것이다. 그녀의 그림과 색채는 전쟁으로 인해 억눌린 환경, 안정된 생활, 희망과 환상의 장소, 그리고 몰

[그림 5-16]
학대가정에서 자란 8세 여아 Joanne이 그린 행복한 가정

인정한 행위와 인간애와의 연결 등을 아름답게 장식할 수 있는 방법이었다.

Toll의 그림과 이야기는 중요한 핵심을 남겼다. 즉, 미술이 각각의 아동들이 경험한 외상을 독특한 관점, 혹은 개인적인 방식으로 표현하게 한다는 점이다. 또한 그녀의 연구는 외상을 경험한 아동들 각각의 다양한 표현을 강조하고 있다. 위기나 고통의 거울로 대비되는 미술은, 공포나 다른 어떤 방법으로 표현하기 어려운 경험들에서 탈피할 수 있는 희망을 표현하는 하나의 방법이 될 수 있다.

가정 폭력, 학대 혹은 다른 위기들로 인해 외상을 경험한 아동들에게, 그림은 불가능하고 이룰 수 없는 그 무엇인가를 시각적이고 환상적인 세계로 나타낼 수 있게 해 준다. 가족으로부터 학대를 경험한 8세 여자아이인 Joanne은 좀처럼 경험해 보지 못했던 가정 분위기를 끊임없이 그렸다. 이 그림들은 종종 즐거운 장면을 담고 있었으며, 정원과 장난감이 있는 색색의 집들도 포함하였다([그림 5-16]).

그 소녀는 이 그림에 대해서 종종 자기 가족이 살아가는 데 충분한 야채가 자라는 등, 지금은 아니지만 자기가 간절히 바라는 미래의 가정을 안정적이고 양육적인 가정으로 설명하였다. 실제로, Joanne는 자주 우울해했고 자신과 자신의 남동생에게 학대를 행했던 어머니를 몹시 싫어하였다. Joanne의 삶은 자기 집에서 늘 불안과 폭력을 접하고 있었기 때문에 전쟁에서 살아남은 생존자와 같았다. 그림은 Joanne이 바라는 미래의 가족에 대한 긍정적인 세계를 표현하는 하나의 방법이었다.

미술 표현은 외상을 경험한 아동들에게 적합하다고 보여진다. 왜냐하면 그들이 경험한 외상에 대해 이야기하기 전에 시각적인 의사소통 방식으로 그들을 더 쉽게 이해할 수 있게 해 주기 때문이다(Malchiodi, 1990, 1997; Stronach-Buschel, 1990). 그러나 아동들은 자신이 경험한 외상과는 조금 다른 방식으로 표현하기도 한다. 비록 외상 혹은 위기에 대한 반응으로 일반인들은 체계적이고 만족스럽게 그림을 표현하지만, 아동들은 그들만의 개인적인 방식으로 그림을 표현한다. 예를 들어, 아동들은 자신들이 경험한 외상적 사건에 대한 두려움을 매우 자세하게 표현하기도 하고, 반면에 그러한 두려움을 가능한 한 적게 묘사하는 아동들도 있다.

미술 표현에서의 차이는 치료사가 조성하는 환경의 차이라고 할 수 있다. 즉 가족, 친구, 신뢰감 있는 치료사가 아동에게 충분히 자유롭고 안전하게 미술 표현을 하도록 지지해 줄 수 있다. 즉, 예술적 전달 능력을 가지고 있거나(예를 들어, 어떤 아동들은 다른 아동들이 가지고 있지 않는 천부적인 미술 능력을 가지고 있다), 발달적 가능성(어린아이의 연령이나 발달 수준을 고려해 볼 때) 등, 이러한 모든 것이 그림의 내용, 형식, 스타일에 영향을 미칠 수 있는 것이다. 외상의 종류와 기간도 미술 표현에 영향을 미칠 수 있다. 즉, 거대한 태풍 토네이도를 겪은 아동들과 가정 폭력이나 학대를 경험한 아동들의 표현에 있어서는 차이가 있다. 아동들에게 연필이나 크레파스를 이용해서 자신이 경험했던 외상을 기억하여 묘사하게 하는 작업은 매우 어려워서 아동들이 흔히 두려움이나 개인적인 안전이나 비밀, 혹은 부정적인 반응을 보여 자발적으로 그림을 그리기 시작하는 일은 매우 드물다는 것을 치료사들은 반드시 기억해 두는 것이 중요하다.

위기에 대한 개인적인 반응은 미술 표현의 내용에 영향을 미친다. 어떤 아동들은 외상 경험을 한 후 자신들이 원해서 혹은 이끌려서 그림을 그리기도 하지만, 신체적 혹은 성적 학대를 경험한 아동들은 자신들이 경험했던 일을 묘사하는 것이 아주 위험하다고 느낄 수도 있다. 이러한 아동들은 공포, 폭력 혹은 외상과 관련된 주제를 그리지 않을 수도 있고, 언어보다는 은유적인 표현으로 나타낼 수도 있으며, 정서적인 내용을 전혀 그리지 않을 수도 있다.

하나의 사건으로 외상을 경험한 아동들은 미술을 통해 보다 쉽게 표현할 수 있지만, 오랜 기간 동안 외상을 경험한 아동들은 자신을 자유롭게 표현하는 것을 어려워하기도 한다. 또 오랜 기간 동안 외상을 경험한 아동들은 미술 등 어떠한 표현 방법으로도 안전하다고 느끼기 어려우며, 그들은 치료사와 치료적 환경에 신뢰감을 형성하는 데도 오랜 시간이 걸릴 수 있다.

외상 경험을 일시적으로 잊었거나 혼란스러워하고 있을 때 미술 표현은 확인의 일부로 사용될 수도 있다. 외상을 경험할 때, 아동은 감정이 무너지고 세상이 산산조각난 것처럼 느껴질 수 있다. 외상은 비교적 안전한 시기와, 걱정이나 두려움, 불안한 시기, 외상을 경험한 것과 관련된 일을 구분짓는 경계선이 된다.

일반적으로 대부분의 아동들은 고통스런 사건을 경험했음에도 불구하고, 미술 창작 활동을 통해서 즐거움을 찾을 수 있다. 치료 시에는 외상을 지니고 있는 아동들의 그림을 이해하는 것이 무엇보다 중요하다.

아동학대와 가정 및 사회 폭력에 대한 노출

많은 치료사들이 폭력으로 정신적 외상을 겪고 있는 아동들의 그림 표현은 아주 생생하게 잘 드러나며, 가정폭력이나 학대를 상세하게 그릴 것으로 기대한다. 그러나 이미 보여졌듯이, 많은 경우 아동들은 그러한 사건을 자발적으로 그리지는 않으며 대부분의 아동들이 그림의 구조적인 요소나 선의 질, 내용에 있어서 오히려 상세성이 빈약하다. 사용하는 색도 곧잘 제한되어 있는데, 아동들은 대부분 그림에 검정이나 빨강을 주로 사용한다(Malchiodi, 1990, 1997). 폭력이나 학대로 인하여 정신적 외상을 가진 아동들은 그림을 순식간에 그리며, 상세하게 그리려고 몰두하는 경우가 거의 없고, 모습을 통합되게 그리는 것도 서툴다. 그들의 미술 표현은 흔히 단순하며, 유사한 모습으로 정형화된 만화나 난화형태로 표현된다(Terr, 1981, 1990; Malchiodi, 1990, 1997).

이렇게 내용이나, 상세성, 색의 빈약성은 몇 가지 이유에서 그리 놀랄 만한 것이 아니다. 첫째, 가정폭력이나 거리폭력 등 다른 학대적인 상황에 노출되어 온 아동들은 위축되거나 두려움이 있고, 아니면 그들 주변의 생활과 관련지어 생각하지 못할 수도 있다. 아동이 심리적으로 지쳐 있을 때에는 흔히 표현의 건전성(robustness)에 영향을 준다. 즉, 간단히 말하면 아동들은 복잡하고 지쳐버린 일련의 외상적 사건을 종이 위에 표현할 내적 자원을 가지고 있지 않다. 그러한 사건의 희생으로 우울을 겪게 되는데, 미술이 아무리 재미있고 동기부여적인 활동이라 하여도 아동들은 미술 표현에 대한 에너지나 인내가 거의 없으며, 위축되고 자신들의 감정을 공유하는 것에 대한 관심이 없다. 아동들은 자기 자신들의 표현능력과 동떨어진 분리된 감정을 느낄 수도 있고, 어떤 경우에는 특히 자신들의 외상과 직접적으로 관련이 있는 주제에 대해 그림을 그려달라고 요구하면 자발적인 표현에 더 방어적인 태도를 보일 수도 있다. 예를 들어서, 가족 그림을 그려달라고 요구했을 때, 가족으로부터 학대를 받아왔거나 가족상황에 대해 방어적인 감정을 가진 대부분의 아동들은 그 요구에 응하지 않기도 하고, 요구에 응하기는 하되 간단하거나 정형화된 그림을 그린다. 그들은 치료사와의 치료적인 관계에서도 위협적이거나 안전하지 못하다고 느낄 수 있으며, 가족 비밀을 폭로한다거나 가해자와 약속했을 무언가를 드러낸다는 것을 두려워하기도 한다.

극단적인 사회적 폭력을 드러내는 아동들 역시 행동이나 미술 표현 모두에 있어서 외상의 결과를 보인다. Tibbetts(1989)는 북아일랜드 아동들에 대한 자신의 연구에서, 아동들의 표현을 돕기 위해, 그리고 외상적 폭력을 다루는 과정을 시작하기 위해 그림을 사용했다. Tibbetts은 간단하면서도 지지적으로 아동의 외상 경험에 대해 이야기하는 것으로 시작했는데, 아동들에게 그리고 싶은 그

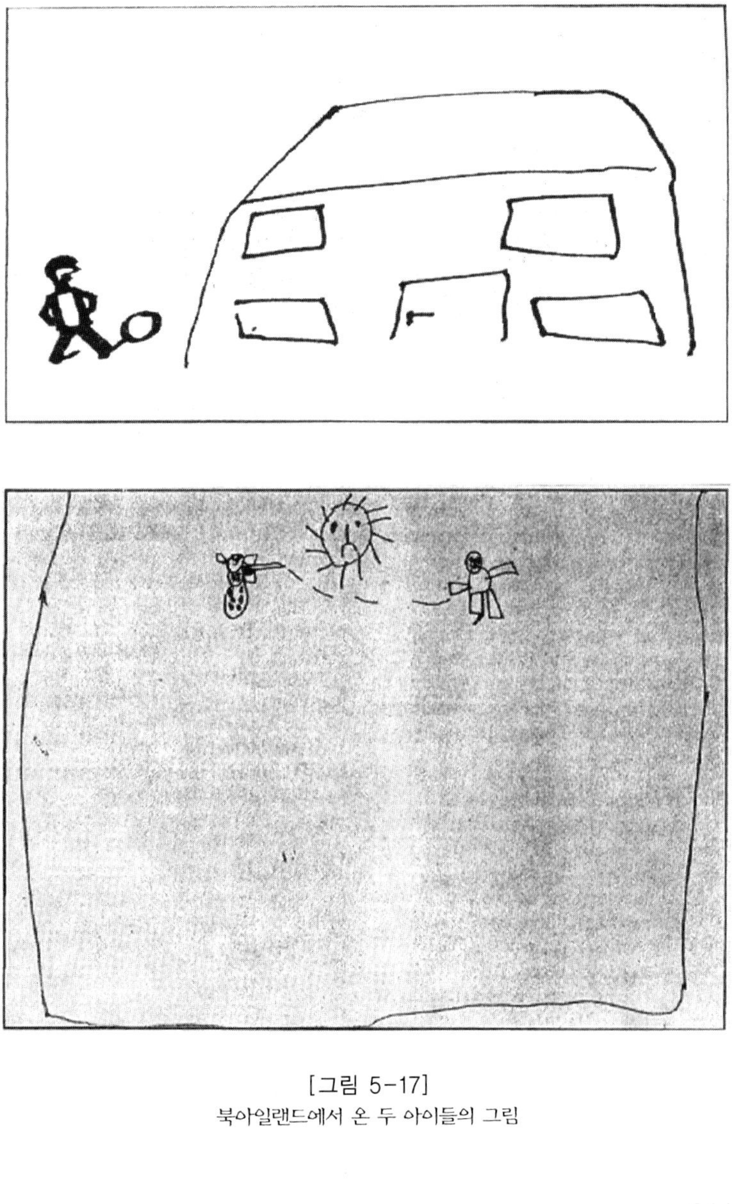

[그림 5-17]
북아일랜드에서 온 두 아이들의 그림

림을 그리거나, 자기 그림에 대해서 이야기를 만들도록 요구했다. 아동들이 자신들의 외상과 관련된 그림을 그리라고 특별히 요구하지 않아도, 대부분의 아동들은 자신의 외상 사건을 그리거나 그와 관련된 그림을 그렸다([그림 5-17]).

Tibbetts의 연구에서 아동들은 일반적으로 자신들의 외상이나 감정, 또는 인상을 최소한 세부적으로 그렸으며, 압축시켜서(즉, 외상 사건을 너무 많이 강조하려고 배경을 생략했다든지) 그리는가 하면, 배경과 실제 사건을 통합시키지 못했다. Tibbetts(1989)는 "그림을 그린 후 인터뷰를 하는 동안 대부분의 아동들이 지루해하였으며, 일반적으로 우울한 감정을 보여서, 외상 사건에 대한 자신들의 감정을 그려달라는 면접자들의 시도가 실제로 저지되었다."(p. 94)라고 하였다. 그는 이러한 아동들은 폭력을 부추기고 끊임없이 되풀

[그림 5-18]
미로 같은 반복된 선을 그린 6세의 신체적으로 학대받은 남아의 그림

이되는 외상과 불안을 조장하는 환경에 종속되기 쉬운데, 아마도 이것이 이런 아동들이 극단적인 폭력에 노출되지 않은 아동들보다 감정을 공유하거나 표현하는 데 더 어려움을 느끼는 이유가 될 것이라고 지적했다.

반복(repetition)은 학대를 경험했거나 폭력행위를 보아 온 폭력가정 아동들의 그림의 구조적 요소와 그리는 행동 모두에서 보여지는 것 같다. 아동들은 자신이 경험한 외상과 관련된 그림과 구출에 대한 주제(경찰이나 소방관이 등장하는)를 반복해서 그리기도 하고, 혹은 폭력이나 파괴적인 행동(공격자 또는 가해자를 겨누는)을 그림이나 놀이를 통해 나타내기도 한다. 예를 들어서, 6세의 어느 남자아이는 아버지로부터 신체적으로 학대를 받은 장소인 자기 집을 반복적으로 그렸다. 그 그림에 대한 소년의 이야기는 항상 똑같았다. 즉, 자기 아버지가 집안에 있는데, 불이 나서 폭발하거나 다른 피하기 어려운 재해로 죽을 것이라는 내용이었다. 그 그림은 학대하는 아버지를 파괴하는 이야기와 함께 미로같이 그려진 선 때문에 잘 알아볼 수 없었다([그림 5-18]).

7세의 장애를 가진 남자아이는 1992년 로스앤젤레스 폭동을 겪었는데, '나쁜 사람'이 자기 집에 불을 질렀다고 울음을 터뜨리면서 그림을 그렸고, 여러 가지 색을 반복해서 칠했다([그림 5-19]).

이러한 반복은 계속해서 반복적인 이미지를 표현함으로써 아동에게 외상을 극복하는 상징적인 힘을 심어 주어 치유 과정에 도움을 줄 수 있다. 이야기가 반복될 수도 있지만, 아동들은 또한 종이에 간단한 이미지나 모양을 반복해서 그리기도 하고, 아니면 반복적인 표시(mark-making)를 하거나, 연필이나 크레용을 가지고 스타카토식으로 딱딱 끊어서 표현하기도 한다.

[그림 5-19]
'나쁜 사람'이 자기 집에 불을 질렀다고 울음을 터뜨리면서
자기 자신을 그린, 장애를 가진 7세 남아의 그림

외상, 특히 학대나 폭력을 겪는 아동들을 다루는 치료사들이 흔히 궁금하게 여기는 구조적인 그림의 특징 중 하나는 아동들의 그림에 나타난 지나친 음영 표현이 무엇을 의미하는가다. 많은 투사 그림 문헌에서 그림에 표현된 지나친 음영은 불안과 관련이 있다고 한다(Hammer, 1958; Machover, 1949). 분명히, 그림에 음영을 강하게 넣는 것은 아동에게 약간의 에너지를 필요로 하며, 지나친 음영은 외상을 겪은 아동들의 그림 특성으로 알려져 왔다. 예를 들어, Epperson(1990)은 폭력에 노출된 아동에 대한 연구를 통해 음영을 표현하는 경향이 있다는 것을 발견했는데 통계적으로 의미 있는 수준은 아니었다. 그러나 음영은 정신병리나 불안을 알려 주는 지침이라기보다는 다른 심리학적 목적에 도움을 줄 수 있다. 예를 들면, 어떤 아동들은 단순히 그림 전체를 음영으로 채우는 것을

좋아하는가 하면, 종이 전체에 색칠하는 것을 즐기거나 종이 전체를 색으로 다 채우라는 미술 시간에 들었던 선생님의 조언을 기억하는 것일 수도 있다. 외상을 겪은 어떤 아동들은 자신의 그림에 음영을 넣을 곳을 찾는 것에 편안해하는 것 같기도 하고 때로는 최면에 걸린 것처럼 음영을 넣기도 한다. 지나친 음영은 흔히 반복적으로 공간을 채움으로써 자기 스스로를 달래는(self-soothing) 기능을 하며, 왜 반복적인 행위가 외상을 경험한 아동들의 미술과 놀이 활동에서 흔하게 나타나는가에 대한 하나의 근거가 될 수 있다 (Terr, 1990; Malchiodi, 1997).

여기서 중점적으로 다루어지는 부분은 아니지만 아동들은 직접 본 것이건 아니건 간에, 자기의 부모나 친척 또는 친한 친구의 죽음에 대한 외상을 경험한다. 이러한 유형의 외상은 폭력적인 가정의 아동들이나, 폭력이나 학대로 희생된 또는 큰 재해를 입은 아동들이 경험하는 것과 유사하다. Steele, Ginns-Gruenberg, 그리고 Lemerand(1995)는 사랑하는 사람을 잃은 아동들이 외상 후 스트레스 장애(PTSD)를 가진 아동들과 유사하게 우울이나 분노, 과도한 경계심, 깜짝깜짝 놀라는 반응, 공포, 건망증 등의 반응을 보인다고 하였다. 가족이나 중요한 타인, 또는 친구의 죽음으로 슬퍼하는 아동들과 접하게 되는 치료사는 이 장에서 언급된 몇 가지 특징들, 특히 반복적인 그림, 제한된 색의 사용, 슬픔에 대한 이야기와 그림, 고립, 절망감, 자기파괴 등을 볼 수 있을 것이다. 그러나 아동들마다 경험하고 표현하는 상실감은 다르며, 상실의 유형(예를 들면, 갑작스런 죽음이나 폭력으로 인한 죽음, 부모의 죽음, 친구의 죽음)뿐 아니라 발달적 요인들도 아동들의 그림 표현의 형식이나 내용에 영향을 준다는 것을 기억해야 한다.

성학대

가족이나 타인으로부터의 성학대 경험은 아동들에게 심한 정서적 영향을 미친다. 삶의 즐거움을 잃고, 애정이 결핍되어 있으며, 미래에 대한 협소한 시각, 신체적 불평, 반복된 학대에 대한 공포, 과도한 경계심, 불안, 위축, 주기적으로 일어나는 악몽, 인지적 수행 능력의 감소 등, 이 모든 것들이 성학대 받은 아동들에게서 보고된 행동들이다. 학대에 대해 뚜렷하게 떠오르는 장면들, 반복되는 생각들, 이탈과 마비, 어떤 경우에는 해리(Briere, 1992) 등의 방해 증상들이 다른 유형의 외상보다 성학대에서 더 현저히 나타나며, 더 오래 지속될 수도 있다. 또한 수치심이나 죄의식, 낙인감 등의 부가적인 감정을 가질 수도 있다.

성학대가 아동에게 미치는 심한 영향 때문에, 그리고 아동 피해자가 흔히 노출을 꺼리고 자신이 받은 학대에 대해서 이야기하기를 원하지 않기 때문에, 가능한 한 성학대 사실과 아동이 성학대를 어떻게 인식하고 있는지를 알려 주는 것으로써 그림의 구조적인 요소와 내용에 대해서 계속 조사되어 왔다. 성학대를 받은 아동들의 그림에서 많은 유사점과 주제들이 관찰되어 왔지만, 이를 쉽게 정의하거나 어떤 지침이 되는 목록으로 규정하지는 않는 것 같다. 이는 당연한 것으로, 각각의 아동마다 학대의 경험이 다르고 학대의 기간과 빈도에 따라서도 다르며, 아동의 연령이나 가해자, 경험한 성학대의 유형에 따라 모두 다르기 때문이다. 그러나 성적인 외상이 있을 것이라고 추측하거나, 더 나아가 아동을 위해 조사나 개입을 정당화할 수 있는 몇 가지 특징들이 있다.

가장 명백한 특징 중 하나는 아동들의 그림에서 강한 성적 주제나 이미지가 포함되어 있다는 점이다. 많은 저자들이 성학대로 추측할 수 있는 지침으로 생식기나 음부(private parts)가 표현된다고 하였다(Kelley, 1984, 1985; Yates, Buetler, & Crago, 1985; Hibbard, Roghmann, & Hoekelman, 1987; Faller, 1988; Malchiodi, 1990, 1997). 소아과 의사인 DiLeo(1973)은 수천 점의 아동그림을 분석했는데, 아동들은 자신들의 그림에 생식기를 그리는 것을 중요하게 여기지도 않으며 문화적인 금기로 생략하기도 한다는 것에 주목하면서, 행동장애와 생식기 표현은 연관성이 거의 없다는 인상을 받았다. Koppitz(1984)도 서구 문화권의 아동들은 생식기 표현을 별로 그리지 않으며, 그러한 표현은 정서적 문제를 가진 아동들에게서 더 많이 그려진다고 하였다.

성학대를 경험한 아동들의 그림에서 성적인 암시는 생식기의 표현이나 누드 모습의 사람 표현보다는 다른 방식으로 나타난다. 아동들은 사람 그림에서 지나치게 섹시한 드레스를 그리거나, 혀를 강조하여 그리고(Drachnik, 1994)([그림 5-20]), 지나친 화장 혹은 긴 속눈썹 등 유혹하는 듯한 모습을 묘사한다.

[그림 5-21]은 아버지로부터 성적으로 학대를 받아 엄마와 남동생과 함께 매맞는 아내들을 위한 쉼터에 오게 된 10세 여자아이가 연필로 그린 그림인데, 성적인 암시를 보여 주는 예다. 그 소녀의 그림은 글래머한 몸매와 깊은 가슴 골짜기 등 아주 섹시한 여성을 묘사한 것이다. 비록 이 그림을 그린 소녀가 유혹적이거나 부적절한 성적 행동을 보이지는 않았지만, 이 그림에서는 전형적으로 그러한 특징들을 볼 수 있다. 그 소녀는 또한 자기 벌집으로 가는 아주 긴 '침'을 가진 벌 그림([그림 5-22])과 같이 '남근'으로 보이는 것

[그림 5-20]
성학대를 받은 8세 여아의 혀를 강조한 그림

[그림 5-21]
성학대를 받은 10세 여아의 그림

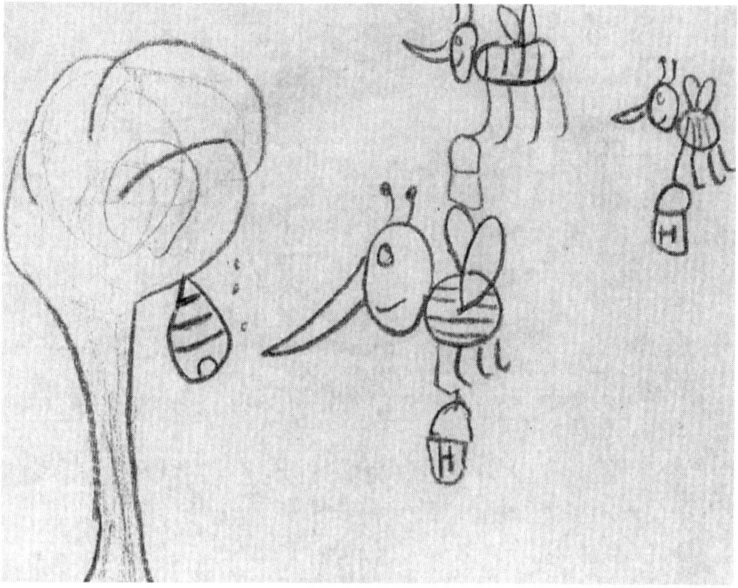

[그림 5-22]
'내 엉덩이를 아프게 한' 침과 벌을 그린 10세 여아의 그림

을 그리고 그 벌의 침을 '자기의 엉덩이를 아프게 한' 것과 동일시하였다.

아동들의 그림에 표현된 성적인 암시가 아동 자신이 받은 성학대 사실을 알려주는 것이 아닐 수도 있다는 논쟁이 있을 수 있다. 어느 정도까지는, 아동들 자신이 가진 성적인 본능으로 그런 이미지를 표현할 수도 있다. 예를 들면, [그림 5-23]은 6세의 남자아이가 그린 그림인데, 가슴에 사람 얼굴을 표현하였다. 이는 성적인 암시이며, 학대를 의심해 볼 수 있었다. 그러나 이 남자아이는 성학대를 당한 것이 아니라 오히려, 새로 태어난 남동생에게 수유하고 있는 어머니의 모습에 끌린 것이었다. 여성의 가슴에 대한 매료와 양육과 모성에 대한 관심으로 이러한 그림을 그리게 된 것이다.

[그림 5-23]
6세 남아의 가슴에 얼굴형태를 그린 그림

DiLeo(1973)는 남자의 생식기가 그려진 그림은 그 아동이 최근에 성기 부위에 수술을 받았음(포경수술이나 탈장수술)을 나타낼 수도 있다고 말했다. 포경수술과 같은 신체에 대한 외상이 성기에 대한 관심을 일으켜서 아동들은 그림을 그릴 때 그 부분을 강조할 수도 있다는 것이다. 현대사회의 변화가 아동이 일찍 성적인 특징이 담긴 그림을 그리게 하는지도 모른다. TV를 통해서 성적인 내용이나 주제를 많이 접하면서 아동이 미술을 통해서 그러한 것을 그리

[그림 5-24]
성학대를 받은 8세 여아의 신체를 그리지 않고 얼굴만 그린 그림

는 데 영향을 줄 수도 있다(제6장 참고). TV 프로그램이 미술 표현에 영향을 준다는 것이 억측일 수도 있지만, TV나 비디오, 영화에서의 성적인 내용들이 현저히 나타나고 있으며 이러한 영향을 완전히 배제할 수는 없다.

불완전한 신체상은 성학대를 받은 아동들의 사람 그림에서 보여지는 또 다른 특징으로 알려져 왔다(Kelley, 1984; Cohen & Phelps, 1985; Malchiodi, 1997). 사람을 그려 보라고 요구하거나, 아동이 자발적으로 사람 그림을 그릴 때, 성적 학대를 받은 아동들은 머리만 그린다거나([그림 5-24]), 신체의 상반신만([그림 5-25]) 그리기도 한다. 후자의 형태는 사람이 창문 안에 있거나, 자동차 같은 어떤 물체에 가려져서 신체의 하반신이 보이지 않는 경우도 있다. Kelley(1984)는 또한 성학대당한 아동은 상반신을 더 강조하는 그

[그림 5-25]
성학대를 받은 9세 여아의 상반신만 그린 그림

림을 그린다고 하였다. 이렇게 강조하는 것은 얼굴과 상반신의 옷은 자세히 그리는 반면, 신체의 하반신은 거의 그리지 않는다.

성학대받은 아동이 그린 그림에는 어느 정도 신체 각 부분에 대해서 혼란을 보이기도 한다. 사람 그림에서 잘 이어지지 않게 그리는 발달적 퇴행이 보일 수도 있고, 모순적인 형태로, 다시 말해서 어떤 특별한 특징이라고 말하기 어려운 모습을 그릴 수도 있다. 성적으로 학대를 받은 어떤 아동들은 신체상이 자신이 경험한 외상으로 인한 민감한 주제이기 때문에 사람을 그린다는 것을 어려워

[그림 5-26]
6세 남아의 자기상(self-image)을 나타낸 난화

할 수도 있다. 또한 사람을 그려 보라고 했을 때 혼란한 모습으로 그리는 등 어떤 퇴행적인 행동을 일으킬 수도 있다. [그림 5-26]은 6세의 남자아이가 그린 자기상인데 전혀 사람의 모습으로는 보이지 않고 단순한 근감각적 움직임에 더 가깝다. 그 소년은 어머니로부터 성학대를 받았으며, 자신의 모습을 '피로 범벅이 된'이라고 묘사하였다. 이 아동이 그린 다른 그림들은 이 그림보다는 형태가

[그림 5-27]
오랫동안 성학대를 받았던 12세 여아가 그린 자기상(self-image)
'동굴 속의 여인'

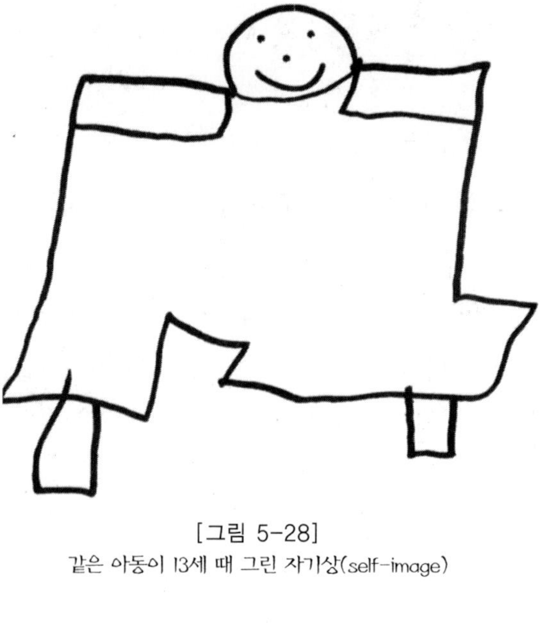

[그림 5-28]
같은 아동이 13세 때 그린 자기상(self-image)

갖추어지고 연령에 적합한 표현이고 더 알아보기가 쉬워 불안과 통제력 상실을 보여 주는 것 같았다.

6세 이후로 어머니와 어머니의 많은 '남자친구들'로부터 계속해서 성학대를 받아 온 13세의 여자아이는 신체의 각 부분들을 알아보기 힘든 그림을 자주 그렸다. [그림 5-27]은 그 여자아이가 12세 때 그린 그림인데, '동굴 속의 여인(cavewoman)'이라는 제목을 붙였다. 그 아동은 몸통의 일부분은 없고, 오른팔은 축소해서 그렸다. 신체의 왜곡뿐 아니라 눈동자가 없는 눈, 경직된 몸의 선, 실처럼 엉켜 있는 발 등 표현된 정서가 불안정하였다. 두 번째 사람 그림은([그림 5-28])은 이 여자아이가 13세 때 그린 그림으로, 상당한 발달적 퇴행과 왜곡을 보이고 있다. 팔이 어깨에서 직선으로 바로 연결되어 있다든지, 신체를 아무렇게나 쓱쓱 그린 것이라든지 뭐라고 말하기가 어렵다. 그 여자아이에게 그림에 대해서 설명해 달라고 했더니, 그 아동은 거의 말을 하지 않았으며 자기 그림에 대해서 잘 알지 못했다. 그 아동의 경우, 외상을 치유하거나 극복하지 못한 채 수년간 성학대를 받아 심각하게 장애를 겪어 해리현상을 보이는 것이 아닌가 추측해 볼 수 있다.

그림에서 특정한 형태의 혼란은 초기 아동기 때부터 상습적으로 학대받아 온 아동들에게서 나타나는데, 이는 심각한 인격장애를 보이는 것이다. 장기간의 외상은 미술 표현의 내용이나 형태뿐 아니라 사고체계까지도 기대 이상으로 변화시킨다.

성학대와 관련된 또 다른 특징으로는 하트 모양의 이미지를 포함해서 그림 형식의 발달적 퇴행, 자기비하적(self-deprecation), 자기혐오(self-hate)적인 표현 등이 있다(Cohen & Phelps, 1985; Malchiodi, 1997). 성학대와 관련된 이러한 특징과 주제가 보여져도, 그것이 성학대를 받은 아동들의 그림에서만 나타나는 것이 아닐 수도 있다. 그러나 성학대의 심각성과 많은 아동들이 성학대 사실을 잘 말하지 않을 수 있다는 가능성 때문에 그림에서의 시각적 단서, 특히 앞에서 언급한 내용들을 고려하는 것이 중요하다.

해리장애(disassociation disorder)

성학대와 같은 심한 외상은 아동과 성인 모두에게 정체감 해리장애(DID)의 근원이 된다. 해리 증상에는 특히 스트레스를 받는 동안 백일몽이나 공간 이탈(spacing out)의 형태로 직접적인 접촉 환경에서 벗어나는 것, 정서적 마비, 학대에 대한 기억상실, 그리고 다중인격 등이 포함된다. 이러한 행동들을 통해 정서적 고통과 외상을 약화시킴으로써 아동과 성인 모두를 세상에서 기능하게 해 준다고 생각된다.

전통적으로 아동에게서 보이는 해리 현상을 평가하는 것은 어려웠다. 왜냐하면 해리를 나타내는 것이 어느 정도의 가상 친구를 만들어 내고 환상적인 신념과 이야기를 자유롭게 구사하는 특히 5~6세 아동들에게는 발달적으로 정상이기 때문이다. 정상적인 해리 행동은 아동이 성숙해 가고 현실과 상상을 분리하는 것을 학습해 감에 따라 11세가 되면 줄어든다. 최근에 아동에게 나타나는 해리에 대해 상당한 관심이 집중되고 있고(Putnam, Guroff, Silberman, Barban, & Post, 1986; Putnam, 1989), 외상에 대해 연구하는 많은 임상가들이 해리 행동이 성학대를 당한 많은 아동들에게서 보여진다는 사실에 동의하고 있다.

미술 표현에서 해리 현상을 보인다고 추측되는 가능한 그림 특징 중 몇 가지는 성학대의 일반적 지표로 언급되어 왔다. 예를 들면, 예술적 퇴행(artistic regression, 예를 들면, 그림이 다른 발달 수준에서 보이는 경우처럼)은 아동이 해리 상태를 왔다갔다하고 있다는 것을 알려 주는 것이기도 하다. 정체감 해리장애를 보이는 성인들에게 이러한 미술 표현의 발달 수준 간의 이동은 다양한 상태(즉, 성격)에 대한 신호가 되기도 한다(Cohen & Cox, 1995).

성학대를 경험한 아동은 고통스런 감정과 기억들이 의식에 갇히게 됨으로써 시간이 지나면서 점차 좀 더 두드러진 다중 인격을 발달시키기도 한다. 이러한 현상이 좀 더 연령이 높은 아동들에게는 특히 미술 표현의 발달 수준이 자주 변할 때, 그리고 그림의 이미지에 대한 형태 변화가 자주 보일 때 더 명백해질 수 있다. 성인보다 아동에게 나타나는 예술적 퇴행의 의미를 사정하는 것이 더 어렵다는 것을 기억하는 것은 중요하다. 왜냐하면 이미 언급한 바와 같이, 종종 미술 표현의 발달 수준이 자주 변하고, 그림에서 자주 퇴행이 발견될 것이다. 그러나 아동의 그림에 나타나는 발달 수준 간의 퇴행이나 이동은 주목할 만한 가치가 있으며 더욱 고려되어야 할 특징이다.

상당히 심한 해리 행동을 보이는 아동들은 미술을 통해 '자기 위로'를 한다. 흔히 그림에 반복적인 선이나 표시, 점을 사용하고, 물감의 색을 혼합하고 반복적으로 진흙으로 거칠게 만들거나 다른 어떤 것을 만든다(Sobol & Cox, 1992; Malchiodi, 1994). 치료사들은 또한 아동들이 자신들의 시야에서 '멀리 떨어져' 있기도 하고 마치 자신들이 없는 것처럼 한다는 것에 주목할지도 모른다. 창조적인 활동을 하는 동안, 해리 행동을 보이는 아동들은 의식을 이동시키는 것처럼 보이기도 하고 자신들의 환경을 인식하지 못하는데, 아마도 밀려드는 기억이나 감정으로부터 회피하려는 시도에서 그러는 것 같다. 그러나 종종 이것이 정말로 해리의 기능인지, 아니면 아동을 괴롭게 만들거나 불안하게 만든 세상으로부터 회피하려는 수단을 미술 작업 과정이 제공해 주는 것인지에 대해 판단하기는 어렵다.

미술 활동은 흔히 현실에서 뒤로 물러날 수 있게 해 준다. 그리고 창조 과정에 성인이나 아동이 열중할 때 그 사람은 주변 세상과의 모든 접촉을 잃은 것처럼 보여질 수도 있다.

성인들의 그림에서 보여지는 정체감 해리장애의 표현은 10가지 분류 목록에 이르는 다중 인격을 나타내는 그래픽 특징으로 보다 포괄적으로 연구되어 왔다(Cohen & Cox, 1995). 미술 표현에 나타나는 아동기 해리 증상에 대한 좀 더 유용한 결정적인 정보가 있기까지, 치료사들은 아동의 그림에 나타날 수 있는 정체감 해리장애의 특징들에 대한 더 많은 정보들을 성인의 미술 표현에 유용할 만한 책에서 언급하고 있다.

재난 경험

재해는 분명 아동을 포함한 모든 사람들에게 외상을 주는 사건이다. 그러나 아동들 저마다 재해 유형과 아동, 가족, 가정에 미친 결과에 따라 그 사건을 서로 다르게 경험한다. 자연재해를 입은 아동은 화재가 난 건물을 목격하거나 자기 집이 파괴되는 것을 보거나, 혹은 사람들의 손발이 절단되거나 죽는 것을 보거나, 부모, 형제, 가족구성원, 동물 혹은 친구를 잃는 여러 경험을 가질 수 있다. 특히 그 사건 때문에 만약 누군가가 사랑하는 사람, 가장 사랑하는 애완동물, 집 등을 잃어버리게 되면 대단히 큰 상실감을 경험하게 된다. 아동들은 또한 미래, 특히 자기 자신이나 가족의 안전에 대해 관심을 가진다. 때로는, 자기를 구조해 주지 않거나 보호해 주기 위해 제 시간에 도착하지 못한 부모나 양육자에게 화가 나거나 실망하기도 한다.

각각의 아동들이 그 재해에 어떻게 반응하며, 자기 혹은 가족, 집, 이웃에 미친 영향, 그리고 외상과 상실에 대한 과거 경험이 어떠한가에 따라 아동그림의 내용과 스타일이 다양하게 나타난다. 특히 과거의 상실감과 외상이 영향을 미쳐 새로운 위기와 함께 다시 재발하기도 한다. 예를 들면, 가족을 몇 년 전에 잃은 외상적인 상실감이 현재 위기와 관련하여 자연스럽게 그림에 나타날 수도 있다.

자연의 재해가 아동에게 커다란 영향을 미친다는 것과 아동의 미술 표현에 장, 단기적으로 정서적 영향을 미친다는 사실에 대부분의 사람들이 동의한다. Herl(1992)은 1991년에 캔자스에서 안도버 토네이도를 겪은 아동들이 실제 사건이 있은 후 수 주 동안, 토네이도와 비슷한 그림을 계속 그렸고 어떤 아동들은 토네이도의 피해자를 도와주거나 토네이도와 싸우는 가상의 인물들을 그렸다는 사실에 주목했다. 어떤 학자들은 아동들이 사건이 일어난 후 오랫동안 자연재해로 인한 외상의 영향이 계속 진행되고 있음을 관찰했다. 1994년에 로스앤젤레스 지진을 경험한 아동에 대한 연구에서도, Roje(1995)는 심지어 몇 달 후까지도 아동들이 가끔 자신들의 좌절감을 치료자에게 쏟아내듯이 부정적인 심상, 즉 상어,

[그림 5-29]
Los Angeles 지진 후 집안에 큰 금이 있는 그림을 그린 7세 남아의 집 그림

뱀, 총과 같은 것들을 그림으로써 치료 종결시기에 계속 지지해달라는 욕구를 표현했다는 사실에 주목했다. 이전에 외상경험이 있는 아동들의 그림은 심각하거나 혹독한 외상을 경험하지 않은 아동의 그림보다 정서적 고통의 징후가 더 오래 지속되기도 한다.

아동들은 몇 가지 방법으로 대재해 사건에 대한 자신의 경험을 표현하기 위해 그림을 이용한다. 어떤 아동에게는 그림이 단순히 당황하게 만든 그 상황에 대한 상징적인 통제감을 제공해 주기도 하고, 어떤 아동에게는 대재해 사건으로부터 내적인 안정감과 안전을 확보시켜 주는 하나의 방법이 될 수 있다. 아동들은 또한 창조적인 활동을 통해서 자신들의 집과 가족을 보호하려고 노력하기도 하며, 자신들이 경험한 자연재해의 위험성뿐 아니라 그 상황을 대처하기 위한 상상적인 방법을 반영하는 그림을 표현하기도 한다.

7세 남자 아이가 어떤 충격 후에 집의 벽이 파괴되지 않을 정도로 충분히 강한지 두려워하면서 벽에 큰 금이 가 있는 자기 집을 조심스럽게 그렸는데([그림 5-29]), 소년이 신중하게 그린 집 그림은 자기 집이 파괴되는 것에 직면했을 때 그림을 통해 그것을 조절할 수 있다는 것을 제시하고 있다(Roje, 1995). 어떤 아동들은 자연재해를 경험한 후 그림 그리는 것을 거부하기도 한다. 그리고 외상 때문에 정서적으로 무감각해지기도 한다. Roje(1995)는 1994년 로스앤젤레스 지진을 경험한 일부 아동들이 자기들은 놀라지 않았다고 말하면서 그 경험에 대해 말하거나 그림 그리는 것이 줄어들었다는 사실에 주목하였다. 이 아동들은 외상경험에 대한 기억에서 달아나기 위해 재해 이전에 묘사했던 즐거운 그림을 그리거나 가장 좋아하고 친숙한 게임을 선택했다.

아동들의 그림은 이전의 발달 수준으로 퇴행하기도 한다. 예를 들면, 7세 아동은 발달적으로 적합한 그림을 그리기보다는 도식단계(Kramer가 소위 전조 활동이라고 일컬었던)로 가거나, 낙서를 하면서 좀 더 편안함을 느끼기도 한다. 폭력이나 학대로 외상을 입은 아동들과 마찬가지로, 대재해 사건을 경험한 아동들도 반복적인 패턴을 사용하거나 조절능력을 확립하기 위해 그림을 반복해서 그린다. 예를 들면, 1994년 로스앤젤레스 지진을 겪은 5세 남자아이는 심지어 다른 그림을 그리도록 요구했는데도 [그림 5-30]과 같이 똑같은 패턴의 선과 원을 계속 그렸다. 익숙한 패턴을 반복하는 것은 어떤 아동들에게는 더 안전감을 느낄 수 있게 해 주는 반면, 어떤 아동들에게는 위기에 대한 단순한 반응행동이기도 하다.

이미 언급했듯이, 자연재해를 경험한 아동들을 포함하여 외상 경험은 아동의 색 선택에 영향을 미칠 수도 있다. 1988년 Armenian 지진에 대한 반응으로 Gregorian, Azarian, DeMaria, 그리고

[그림 5-30]
4세 소년이 모양과 선을 반복적으로 그린 그림

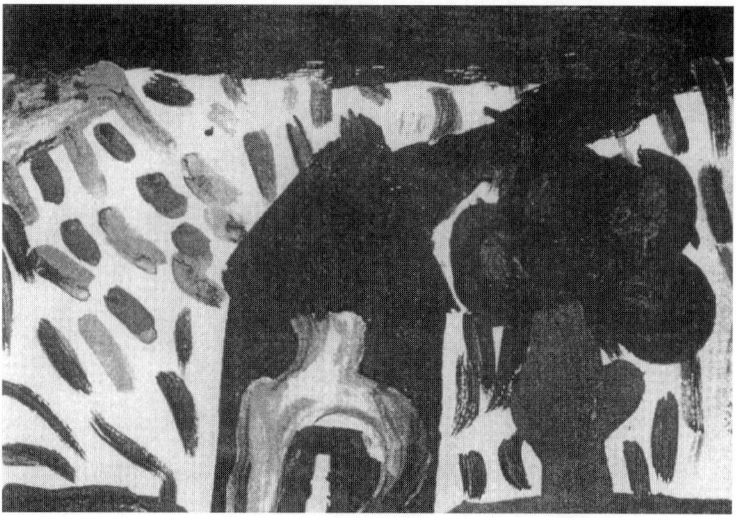

[그림 5-31]
Armenian 지진 후 그린 아동 그림. "재해의 색: '검은 태양'의 심리"

Macdonald(1996)는 그 사건으로 외상을 입은 아동들의 그림이 '색 선택에 있어 매우 억제되어 있다'는 사실에 주목하였다(p. 2). 대부분의 아동들은 2~3가지 색(검은색이나 빨간색이 압도적)만 사용하였고, 색을 혼합하여 사용하지 않았고, 미술 표현의 배경으로 흰색 종이만을 선호하였다([그림 5-31]).

아동이 미술치료실에 들어오기 전에 치료사가 검은색 마커와 검은색 크레파스, 검은색 수채화 물감, 연필을 치웠더니, 그 아동들은 검은색을 돌려줄 때까지 그리는 것을 거부했다. 치료사는 외상을 입은 아동들이 특별한 색을 선호하고(이 경우는 검은색), 그러한 제한된 색 사용을 통해 아동들은 세상에 대한 자신들의 심리적 고통, 즉 불안, 무력감, 고독감, 슬픔, 위협당하는 느낌, 취약감, 두려움, 심지어는 공포와 절망감 등을 표현할 수 있다는 가설을 세웠다.

그러한 재해의 아동 생존자와 상담하는 치료사들은 아동의 미술

[그림 5-32]
Armenian 지진 후 아동이 그린 검은 태양 그림

표현에서 검은색 태양 그림([그림 5-32]와 [그림 5-33])과 같이 검은색을 특이하게 사용한다는 것을 관찰했다. 비록 그 연구대상 유아 중 어떤 유아도 대재해를 나타내는 그림을 그리지는 않았지만, 검은색 태양 그림은 어둠, 죽음, 두려움, 공포, 우울, 절망감과 관련된다(Gregorian et al., 1996). 그러나 아동들이 겪은 압도적인 영향이 있어서 심한 우울, 두려움, 불안 그리고 외상 후 스트레스 장애의 증상들이 아동들의 미술 표현에서 그렇듯 강력한 이미지로 나타내는 것과 관련된다는 것은 분명하다.

역경을 극복하는 능력과 외상

성인들과 마찬가지로, 아동들도 각기 서로 다르게 외상적 상황에 반응한다. 어떤 아동들은 아주 크게 정서반응을 보이기도 하고, 어떤 아동은 위축되기도 하며, 또 어떤 아동은 외상 후 스트레스 장애(PTSD)를 장기간 겪기도 한다. 그러나 많은 아동들이 심각하게 상대방을 쇠약하게 만드는 상황에도 불구하고 자연스런 적응력과 회복력으로 빨리 치유되거나 되돌아온다. 그리고 어떤 아동들은 비록 우울해하고 두려워하기는 해도 좋아지고 회복되었다는 것을 보여 주는 대처기술과 성격기질을 발휘하기도 한다. 혼란이나 어려움, 문제의 징후를 찾을 때 치료사들은 아동들이 외상 사건을 다루고 극복하기 위해 자신들이 가지고 있는 힘, 기술, 능력 등을 그림으로 표현할 가능성이 있다는 것을 자주 간과한다.

역경을 극복하는 능력이란 우울, 불행, 질병, 혹은 기타 부정적인 상황에서 회복하려는 능력을 일컫는 용어다. 아동들에게 이 용

[그림 5-33]
Armenian 지진 후 아동이 그린 검은 태양 그림

어는 '비행, 행동문제, 심리적 부적응, 학업수행의 어려움, 신체적 합병증과 같은 부정적인 결과를 피하고 그런 위험을 극복하려는 확인 가능한 위험 요인에 노출된 사람들의 능력'으로 정의된다(Rak & Patterson, 1996, p. 368). 회복력이 있는 아동들은 삶을 계속해서 긍정적이고 의미 있는 것으로 보려는 능력이 있고 적극적으로 문제를 해결하며, 낙천주의적이고 적극적이며, 새로운 경험을 추구한다(Werner, 1992). 물론, 회복력은 가족, 친구, 생애 초기의 양육, 사회적 지지, 교사, 코치, 치료사와 같은 역할 모델과의 동일시 등을 통해 이루어질 수도 있다. 그러나 그것은 특히 어려운 상황이거나 외상적 상황에서 성장한 아동들에게는 자주 과소평가되는 특성이다.

불행히도, 그림이 아동에게 나타나는 회복력과 적응력 등 긍정적인 특성을 나타내 준다는 것에 대해서는 별로 많이 알려지지 않았다. 아동그림의 정서적 내용에 대한 대부분의 연구는 성장하는 아동의 잠재성보다는 오히려 잠재적 문제에 초점을 맞추고 있다. 회복력을 가진 아동들에 대한 저자의 임상 경험으로는, 아동들의 미술 표현에 회복력을 나타내는 어떤 특징이 있음을 알았다. 이 특징들 가운데 많은 것들은 쉽게 양적으로 측정할 수 없다. 그럼에도 불구하고, 그 특징들은 아동들이 자신뿐만 아니라 타인에 대한 긍정적인 관심, 삶에 대한 열정, 미래에 대한 희망적 견해 등을 나타내고 있는 것 같다. 예를 들면, 학대를 당해 왔거나 학대나 폭력가정에서 태어난 많은 아동들은 자신들의 학대 경험에도 불구하고 그림에서 적극적인 측면, 즉 외상에 대해 효율적으로 대처하고 의미를 찾으며 주변 환경에서 희망을 찾으려는 능력이 두드러진 그림들을 묘사하고 표현한다. 예를 들면, 학대 가정에서 자란 7세 남자아이에게 자화상을 그려달라고 요구했더니, "지금 당장은 우리 가족에게 매우 나쁜 일이지만 그것이 나와 누나에게 언젠가 더 나아지게 해 줄 것이다."라고 하면서 활짝 웃는 얼굴의 커다란 자화상을 그렸다([그림 5-34]).

이렇듯 희망을 품고 있는 만족스러운 모습의 자화상과 그의 언어 표현 모두 회복력을 보여 주는 중요한 단서가 되며, 외적 신념보다는 내적 신념, 자신의 삶에 대한 통제감을 나타내주고 있다. 학대 가정이나 폭력 가정에서 자란 아동들은 양육적이고 안정된 가족환경을 그린 Joanne의 그림([그림 5-16])처럼 긍정적인 가정생활에 대해 자신이 바라는 어떤 이미지를 통해 자신의 회복력을 표현하기도 한다.

어떤 아동들은 소극적이기보다는 활동적으로 자기를 자기 상황

[그림 5-34]
행복하고 만족스러워하는 7세 남아의 자화상

뿐만 아니라 다른 사람의 상황에 영향을 미치는 것들을 나타내는 그림을 그리기도 한다. Tibbetts(1989)는 북아일랜드에서 늘 폭력을 당하며 살아온 아동과의 상담에서 일부 아동들이 외상 감정을 해결하고 극복하려는 적극적인 시도를 나타내는 그림을 그린다는 사실에 주목하였다.

체코슬로바키아 테레진에 있는 나치 포로수용소에 보존되고 있는 아동들의 그림은 심하게 외상을 입은 아동들의 회복력을 보여주는 중요한 증거가 된다. 약 4,000점의 그림이 보관되어 있는데, 비록 이렇게 수집된 그림 중 많은 그림들이 포로수용소에서의 생활과 관련된 장면과 사건, 그리고 대학살을 묘사하고 있지만, 미를 표현하는 그림을 그리기도 했다. 즉, 원거리 풍경이나 상상으로 그린 풍경들, 동물, 새, 나비, 놀이, 이전의 가족과 가정생활에 대한 기억 등을 표현한 것이다. 이러한 그림들 중 일부는 미술교육의 일

환으로 수용소에서 교사에 의해 주제나 활동이 정해진 것도 있었다. 그러나 그러한 미술 표현의 대부분이 특별히 나치의 비인간성과 잔인성에 초점을 맞추고 있지는 않았다. 대신 희망과 믿음을 전하는 일상적인 사건과 인상을 기록하고 있다. 이 아동들의 미술 표현은 자기를 표현하고자 하는 욕구와 아주 비극적인 무서운 상황을 파악하고 있는 그들의 능력을 보여 주고 있다. Golomb(1990)이 주목한 바와 같이, 그 그림은 '희생자의 어떠한 흔적도 파괴해 버리려는 나찌에게 쌓인 불가항력적인 힘에 정면으로 도전하는 행위'를 나타내고 있다(p. 148).

어떻게 아동들이 미술 표현을 통해 긍정적인 자존감, 낙천주의, 희망, 적응력과 같은 정서적 특성과 긍정적인 성격을 보여 주는가를 알려 주는 창을 제공해 주는 것을 보여 주는 예는 거의 없다. 비록 치료사가 아동의 부정적이고 고통스러운 정서를 이해하기 위해 그림으로 표현하도록 유도한다 해도, 미술 표현 영역에 또 다른 제한이 있다는 사실을 인식해야 한다. 다행스럽게도, 고통스러운 개인적 경험과 생활에도 불구하고, 그림은 그들이 겪은 상실, 분노, 불안, 두려움과는 대조적으로 기쁨과 희망을 주는 방법이 되는 것 같다. 이러한 아동들은 자신들의 외상, 두려움 혹은 슬픔에 대해 반드시 방어하거나 거부하지는 않는다. 그들은 단순히 그림이 자신들에게 긍정적인 세계관을 창조하게 해 주고, 다른 가능성과 계획을 상상할 수 있게 해 주며, 의사소통할 수 있는 긍정적인 방법이라는 것을 알게 해 준다. 의심할 여지없이 미술과 그림은 말할 수 없는 고통과 힘든 감정을 담을 수 있게 해 준다. 그것들은 또한 즐거움과 안전감을 가져다주고, 적응하고 대처하게 해 주며, 당황스러운 상황에서 성장하기 위한 아동의 잠재 능력을 드러낼 수 있게 해 주는 활동이다. 이러한 미술 표현 자체가 아동의 회복력을 뒷받침해 주는 데 도움이 되고, 이는 그림을 단순히 정서적 상태를 반영하는 것만으로 간주하는 것보다는 훨씬 더 중요한 부분이 된다.

결 론

비록 아동들이 미술을 통해 자신들의 감정을 표현하여 고통스러운 감정이나 외상, 위기와 싸운다고 해도, 정서적인 내용은 발달적 영향과 상황을 포함하는 많은 요인들에 의해 영향을 받으며 여러 가지 형태를 띤다는 사실을 인식하는 것이 중요하다. 치료사들은 흔히 아동들에게 나타나는 문제나 정서적 어려움에 대한 징후, 스트레스의 영향을 찾으려 한다. 이것이 외상을 입거나 정서적으로 고통을 받고 있는 아동들을 상담하는 데 있어 중요한 부분인 반면, 아동들의 잠재력, 특히 치료 밖에서 아동이 잘 기능하도록 강화하는 정서적 힘이 있다는 것을 미술을 통해 발견할 수 있게 해 준다. 정서적인 건강에 초점을 둠으로써, 외상이나 위기, 고통의 이미지뿐만 아니라 건강, 복지, 정서적 일체감(wholeness)을 찾기 위한 노력으로 그림 등의 창조 활동을 통하여 자신을 표현하려는 아동의 욕구를 이해하려 하는 정신건강 전문가들에게 도움이 될 수 있다.

06 아동그림의 관계적 측면

'대인상호간의(interpersonal)'라는 용어는 사람과 사람 간의 상호작용이라고 할 수 있으며, 종종 집단역동과 가족과의 작업에 관련되는 표현이다. 관계 및 상호 간의 영향이라는 맥락에서 가족치료 분야에서 이러한 대인관계 측면이 특히 강조된다. 이러한 관점은 타인이나 환경과 분리된 사람들보다는 가족이나 중요한 타인, 지역사회, 사회를 포함하는 좀 더 넓은 체계 속에 관련되어 있는 사람들을 이해하려는 입장이다.

아동들은 부모나 형제, 친척, 친구들, 교사(치료사)와의 대인관계에 많은 영향을 받으며, 이러한 그들의 상호작용은 미술 표현에 반영이 된다. 이웃이나 학교, 지역사회에 대한 아동들의 이미지는 그들 자신에 대한 반영이라고 할 수도 있지만, 그것은 또한 아동들이 다른 사람들과 환경에 대해서 보고 느끼고 경험하고 생각하는 모든 것에 대한 이미지이기도 하다. 아동이 그린 그림의 대인관계적 측면이 그들의 창조작품에서 정서적인 내용의 일부분으로 일컬어져도, 이는 타인과의 관계에서 자기 자신을 어떻게 보고 있는가 하는 아동들의 시각을 반영해 주며, 또한 고려할 만한 가치가 있다.

이 장에는 아동들의 대인관계를 반영해 주는 세 가지 유형의 그림들이 설명되어 있다. 즉, 아동들의 가족에 대한 이해를 돕는 가족그림, 대인관계의 역동과 가정, 환경, 지역사회에 대해 아동들이 어떻게 인식하고 있는가를 이해하는 데 유용한 집그림, 그리고 아동이 성인조력자와 관계를 맺는 방식이라든가, 치료사를 어떻게 지각하는지 알아보고자 하는 치료사에 대한 그림이 있다. 성(sex)이 자기 지각뿐 아니라 타인과의 관계 속에서 자기 자신을 스스로 어떻게 보고 있는가를 반영해 주는 특징이 되기 때문에 성과 아동의 그림이라는 짧은 논의도 포함되어 있다.

아동의 가족화

가족그림은 아동들이 자신의 대인관계를 어떻게 보고 있는가를 알아볼 때 시작하는 필연적인 부분이다. 아동을 치료하는 데 그림을 사용하는 많은 정신건강 전문가들은 아동이 그림을 그려가는 과정뿐 아니라 가족화에서의 그림의 내용, 위치, 가족의 크기를 통해 가족역동에 대한 정보를 알려 준다고 믿었다(Burns & Kauf-man, 1972; Burns, 1982; Oster & Gould, 1987; Oster & Montgomery, 1996). 가족그림은 치료에 있어서 일반적으로 중요한 이슈인 가족의 상호작용을 이해할 수 있게 해 주기 때문에 아동 심리치료 분야에서 널리 알려진 평가방법이다.

가족그림은 아동을 치료할 때 치료적인 의사소통의 방법만이 아니라 평가의 일부로도 자주 사용되어져 왔다. 아동을 치료하는 전문가들은 평가의 일부로, 또는 가족생활을 아동이 어떻게 인식하고 있는가에 대한 부가적인 정보를 얻기 위한 수단으로 종종 아동에게 가족을 그려 보라고 하였다. 사회복지사나 보호서비스기관의 종사자들도 가족문제를 가지고 있거나, 가정폭력이나 아동학대로 의심되는 아동들에게 보통 가족그림을 그려 보라고 요구해 왔다. 전체적인 평가의 일부로 사용된 가족그림은 치료사로 하여금 아동들의 감정뿐 아니라, 아동이 자신들의 삶에서 중요한 사람과의 관계를 어떻게 지각하고 있고, 가족 내에서의 체계나 위계, 경계를 어떻게 보고 있는가에 대해 이해할 수 있게 해 주었다. 이러한 이유로 인하여, 아동의 가족그림은 가족상담 시 더 개입이 필요한가를 확인하는 데 도움이 될 수 있었다.

가족그림을 아동을 평가하는 일부로 사용하는 것은 새로운 것이 아니며, 이미 1930년대 초에 투사 그림 검사로 사용되었었다. 아동의 가족그림이 성격을 알 수 있게 해 준다고 처음으로 주장한 사람은 Appel(1931)과 Wolff(1942)였다. 그 후로는 Hulse(1952)가 정서적 장애가 있는 아동들의 수많은 가족그림을 모아서 연구하였다. Hulse의 연구는 아동의 가족그림의 단일한 특성보다는 전체적인 모습을 이해하는 데 초점을 두었다. 그는 아동들이 가족그림에 부모나 형제들에 대한 깊은 감정과 가정 내의 가족의 역동을 투사한다는 것을 알아냈다.

최근에는 아동이 그린 가족그림에서 특별한 표시와 상징이 있는가를 많이 강조하고 의미를 두고 있다. 많은 치료사들이 아동에게 "너희 가족을 그려 보아라."라고 요구하는데, 어떤 치료사들은 그림검사로 많이 사용되는 동적가족화(Kinetic Family Drawing: KFD)(Burns & Kaufman, 1972)를 사용하기도 한다. 아동에게 "너를 포함해서 너희 가족 모두가 무언가 하는 모습을 그려 보아라. 단, 가족 전체를 그리되 만화 같은 사람이나 막대기 같은 사람은 그리지 말아라. 가족 모두가 무언가 하는, 어떤 행동이라도 하는 것을 그려야 한다는 것을 기억해라."라고 요구하게 된다(Burns & Kaufman, 1972, p. 5).

지시 중에 '무언가 하는 것' 을 그리라는 것은 아동으로 하여금 가족들 간의 행위를 그리도록 하기 위해 강조되는 부분이다. 다른 투사그림에서처럼, 가족그림을 통해서 아동이 언어로 표현하는 것보다 더 쉽게 자기의 생각이나 감정, 지각(인식)을 표현할 수 있다.

아동의 관점에서 가족역동성을 파악하는 것과 더불어, KFD는 가족체계 내의 자기-발달(self-development)에 대한 시각적 기록이라고 생각된다. 특히 그림이 시간을 거쳐 모아졌을 경우에는 더욱 그렇다. 그러나 많은 투사 그림 검사처럼 KFD는 아동들의 가족그림에 나타나 있는 특징이나 표시, 상징을 해석하는 데 있어 타당성에 의문을 갖는 사람들이 있어 비판을 받아 오고 있다(Golomb, 1990). 가족그림에 많은 관심이 있어 왔지만, 얼마나 가족의 역동성이 드러나고 어떤 특징이 유의한 것인가에 대해서 말하기는 쉽지 않다.

치료사들은 아동의 가족그림을 보고 내용과 형식을 해석하려 하지만, 중요한 것은 어떤 해석이 옳은 것인가를 판단하는 데 있어서 이 책에 언급된 모든 내용을 고려하는 것이다. 왜냐하면 가족그림에는 사람 그림이 포함되는데, 아동이 다양한 각도에서 가족구성원들 간의 관계를 인식하여 어떤 가족구성원은 어떤 자리에 배치를 하고, 또는 경계선을 두어 인물을 분리하는 선을 사용하고, 어떤 가족구성원은 구분하고, 또 어떤 대상은 다른 것들로부터 둘러쌓여 있는 등 아동이 그린 그림에 대해서 많은 추측이 생겨났다. 아동이 가족구성원을 그린 위치나 경계선은 아동마다 의미하는 정도의 차이가 있어 뭐라고 정확히 말하기는 어렵지만 아동이 가족관계를 어떻게 인식하고 있는가에 대한 어떤 단서를 제공해 줄 수는 있다. 예를 들면, 어느 한 가족구성원을 다른 대상과 분리시키거나 둘러싸고 있는 형태로 그리는 것은 그 대상을 피하고 싶은 것으로 간주될 수 있으며(Burns & Kaufman, 1972), 이러한 특징은 안전에 대한 갈망이나 독립하고 싶어하는 마음으로 이해될 수 있다. 가족 내에서 부적절한 행위 또는 심한 신체적 학대나 성학대와 같은 학대행위가 일어나는 가정의 아동은 보호나 회피의 수단으로서 적절한 대처기술을 어떤 경계선을 그려 넣어 상징적인 의미를 나타내기도 한다. 또 어떤 경우에는 단순히 자기만의 '공간'이 필요하거나 그러한 공간을 원하는 것일 수도 있다.

아동들은 그들 고유의 방식으로 그림을 배치시키는 나름대로의 특별한 이유를 가지고 있다. 다양한 의미가 있을 수 있기 때문에, 치료사들은 더 많은 정보를 얻어내기 위해 아동이 그린 가족그림에 대해서 아동과 이야기를 나누고 싶어할 것이다.

아동에게 가족그림을 그리라고 요구할 때, 가족을 그리는 것이 그들이 원하는 것을 아무거나 그리게 하는 것보다는 대개 아동들이 좋아하는 주제는 아니라는 것을 알아두는 것도 중요하다. 다른 그림들과는 달리, 아동들의 경우에 저자의 경험으로는 대부분 아이들의 가족그림이 자발적으로 그려진 것은 아니었다. 즉, 아무거나 원하는 것을 그리게 했을 때 아동들은 가족을 그리지 않는 편이다. 단, 예외로 사람그림이 그림의 대부분을 차지하는 시기인 3단계(4~6세) 아동들은 자발적으로 가족그림을 그리는 경향이 있으며, 아동들은 그들 자신, 부모, 형제, 자신에게 중요한 타인들에 대한 이미지를 자연스럽게 그리게 된다. 학령기 아동들은(4, 5단계, 6세 이상) 자기 가족들을 즉흥적으로 그리지는 않으며, 이 아동들에게서 가족그림을 얻기 위해서는 대개 치료사가 특별히 요구해야 한다.

간단히 "너의 가족그림을 그려 보아라."라고 요구하면, 잘 적응하고 있거나 가족을 편안하게 느끼는 아동들은 대개 가족생활을 상세히 잘 포착해서 부모나 형제, 자기 자신의 독특한 특성들을 잘 드러내어 밝고 창의적으로 그림을 그린다. 7세의 Ian이 그린 가족화를 보면([그림 6-1]) 가족구성원 중에 자기를 제일 작게 표현했고, 그의 누이인 Emily, 엄마 Lori, 아빠 Fred, 개 Rudy를 그렸다. Ian은 옷과 색상 등 세부적인 것을 아주 꼼꼼하게 그렸고, 전등과 같이 다른 세부적인 것도 포함시켜 그리는 것을 좋아했다. Ian의 그림은 그의 연령에 비해 상당히 세련된 편이고, 아주 상세하게 그리기도 했지만 가족들의 크기나 개개의 특징들이 비교적 정확하게 표현되었다. 특히 같은 방향을 향하고 있는 발모양이 재미있다([그림 4-20]의 야구선수 그림과 [그림 6-17]의 배트맨 그림도 그렇다.).

잘 적응된 아동들과는 달리 많은 스트레스를 경험하고 있거나 가족문제로 고민하고 있는 아동들은 가족 그리기를 힘들어하거나 불안해 하기까지 한다. 아동들은 가족그림을 그리는 것이 불안하여 주저할 수도 있고 가족의 비밀을 그린다는 것에 두려워할 수도 있다. 사람 특히 가족을 그리는 것은 아동들의 삶에서 긍정적으로든, 부정적으로든 여러 이슈를 일으킨다. 저자가 가정폭력으로 정

[그림 6-1]
7세 Ian이 그린 가족화

신적 외상을 겪고 있는 아동을 대상으로 치료할 때 "너의 가족이 무언가 하는 그림을 그려 보아라."라고 하면 대개는 혼합된 결과를 보인다. 가족이 어떤 활동을 하고 있는 것으로 그리는 아동들이 있는가 하면, 많은 아동들이 가족을 일렬로 배열시켜 그림을 표현한다([그림 6-2]). 가족이 무언가를 하고 있는 것을 그리라고 요구하여도, 가정 폭력으로 정신적 외상을 겪고 있는 아동들은 가족그리기를 거부하거나 전혀 그리지 못하기도 한다.

현재 가족이 갈등을 겪고 있거나 가족문제로 혼란스러워하는 경우, 아동들은 가족을 그리는 것조차도 싫어한다. 최근에 가족과 떨어져 있거나, 이혼이나 죽음을 경험한 아동들은 누구를 가족그림에 포함시킬 것인가를 두고 고민하거나 어려워할 수도 있다. 아동

[그림 6-2]
'가족이 무언가 하는' 그림을 일렬로 배열시켜 그린 그림

에게 가족을 그리라고 하면 그리기를 거부하는 경우가 드물지만, 가족에 대해 두려움을 갖고 있거나 혼란을 겪고 있는 아동들의 경우에는 그리기를 거절하거나 무시해 버리기도 한다. 이런 아동들에게 가족을 그리라는 요구는 지나친 위협이 될 수도 있는데, 특히 치료관계의 초기라든가 신뢰감이 형성되기 전이라면 더욱 그러하다. Hulse(1952)는 학교에서 그린 아동들의 가족그림이 치료실이나 클리닉에서 그린 가족그림보다 더 세련되고 상세하다고 지적하면서, 치료실에 찾아오는 것이 많은 아동들로 하여금 불안, 의심, 저항을 일으킬 수 있음을 강조했다.

더불어, 아동이 가족을 그린다는 것은 복잡한 작업이며 어떤 상황에서는 지나치게 능력 이상의 것일 수도 있다. 예를 들어서, 저자가 살고 있는 곳은 흔히 종교적인 이유로 가족의 형태가 대가족인 경우가 많았는데, 이런 경우의 아동들은 가족이 많아 8, 10, 12명이나 되는 사람을 그리는 데 대해 좌절될 수 있다. 이렇게 많은 사람들을 그리는 것은 어렵기 때문에 많은 아동들이 대가족을 나타내기

[그림 6-3]
대가족을 막대기 형태로 나타낸 11세 아동의 가족화

위해 막대기 같은 사람을 급하게 서둘러 그리려 한다([그림 6-3]). 많은 사람들이 한 그림 안에 그려져 있으면, 아동들 대부분이 사람을 어느 곳에 그릴 것인가를 정확하게 생각하지 못하고, A4용지 밖으로 벗어나기도 한다. 아동이 이런 방식으로 가족그림을 그릴 때는 그림 속 인물의 상대적 크기나 위치로는 그 의미를 해석하기가 어렵다.

미술 발달 단계 역시 아동의 가족그림에 영향을 주는데, 예를 들어 3단계의 아동이 처음 사람이나 초기 사람 형태를 그릴 때에는 아동이 자유롭게 그림을 그리는 시기이기 때문에 그 위치를 두고 판단하기는 어렵다. 사실주의 단계(5단계)의 아동들은 간혹 가족그리기를 꺼리는데, 아주 사실적으로 정확하게 그리지 못하기 때문이다. 가끔씩 청소년 전기 또는 청소년기 아동들이 과제에 응한다는 식으로 막대기 같은 그림([그림 6-3])으로 표현하는 등 초기 형태로 퇴행하기도 한다. 어떤 연령에서도 가족들이 무언가 하는 그림을 그리라는 가족 그리기는 매우 어려우며 심지어 성인들조차도 꺼리는 어려운 작업이다. 가족 그리기는 치료사 자신들도 이러한 지시가 함의하고 있는 난이도를 완전히 이해하기 위해 시도해 보아야 하는 작업이기도 하다. 가족을 그리는 데 걸리는 시간은 치료사로 하여금 이러한 활동이 수반하는 어려움과 좌절에 대한 현명한 통찰을 이끌어 준다.

가족성원들에 대한 그림

아동에게 가족 전체가 무언가 하는 그림을 그려 보라고 요구하는 것에 대하여 가족 전체라는 것 때문에 받는 스트레스를 줄여주기 위하여 그 대신, 저자는 자주 아동들에게 가족 중 누구 한 사람을 선택해서 그와 함께 무언가 하는 그림을 그려보라고 하였다. 어느 특별한 가족구성원을 그린 아동의 그림은 아동의 심리가 놀랄만큼 잘 드러날 수 있고, 가족을 그리라는 요구를 위협하는 것으로 인식할 가능성을 줄여준다. 왜냐하면 아동에게 자신이 누구를 그릴 것인지를 선택하게 하기 때문에 이는 아동으로 하여금 자신에게 가장 의미 있는 타인에게 집중하여 가족의 지원을 확인할 기회를 그들 자신이나 치료사에게 허용하는 것이 된다.

[그림 6-4]
자신과 아버지를 그린 6세 남아의 그림

이는 또한 아동들의 삶에서 의미 있는 사람과 분리되는 데 대한 염려나 상실감의 감정을 표현하게 해 준다. 예를 들어서, 아동에게 가족구성원과 함께 있는 자기 모습을 그려 보라고 요구했는데, 매 맞는 아내를 위한 쉼터에 있는 6세 남아는 아버지와 함께 있는 자기 모습을 그렸다([그림 6-4]).

그림은 아동이 어떤 보호기관에 갈 것인지 결정하는 이야기를 듣고 앞으로 있을 이혼에 대한 불안이 엄습해 왔음을 보여 주었다. 그 아동은 자기가 엄마와 지내야 할 때 아버지를 다시 보지 못하게 되는 것을 두려워하였다. 아동은 아버지와 함께 있는 모습을 그림으로써 자기 아버지에 대한 감정을 표현할 수 있게 해 준 것뿐 아니

[그림 6-5]
자신과 할머니를 그린 6세 남아의 그림

라 아버지와의 분리에 대한 불안감을 줄일 수 있게 해 준 것이다.

[그림 6-5]는 5세의 신체적으로 학대받은 남아가 연필로 그린 그림으로, 할머니와 자기 모습을 그렸다. 그림을 그리면서 치료사와 나눈 이야기에서 아동은 할머니를 자기 삶에서 긍정적이고 믿을 만한 사회적 지지자로 생각하고 있었다. 그 아동은 엄마와 살고 있지만, 그림에서 선택한 사람은 엄마가 아니었다. 아마도 엄마가 종종 정서적으로 의지가 못 되고 학대를 계속해 왔기 때문일 것이다. 반대로 아동의 할머니는 아동의 양육자이고 신체적 학대나 체벌이 있을 때 그를 보호해 준 사람이었다. 그 아동은 다른 가족구성원을 그려보라고 한 것에 대해서는 편하게 느끼지 않아, 아버지는 총을

[그림 6-6]
'좋아하는 가족'을 그린 7세 여아의 그림

들고 있는 나쁜 사람으로 그리고, 나중에 엄마를 그릴 때에는 자기를 때때로 때렸던, 학대사실이 실제로 확연히 보여지는 그림을 스스럼없이 완성하였다.

아동이 가족을 어떻게 보고 있는가를 알아보기 위하여 치료사는 아동에게 '좋아하는' 사람을 그려 보라고 할 수도 있다. [그림 6-6]

은 7세 여아가 좋아하는 사람을 그린 그림인데, 그 안에 좋아하는 음식, 장소, 좋아하는 일, 그리고 자기를 무섭게 만드는 것들을 함께 그려 넣었다. 이 아동은 엄마, 할머니, 아기인 남동생을 좋아하는 사람으로 그렸고, 자기와 엄마를 학대했던 아버지는 제외시켰다. '자기를 무섭게 만드는 것들'에는 두 유령을 그리고 그중 하나를 아빠라고 하였다. 이러한 예는 가족 모습 안에 어느 특별한 가족 구성원을 포함시키는 것에 대한 압박감 없이 아동 자신이 가족 구성원들에게 갖는 두려운 감정이나 불안한 감정을 허용하는 것을 강조하고 있다.

Gillespie(1994, 1997)는 투사 그림 검사로 어머니와 아동그리기를 시도하였다. 아동에게 "엄마와 아이를 그려 보아라."라고 지시하면, 아동과의 관계에 대해서, 특히 어머니와 아동 사이의 주된 관계를 어떻게 보고 있는가를 알려 준다. 이는 아동에게 꼭 아동 자신의 어머니를 그리라고 하지 않아도, 아동의 그림이 대상관계나, 눈에 띄는 지체(emphasizing delay), 공생(symbiosis), 협력(merger), 분리(separation), 개별화(individuation) 등 초기 발달의 이슈를 이해하게 해 주는 유용한 방법이다(Gillespie, 1997). 아동의 특별한 장애여부를 확인시켜 주지는 않지만, 아동과 부모, 초기 양육자와의 관계가 어떠하였는지를 이해하는 보조적인 방법으로 유용하다.

마지막으로, 가족구성원 그리기는 의사나 아동관련 종사자들에게 도움이 되는 유용한 방법이 될 수 있다. 아동들은 자신들 고유의 특별한 렌즈를 통해서, 그들의 삶에서 의미 있는 사람들을 그림으로써 부모나 형제, 그외 친척들을 보고 그들에 대한 개인적인 인식이 어떠한지를 알리고, 그들에 대한 믿음과 태도를 전달한다. 예를 들어서, 아동의 노인에 대한 인식을 연구하기 위하여 그림과 이야기 표현을 통해서 알아보았다(Weber, Cooper, & Hesser, 1996). 8세에서 11세 아동들에게 "나이든 사람을 그려 보아라."고 요구하고 자기 그림의 특징과 형태에 대해서 이야기하게 하였다. 대부분의 아동들은 자신의 할아버지, 할머니를 통해서 노인들에 대해 인식하고, 그들의 그림은 그들이 할아버지, 할머니를 어떻게 보고 있는가를 반영해 준다. 아동들이 자신의 그림에 대해서 이야기하는 것을 통해 노인에 대한 관점에 대해 중요한 정보를 제공해 줄 뿐 아니라, 노인들에 대한 이미지가 그대로 드러난다. 예를 들어, 9세 여아가 99세인 할머니가 춤을 추고 있는 모습을 그렸는데([그림 6-7]), 그 그림에 대해서 아동은 할머니가 춤추기를 좋아하고 스케이트보드 사용하는 방법을 가르쳐달라고 하는 모습이라고 말하였다.

[그림 6-7]
'춤추고 있는' 99세의 할머니를 그린 9세 여아의 그림

그림이 아동의 록큰롤 음악과 춤에 대한 자신의 관심을 반영해 주기도 했지만, 그 아동은 할머니를 힘차고 활동적인 것으로 보고 있다는 것도 알려 주었다. 이 연구에서 대부분의 아동들은 노인에 대해서 부정적으로 보고 있지 않았으며, 행복하고 에너지가 넘치며 활동적인 모습으로 나타냈다.

의심할 여지없이, 자신과 가족구성원에 대한 그림은 아동들이 다른 그림에서는 쉽게 표현하지 않는 관계적인 측면을 알 수 있게 해 주는 방법이다. 가족그리기는 적절히 사용하고 주의 깊게 관찰하면 가족생활에 대한 아동의 감정을 이해하는 데 유용하며, 특히 아동의 관계망과 사회적 지지 여부를 알려 준다. 가족그림은 또한 시간이 지나면서 변하는 아동의 가족들에 대한 인식과, 치료로 인하여 향상된 가족관계, 가족구성원들 간의 의사소통 패턴의 변화 가능성을 보여 준다. 만약 치료사가 오랜 기간을 거쳐 아동을 보게 된다면, 가족그림과 가족구성원 그림은 부모나 후견인, 중요한 타인과의 초기관계에 대한 변화된 양상을 보는 데 매우 유용할 것이다.

집그림과 관계적 측면

집그림은 보통 아동의 성격이 어떻게 반영되는가를 강조하면서 관계적인 측면보다는 정신내적인 것으로 간주되어 왔다. 많은 연구에서 성격 패턴이나 정신장애와 관련된 특성과 함께 집그림의 심리학적 중요성에 대해서 다루어 왔다(Buck, 1948). 여기에는 또한 집그림 각각의 특징, 문이나 창문이 그려졌는지, 굴뚝에서 연기가 나는지 등을 보고 이러한 그림의 특징과 성격, 지능, 신경학적 문제,

정서적인 장애가 어떠한 관련이 있는가를 주로 강조하고 있다.

아동이 자기집과 가족들의 생활을 어떻게 인식하고 있는지를 이해하기 위하여 많은 치료사들은 아동의 집그림에서 보여지는 특별한 특징들, 즉 굴뚝, 굴뚝의 연기, 떠 있는 집 등에 대해 자연스럽게 의구심을 갖게 되었다. 이러한 특징들은 투사 그림 검사에 대한 문헌에서 다루어지고 있으며 자기-지각이나 관계적인 측면 모두에 관련이 있다고 하였다(Buck, 1948; Jolles, 1971). 저자는 아동의 그림에서 단일한 특성을 가지고 특별한 의미를 부여하는 이러한 일방적인 기술들이 믿기지지는 않았지만 결국에는 이러한 특징들을 인정할 수밖에 없었고, 저자 또한 이에 매료되었는데, 그것은 아동들이 색다른 방식으로 이러한 요소들을 즐겨 사용하기 때문이었다.

집그림에서 치료사들에게 계속적으로 많은 질문과 관심의 대상이 되고 있는 굴뚝은, 서로 일치된 의미를 가지고 있지 않아 그 의미가 여러 가지로 혼용되고 있다. 굴뚝이 가족들 간의 따뜻한 교류와 관련되기도 하고, 다른 한편으로는, 남근을 상징하기도 한다고 하였다(Jolles, 1971). 굴뚝에서 나오는 연기 역시 많은 사람들의 상상을 자극하는데, 치료사들은 종종 아동이 집그림을 그리면서 굴뚝에 연기를 그리는지(특히 지나치게 많이 뿜어나오는 연기)에 주목하였다. 굴뚝의 연기는 대인관계에 있어서 분노나 내적인 긴장감 또는, 가족구성원 간의 관계 수준과 관련이 있으나(Oster & Gould, 1987), 많은 아동들이 보통 집그림에 굴뚝에서 나오는 연기를 그리기 때문에 그리 설득력이 있지는 않다. 저자의 경험으로는, 무어라고 말하기는 어려우나 만약 의미가 있다면, 굴뚝의 연기는 뭔가 중요한 의미가 있거나, 또는 그 안에 감추어진 의미가 있을 것으로

[그림 6-8]
굴뚝에서 연기가 뿜어져 나오는 집을 그린 6세 아동의 그림

생각한다. 그럼에도 불구하고 아동들, 특히 미술 표현에 있어서 도식이 중요해지는 4단계 아동들은 보통 굴뚝을 그린다([그림 6-8]).

집그림에서 떠 있는 집은 기저선 위에 그려지지 않았거나 종이 가장자리를 이용하여 그려지지 않은 경우를 말한다. 아주 어린 아동들은 보통 위치나 선, 지면선을 생각하지 않고 집을 그린다. 그러므로 이 시기에는 지면선 없이 집을 그리거나 뒤집어진 집모양을 그려도 문제가 되지 않는다. 시각적인 도식이 중요해지는 4단계에서는 집그림을 그릴 때 지면선을 그리거나 종이의 가장자리를 사용하게 된다. 그러나 어떤 아동들은 집을 그려 보라고 하면, 기저선 없이 마구 그리는데, 이는 잔디나 땅을 표현하게 해 주는 색채 도구보다 연필만을 사용하게 했을 때 특히 그렇다. 저자가 아동들에게 왜 집그림을 그릴 때 지면선을 그리지 않는지 물었더니, 그들은 "글쎄요, 선생님이 제게 집을 그리라고 하셨잖아요. 그래서

[그림 6-8](계속)

[그림 6-8](계속)

[그림 6-9]
지면선 위에 떠 있는 집을 그린 폭력 가정에서 자란 6세 남아의 그림

집을 그린 건데요."라고 이야기하였다. 따라서 지면선 없이 떠 있는 집처럼 보여지는 것은 단순히 아동이 치료사의 지시에 따른 것으로 볼 수도 있다.

폭력적인 가정이나 일시보호소, 집 없는 아동들과의 저자의 임상경험으로는, 그 아동들에게서 지면선 위에 떠 있는 집을 그리거나([그림 6-9]), 마치 회오리나 폭풍에 휩싸이듯이 미로 같은 선으로 둘러싸인 집을 그리는 경우([그림 6-10])가 많았다. 아동의 그림에서 지면선 없이 그려진 이러한 집그림과 그들의 불안한 환경 간에 관계가 있을 것이라는, 그리고 이것이 일치하지 않을 수도 있고 폭력적인 가정에서 흔히 나타난다는 각각의 가능성에 대해 치료사는 심사숙고해야 한다. 그러나 어떤 경우에는 떠 있는 집그림이 아동의 발달적 지체를 알려줄 수도 있으며, 작업 시 다른 몇 가지 영향이 있을 수 있다는 것도 기억해야 한다. 4단계나 그 이상의 연령에서 아동의 집그림이 떠 있거나 지면선 없이 그려져 있을 경우에,

[그림 6-10]
복잡한 선으로 둘러싸인 집을 그린 폭력가정에서 자란 7세 여아의 그림

치료사는 아동이 발달적으로 지체되어 있는지를 고려할 수 있다. 특히, 학교에서 학습장애로 문제를 가지고 있을 경우에는 더욱 그렇다.

집그림에서 굴뚝이나 창문, 문 등의 세부사항들은 흥미로우며, 아동에게 집그림에 대해서 이야기하게 하는 것도 많은 정보를 가져다주며, 이야기는 단순한 특징들보다 가정 내에서의 가족생활에 대해 더 많은 것들을 치료사에게 전해 줄 수 있다. 집그림은 실제 환경에 대한 그림이어서 모양 자체에 대해서도 특징을 이야기할 수 있지만 집 안팎에서 무슨 일이 벌어지고 있는지도 보여 준다. 이러한 점에서, 집 그리기는 아동의 관계를 이해하게 해 주는 효과적인 방법이 된다. 집은 아동의 가족생활에 대한 인상, 다른 중요한 타인들과의 관계 및 환경에 대해 그들이 어떻게 생각하고 있는가를 나타내 준다. 아동들은 자연스럽게 자기가 그린 집에 누가 살고 있으며, 무엇을 하고 있으며, 이웃이나 집 주변의 환경이 어떠한지를 이야기한다. 이에 대한 몇 가지 방법들이 있으며(제3장에서 더 많이 다루고 있음), 아동들은 자기가 그린 집그림에 대해서 이야기하기를 즐거워하는 것 같다.

집그림은 또한 보통의 가족그림보다는 가족들과 살고 있는 그들의 모습에 대해 약간 다른 정보를 제공해 준다. 예를 들면, 어떤 아동은 가족그림에서는 가족이나 이혼한 엄마의 남자친구를 그리지 않았으나, 집그림에서 그 안에 누가 있는가를 물었을 때는 이야기를 하였다. 더불어, 아동들은 보통 사람그림을 그릴 때보다 좌절감이 적기 때문에 집그림을 그리는 것에는 잘 따르고, 일반적으로 더 편안하게 그림에 대한 이야기를 한다.

때때로 저자는 아동들에게 그들의 가정을 그려 보기를 권하는데, 이는 아동의 가정에 무슨 문제가 벌어진다는 의심이 들 때 특히, 아동에게 해가 되는 가족 내의 문제는 없는지 알아보는 데 있어서 중요하다. 좀 더 특별한 정보를 얻어내기 위해서는 아동에게 어떤 특별한 집을 그려 보라고 하기도 하는데, "네가 학교 가기 바로 전의 집을 그려 보아라."라든가 "일요일 아침의 너희 집을 그려 보아라."라고 하는 것이다. 이러한 시도는 아동들에게 가족생활에 대한 특별한 광경을 그리게 함으로써 가정에서 어떤 일이 일어나고 있는지를 X-ray식의 그림으로 나타내게 한다. 예를 들어서, "한밤중의 너희 집을 그려 보아라."([그림 6-11])라고 요구하였더니, 7세의 여아가 모두 침대에 누워 있는 그림을 그렸는데, 두 자매와 남동생, 아버지, 어머니는 위층에 있는 침대에서 자고 있는 모습을 그리고 아동자신은 아래층에서 혼자 TV 옆 침대에 누워 있는 모습으로 그렸다. 치료사가 이러한 잠자는 위치에 대해서 특히, 왜 아동만 가족과 떨어져서 아래층 침대에서 자고 있는지를 아동에게

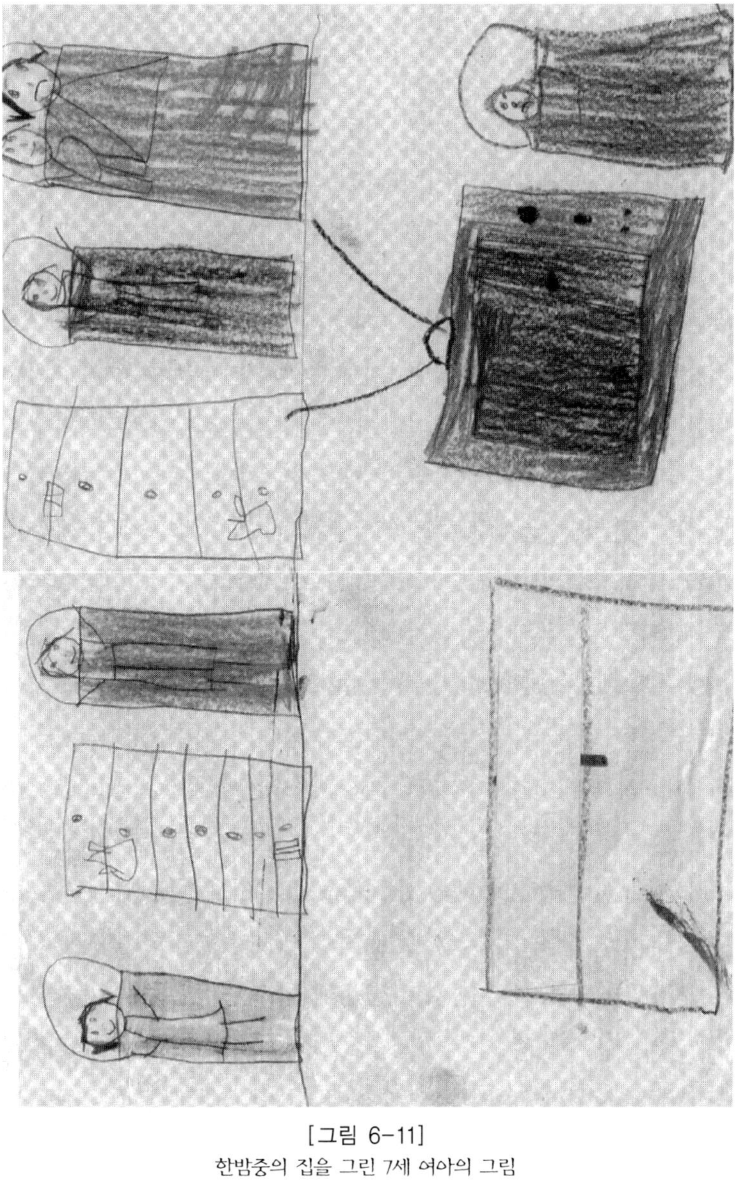

[그림 6-11]
한밤중의 집을 그린 7세 여아의 그림

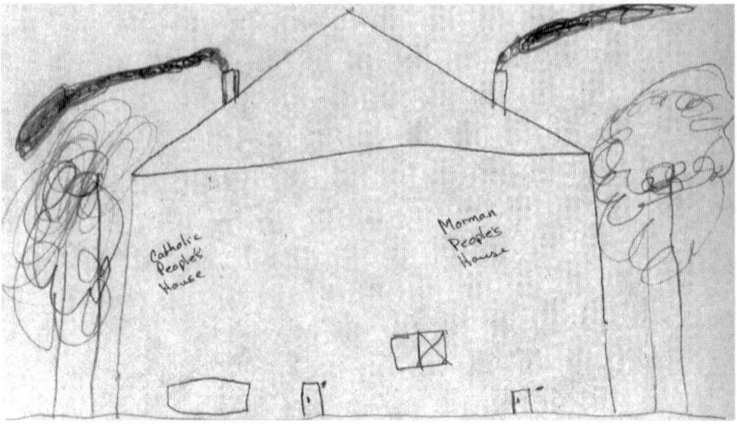

[그림 6-12]
두 가정의 집을 그린 8세 남아의 그림

묻자, 아동은 "왜냐하면 아빠가 밤에 내 침대로 내려와서 내게 달려들어요."라고 하였다. 그 여아는 아버지로부터 밤에 성학대를 받아 왔던 것이고 아버지는 자기에게 편하도록 아이를 가족들로부터 분리시켜놓은 것이었다. 그 그림은 다른 중요한 정보도 알려주는데, 예를 들어, 아이가 그림에서 가장 크게 그려놓은 TV는 학대받는 동안 아동의 소리를 죽이기 위해서 아버지가 계속 틀어놓았을 것으로 추측해 볼 수 있다.

아동들이 자기가 그린 집그림에 대해서 이야기할 때 자신의 이웃(아파트나 콘도미니엄 단지)에 대해서 물어도 중요한 정보를 제공해 준다. 종종 아동들은 자기와 어울리는(때로는 다투는) 친구들이나, 주변에 살고 있는 가족 외의 다른 사람들에 대해서도 이야기한다. 저자의 치료적 관점으로는, 아동의 가족 외에 사회적 지지가 어느 정도이고 어떠한가를 알아보고자 할 때 이러한 방법이 유용하였다. 어떤 아동들은 이웃 간의 갈등을 보여 주기도 하는데, 이는 종종 아동들의 세계관을 이해하는 데 도움이 된다. 예를 들어, 8세 남아에게 집그림을 그려 보라고 하였더니 엄마, 여동생과 살고 있는 이중으로 된 집(즉, 두 가정의 집)을 그렸다([그림 6-12]). 그 아동은 '크고 내 방이 있는' 집으로 설명하였고, 이 중 집의 다른 쪽에 살고 있는 이웃에 대해서 묻자 "그들은 몰몬교이며 우리는 가톨릭이다. 그래서 그들은 자기 아이들을 우리와 놀게 하지 않는다. 그들은 항상 거기서 파티를 가지며 우리에게 파티에 오라고 하지도 않는다."라고 하였다. 아동이 이야기한 편견의 정도가 타당한지 아닌지는 결정하기 힘들지만, 분명한 것은 그 가족과 옆집의 가족은 종교적인 차이로 인하여 갈등이 존재하고 있음을 보여 준다.

아동이 집을 그릴 때 X-ray식처럼 또는 집의 단면을 그리지 않게 되면 가족생활에 대한 보다 실질적인 정보를 제공해 주지 못한다. 집을 그려 달라고 요구하였을 때 보통 아동들은 문과 몇 개의 창문, 지붕, 굴뚝 그리고 때때로 문을 향하고 있는 통로와 같이 최소한의 특징들만 그리게 된다. 다시 말해서, 그림에 대해서 간단한 몇 가지 질문을 함으로써 그림 자체에서 얻어지는 것보다 많은 정보를 얻어낼 수 있는 것이다. 10세의 Rich가 그린 집그림([그림 6-13])에는 자기 방을 강조하고 있는데, 거기에 누가 살고 있느냐고 물으니 "엄마와 여동생, 큰형과 함께 살고 있는데, 의붓아버지는 너무 나빠서 그리지 않았고 뉴저지에 있는 우리 진짜 아버지는 언제든지 우리에게 와서 머물러 줄 수 있어요."라고 하였다. 이러한 간단한 그림과 Rich의 말은 치료사에게 집에서 살고 있는 사람이 누구인가와 더불어 따로 떨어져 살고 있는 친부와의 관계가 어떠한지를 보여 준다. 8세 여아는 티피(tee-pee)처럼 생긴 작은 집([그림 6-14])을 그렸는데, 간단하게 그렸지만, 집 안에 있는 방에 대한 설명으

[그림 6-13]
10세 남아의 집그림

로는 아동의 엄마와 아빠가 위층의 다른 침대에서 자고 있다고 하여 치료사에게 가족의 역동을 이해하는 데 중요한 정보를 주었다.

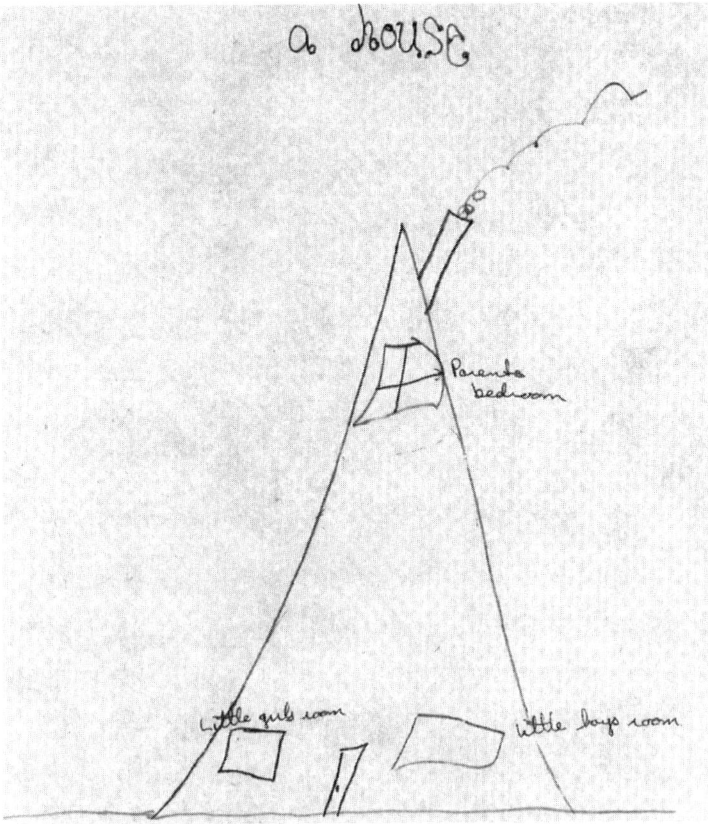

[그림 6-14]
티피처럼 생긴 집을 그린 8세 여아의 그림

치료사와의 관계

이 책의 몇몇 장에서 치료사와 아동과의 관계의 중요성을 언급하였고, 그 관계가 아동의 그림에 영향을 미친다고 하였다. 같은 맥락으로 치료사의 그림은 치료적 동맹에 또 다른 창을 제공해 주고, 아동이 그들의 삶에서 중요한 관계를 어떻게 지각하고 표현하는가에 대한 자원도 제공해 준다. 이러한 이미지는 종종 치료기간 동안 자동적으로 나타난다. 아동들은 대개 치료사의 모습에 관심을 보이거나 적어도 특별한 모습, 종종 자신들에게 가장 눈에 띄는 것들을 강조하여 그린다. 예를 들어, 아동들이 그린 저자의 모습에서 항상 가장 큰 부분을 차지하는 것이 안경인데, 아마도 안경이 너무 컸거나 당시의 유행으로는 잘 맞지 않아서, 또는 저자가 항상 치료 중에 아동이 그리고 있는 것을 주시하여 보고 있어서인지도 모르겠다.

아동들은 또한 치료사의 다양한 특징과 행동들을 잘 관찰하는데, 이는 아동이 치료사나 치료에 대해서 어떻게 지각하고 있는지를 명확하게 해 준다. 예를 들어서 [그림 6-16]을 보면, 매맞는 아

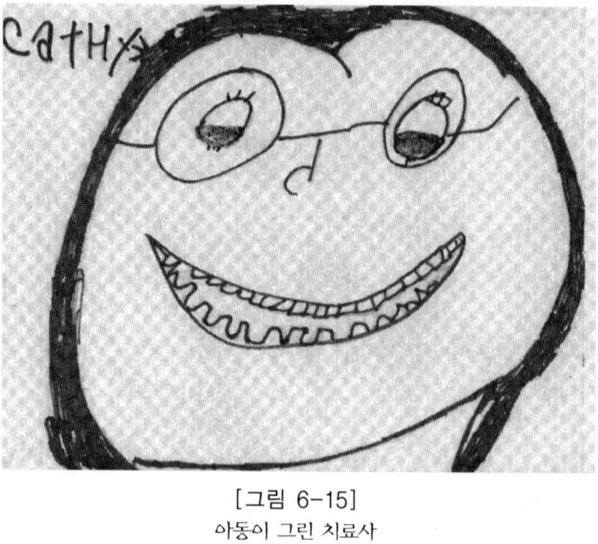

[그림 6-15]
아동이 그린 치료사

[그림 6-16]
아동이 그린 치료사

내들의 쉼터에 있는 여아의 그림인데 치료사에게 귀를 기울이기 위한(이 치료사의 모국어는 영어가 아니라서 아이는 미국식 발음을 이해하기 위해 주의 깊게 들어야 했다.) 것처럼 그려진 큰 귀와 같이 중요한 특징들을 잘 드러내고 있으며, 자기가 그리는 것을 지켜보는 치료사의 눈을 강조하여 그렸다. 이 소녀는 자신이 무슨 이야기를 하고 어떻게 하고 있는가를, 아마도 거의 모든 점에 치료사가 관심을 두고 있다는 것을 정확하게 알고 있었다. 이 소녀는 종이 위에 '미술 선생님'이라고 썼는데 치료사, 특히 아동들과 미술을 통해서 치료하는 사람을 치료사로 생각하는 데에 혼동이 있는 것 같았다. 쉼터나 병원, 클리닉 등 많은 곳에서 아동은 누가 치료사이고 왜 자기들을 도와주는지에 대해 혼동할 수 있는데, 이러한 성인조력자에 대해 아동들이 말하기 주저하거나 말로 표현할 수 없는 것을 그림은 시각적으로 보여 준다. 이러한 정보는 치료사로 하여금 아동이 치료사와 치료를 어떻게 생각하고 있는지를 이해하고, 관계를 더욱 명확하게 하는 데 있어서 유용한 피드백을 준다.

Rubin(1984a)은 아동들은 치료사를 다양한 각도, 즉 양육적인, 허용적인, 제한적인, 요구가 많은, 조사하는, 귀찮은 사람 등으로 바라볼 수 있다고 하였다. 치료사는 그중 한 가지 또는 여러 가지로 대표될 수도 있고 때로는 별로 대수롭지 않게 여겨질 수도 있다. 치료사는 이러한 아동들의 인식이 많은 것들을 의미하고 있다는 것을 이해해야 하며, 일반적으로 아동이 경험하는 부모나 양육자와의 관계에 특별한 전이 문제를 연관시킬수 있어야 한다. 예를 들어, 가정에서 폭력을 경험하였거나 신체적 학대나 성적인 학대를 받은 아동들의 경우, 그들이 그리는 치료사의 모습은 일반적으로 느껴 온 성인의 모습을 나타낼 것이다. 즉, 치료사가 아무리 반대로 노력한다 하여도 그들은 치료사를 통제적이고 처벌적이며, 믿을 수 없고 학대하고, 불안정한 사람으로 표현할 것이다. 또한 치료사를 아주 힘 있고 전능한 사람으로 볼 수도 있는데, 이는 아동이 치료사를 자신들의 불행한 가족 상황을 바꾸어 주거나 헤어졌던 부모와 다시 만나게 해 줄 수 있는 사람이라는 환상을 가지기 때문이다. 아동이 치료사를 이렇게 인식하고 있으면 구출과 양육에 관련된 비현실적인 소망을 가지게 되며, 지나치게 치료사에게 의존하기도 하고 위기상황에서 부적응적인 대처행동을 보일 수도 있다.

성과 아동의 그림

아동그림의 관계적인 이슈에 대한 여러 가지 측면을 살펴보았지만, 성의 역할은 치료사가 아동의 그림을 이해하는 데 있어서 또 다른 중요한 한 부분이다. 공교롭게도 많은 치료사들이 아동의 그림에 성이 어떠한 영향을 미치는가에 대해 의문을 가졌지만 이에 대한 연구가 거의 없고, 아동들의 그림에서 성의 영향은 복잡한 문제로 생각되어 왔다. 사회와 문화가 남아나 여아들이 특별하게 무엇을 그리는가를 결정하여 어느 정도까지는 미디어나 문학에서의 전통적인 성의 역할과 성에 대한 이미지에 의해서 아동들의 미술 표현을 정형화시키고, 아동들이 접하는 성인들의 성에 대한 가치나 믿음에 의해서 아동은 영향을 받는다.

성과 아동의 그림이라는 주제는 이 책의 다른 장, 특히 발달적 측면을 다루는 장에 더 잘 맞을 수 있다. 아동의 미술 표현에 대한 몇 가지 연구에서, 비교적 관심은 적었지만 성과 미술 발달 간의 관계를 다루어 왔다. Gardner(1982)는 아동들과 미술 활동에 대한 연구에서 아주 어린 아동들이 미술을 통해서 자기 자신들을 표현하는 방법에 몇 가지 성차가 보인다고 결론지었다. 그는 여아들은 미술 활동을 하면서 노래를 부르거나 목소리로 표현하는 경향이 있으며, 여러 가지 재료와 여러 가지 동작, 상징놀이, 이야기, 3차원 표현에 능숙하다는 것을 알았다. Gardner의 연구에 의하면 남아들의 경우는 점토나 한 가지 재료를 더 잘 사용하고, 종종 배트맨 같은 특별한 주인공이나 영웅에 지속적인 관심을 보였다. 이 장의 초기에 소개한 가족그림을 그린 Ian([그림 6-17])이 아주 오랫동

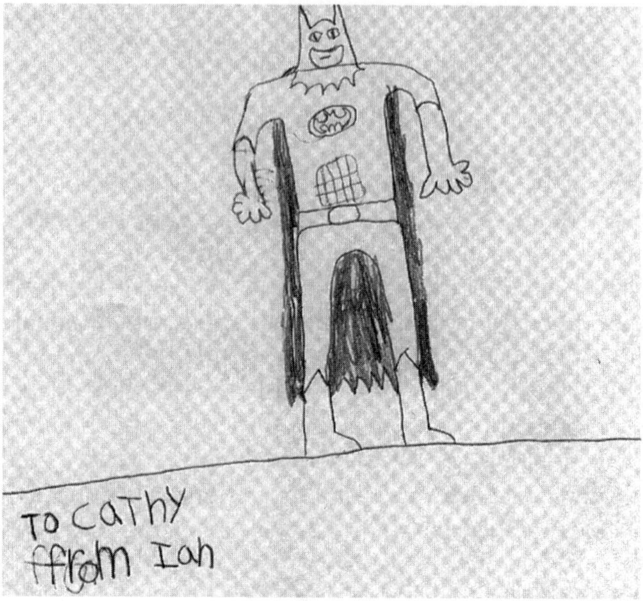

[그림 6-17]
Ian이 그린 '배트맨'

안 좋아했던 주제도 배트맨이었고 이는 어린 남아들의 그림에서 자주 등장했던 주제다.

미술 발달에 의하면, 사람그림에서 성적인 특징이 처음 보여지는 시기는 6세이며 보통 옷의 모양으로 나타나고(예를 들어, 여자나 소녀는 드레스를 입고 있고, 남자와 소년은 바지를 입고 있다.), 저자는 어떤 경우에는 어린 아동들이 소년과 소녀가 구별되게 간단한 표시를 그리는 것도 보았다. 도식 단계(4단계, 6~9세)에서는 옷에 성차를 알게 해 주는 도식적인 표현을 시작할 뿐 아니라 머리모양에서도 소녀와 소년을 구분하여 그림을 그린다. 이 이후의 단계에서 성차에 대한 이러한 관심은 청소년 전기와 청소년기의 그림에서

[그림 6-18]
청소년기 남아가 그린 여자

나타나며, 그들의 인물묘사([그림 6-18])는 성차에 대한 관심을 보여 주는 강한 증거다.

Levick(1997)은 아동들과의 많은 임상 경험을 통해서 아동들의 그림에 성차가 보여지는 것에 대한 일화 관찰에 관심을 가졌다.

> TV가 무해했던 1960년대, 내가 처음 미술치료를 시작했을 때, 나는 대부분의 아동들이 7세경에 막대기 같은 사람그림을 그린다는 것을 알았다. 이것은 아동들이 보통 성에 대한 차이에 관심을 가지고 있기 때문에 예상된 것이었다……. 1970년대에는 막대기 같은

> 사람그림에 변화가 두드러지게 나타났다. 7세에서 9세의 아동들이 그림에 남자와 여자를 구별하는 성적인 특징을 그리기 시작하였다……. 아동들에게 있어서 어린 연령에서 성적인 차이를 그리는 것은 TV에서 남자와 여자의 차이를 강조해서 보여 주기 시작하였기 때문에 그것을 보아 온 아동들에게 있어서는 과거보다 점점 더 그러한 성차를 표현하는 것이 자연스러워졌다(pp. 9-10).

Levick의 관찰은 아동이 사람그림에 성적인 특징을 그리는 데 있어서 TV나 비디오, 더 최근에는 인터넷 등이 영향을 미친다는 중요성을 강조하고 있다. 이러한 영향은 점점 더 크게 나타나고 있고 이전에 아동의 미술 표현에서 성차를 나타내는 '기준'이 무엇인가에 대해서도 변화가 일어나게 되었다.

아동들의 그림 주제 역시 성과 관련될 수 있다. Golomb(1990)은 "남아들의 자발적인 그림은 전쟁이나 폭력 · 파괴적인 행동, 기계, 스포츠경기 등에 관한 주제가 많은 반면, 여아들의 경우에는 낭만적인 조용한 광경, 가족생활, 풍경, 놀이에 대한 것이 더 많았다." (p. 158)라고 하면서 남아와 여아들의 그림 주제에서의 일반적인 차이점을 지적하였다. 또한 여아들은 그림의 주제로 왕과 왕비와 같은 동화 속 주인공이나 말 등의 동물을 사용한다는 것도 알았다. Golomb은 남아나 여아들의 그림 주제에 대한 경향성이 발달적 영향인지, 부모나 사회의 영향인지 아니면 양자 모두인지에 대해서는 논하지 않았다. 그러나 Golomb은 남아나 여아들에게서 그려지는 그림에 성과 관련된 주제가 있다는 것은 부인할 수 없으며, 대부분의 치료사들이 아마도 이야기 만들기 활동(story-telling activity)에 중요한 시기인 도식 발달 단계(4단계)의 아동들에게서 이야기가 있는 그림이 그려진다는 것에 동의할 것이라고 하였다.

Silver(1992, 1993, 1996b, 1997)는 아동그림의 형태와 내용에서 있을 수 있는 차이점을 발견하기 위해 앞 장에서 설명했던 이야기 그리기 기법(Draw-A-Story: DAS)을 사용하여 아동들의 그림에 있어서 성의 역할을 알아 보았다. Silver의 연구는 아동들의 그림에서 성의 역할을 이해하기 위해서는 무엇을 그리는지, 주제나 이야기 내용이 어떠한지에 대한 해석이 중요하다고 강조하였다.

DAS를 통해 살펴진 Silver의 한 가지 기본문제는 남아와 여아가 자기와 동일한 성에 대한 주제(즉, 남아들은 남자와 관련된 주제, 여아들은 여자와 관련된 주제)로 그림을 그리는가에 대한 것이었다. 모든 연령의 아동들에게 DAS를 사용한 최근의 연구(Silver, 1997)에서는

[그림 6-19]
8세 남아의 SDT
'죽이고 싶은 개와 결혼한 여인'

몇몇 아동과 청소년들이 놀랄 만한 방식으로 자신과 반대의 성을 그리긴 하였지만, 대부분의 아동과 청소년들이 자기와 동일한 성에 대한 주제로 그림을 그려 그녀의 생각을 뒷받침해 주었다. Silver는 반대의 성을 그린 아동과 청소년들의 상당수가 위협, 어리석음, 불행함 등 부정적인 내용으로 그렸음을 알 수 있었다. [그림 6-19]는 그 한 예로 한 남아가 DAS에서 세 가지 자극적인 표현(신부, 칼, 개)을 하고 '죽이고 싶은 개와 결혼한 여인(The lady getting married to a dog who want to kill him)'이라고 제목을 붙였다. 그림은 유머러스한 것으로 볼 수도 있었지만 폭력과 관련된 부정적인 주제(죽이고 싶어 칼을 가진 여인)로 보여졌다. 남녀 아동과 청소년들은 반대의 성을 부정적으로 기술하였지만, 여아들보다는 남아들의 그림 내용이 더 부정적인 것으로 평가되었다.

DAS에 대한 초기 연구(Silver, 1996b)는 대략 반 정도가 비행청소년, 보호관찰, 치료명령을 받은 아동들, 그리고 나머지 반은 학교를 다니고 있는 일반 아동들로 구성된 138명의 청소년들을 대상으로 하였다. 이 두 그룹의 그림에 나타난 흥미로운 경향은 여자들보다 남자아동들이 폭력적인 관계(즉, 다른 대상에게 폭력적이거나 위협적으로 행동하는 그림)를 그렸다는 점이다. 그러나 비행청소년과 비행하지 않은 청소년들을 비교해 보면, 후자가 더 폭력적인 관계를 많이 그렸다. Silver는 이러한 결과를 다음과 같이 설명될 수 있다고 가정했다.

> 이는 실제 폭력행위와 폭력에 대한 상상의 차이에 의해서다. 충동을 표출하는 행위를 하면 안 된다는 것을 내면화해 온 남자아이들은 실제로 폭력적인 행동을 저지른 아동들보다 더 공상에 빠져 있을

수 있다. 이는 폭력적인 상상을 표현함으로써 반사회적인 행위로 감옥에 가는 것을 막을 수 있다는 것도 된다(pp. 548-549).

아동이나 청소년들의 그림에서 성과 관련된 것으로 볼 수 있는 몇 가지 특징들은 그 내용과 표현에 있어서 구별하기 어렵고, 개인이 살고 있는 사회, 문화의 성에 대한 가치나 신념, 영향력 등을 나타낼 수 있다. 예를 들어서, 중서부의 어느 고등학교 한 학급의 청소년들의 자화상에서 지배문화의 영향력과 성역할에 대한 신념이 드러났다(Malchiodi, 1990). 25명의 여학생과 25명의 남학생 집단

[그림 6-20]
스키타고 있는 자기 모습을 그린 청소년기 남아의 그림

[그림 6-21]
청소년기 여아가 그린 자기 자화상

내에서 두 가지 일반적인 특징이 보여졌다. 이 연구에서 남학생들은 항상 자기 자신을 활동적이고 스포츠 또는 다른 활동적인 것을 하고 있는 모습으로 그렸다([그림 6-20]). 반면, 여학생들은 자신들의 얼굴만 그리거나 몸 전체를 그렸고([그림 6-21]) 25명 중 어느 한 명도 움직임이 있거나 활동적인 것으로 그리지 않았다.

지역의 문화는 남자와 여자의 성역할에 대한 지배적인 신조에 근거한 규율을 이루기 때문에, 이러한 신념은 남녀 청소년들과 그들의 자화상 내용에 지대한 영향을 미치게 된다. 이 지역에서는 남자들은 가장으로서, 집 밖에서 일하는, 교회의 리더로 달리 표현하면 리더십 역할을 하는 것으로 기대되었고, 여자들은 주부로서, 아이를 갖고 가능하면 집에 머무르는, 좀 더 비활동적이고 더 수동적인, 전통적인 여자들의 역할을 해야 하는 것으로 기대되었다. 위와 같은 연구 표집에서의 청소년들도 그림의 내용과 주제가 자기가 자라온 지역의 성역할에 대한 신념과 가치에 의해서 많은 영향을 받은 것으로 보여진다. 그러나 남녀청소년 표집을 미국 전역으로 광범위하게 하였더라면, 성역할에 대한 신념 체계와 경향 비교가 더 잘 반영될 수 있었을 것이다.

아동그림에 있어서 성의 영향은 여전히 잘 연구되지 않는 부분이나, 아동의 작품을 이해하는 데 있어서는 치료사에게 매우 중요하다. 사회 내에서의 아동의 성역할에 대한 인식은 분명 성인들(부모, 양육자, 교사 등)에 의해 전달되고 TV나 영화, 책을 통해서도 영향을 받는다. 남녀 아동들의 그림에는 발달적 측면이 어느 정도 영향을 줄 수도 있고, 사회문화적인 영향력을 따로 떼어 생각하기란 어렵지만 어쨌든 존재한다. 아동그림에 있어서 성의 영향을 전체적으로 이해하는 것에는 한계가 있지만, 치료사는 아동들의 자기-지각뿐 아니라 미술 표현의 형태나 내용에 대한 성의 역할을 고려함으로써 그들 주변에 대한 인식에 대해서도 많이 알고 있어야 한다.

결 론

그림을 통한 관계적 측면은 아동들을 이해하는 데 색다른 창을 제공해 준다. 아동들의 가족이나 가정, 가정생활 그림에 대한 이야기의 질은 아동이 그들의 삶에서 중요한 타인들을 어떻게 바라보고 있는가에 대한 중요한 정보를 가져다준다. 이러한 그림들은 부모, 형제, 가족, 친구들과의 관계뿐 아니라, 그러한 관계가 이웃, 학교, 그 외 다른 환경 등 더 넓은 지역사회 속에서 어떻게 작용하는가에 대한 아동들의 관점을 반영해 줄 수 있다.

그림은 아동들 고유의 성격뿐 아니라 타인들의 영향 및 타인들을 어떻게 지각하고 타인들과 어떠한 경험을 하고 있는지를 반영해 줄 수 있다. 그림은 아동들의 세계와 다르게 그려지지 않는다. 부모, 중요한 타인, 지역사회, 사회가 모두 아동들의 표현 내용에 영향을 미치며 그들의 그림에서 관계가 종종 드러나게 된다. 이런 점에서 아동들의 그림은 세계 안의 자신에 대한 그들 고유의 이야기이며, 성격뿐 아니라 타인에 대한 관찰, 가치, 판단, 인식과 함께 가족, 학교, 지역사회, 사회와의 관계를 반영해 준다.

07 아동그림의 신체적 · 영적 측면

아동의 그림에서 신체적 · 영적 측면은 아동미술 표현의 다른 측면에 비해서 그리 널리 연구되지 않았다. 아동미술에 관한 대부분의 문헌들은 아동의 창조적인 활동에만 주목했으며, 여기 앞에서 다루어진 범주 외에 아동의 그림에 다른 요소가 있을 수 있다는 것에 대해서는 등한시하였다. 분명 신체적, 영적인 측면은 이 책에 나와 있는 다른 주제들과도 중복되는 부분이 있을 것이다. 그러나 이 두 측면은 아동의 미술 표현에 대한 어떤 독특한 차원을 나타내 주고 있으며, 신체적 · 영적인 측면은 삶에 위협이 되는 질병을 경험하거나, 큰 슬픔이나 죽음을 경험한 아동들이 그리는 그림을 이해하는 데 특히 의의가 있기 때문에 그 자체로도 중요하다 하겠다.

'신체적(somatic)'이라는 용어는 정신이나 환경과 구별되는 것으로 육체에 속해 있거나 육체와 관련된 것으로 정의할 수 있다. 아동과 아동이 그린 그림의 신체적 측면은 신체적인 손상이나 무력,

심각하거나 만성적인 신체적 질병을 표현하거나 묘사한다는 특징을 내포하고 있다. 후자의 경우, 미술 표현은 암이나 심장병, 신장병, 외과수술이나 절개수술 혹은 사고나 학대로 인한 심각한 외상 등과 같은 삶을 위협하는 질병이나 상황에 대한 아동의 표현을 반영하기도 한다.

아동의 그림에 있어서 영적(spiritual) 측면이란, 신, 천사, 종교적인 상징물, 귀신, 초자연적인 존재 등과 같은 불가해한 실체에 대해서나, 교회나 종교에 관련된 아동의 느낌을 반영한다는 특징을 가지고 있다.

'개인의 한계를 초월한(transpersonal)'이라는 용어는 때때로 'spiritual'이란 용어로 대치되며, 인간을 초월하고 문화를 뛰어넘은 현상을 설명하는 데 사용되고 있다. 이 용어의 문자 그대로의 의미는 '자아를 초월하는(beyond the self)'이다. 또 '종교적(religious)'이란 용어는 정신적인 측면을 암시하기도 하나, 종교는 영적인 것을 표현하는 하나의 수단에 불과하다. 이 장에서의 '영적인(spiritual)'이라는 용어는 종교적인 신념뿐만 아니라 자아를 초월한 어떤 것을 인식하고 경험하는 것으로 사용할 것이다.

이 장에서는 아동의 그림에 신체적, 영적인 측면이 얼마나 반영되어 있는지를 알아보고자 한다. 이 장의 전반부는 아동이 의료적 개입이나 처지에 반응하여 신체적인 질병을 어떻게 표현하며, 질병에 대한 신념을 어떻게 표현하는지를 알아보는 데 초점을 맞출 것이다. 또한 후반부에서는 삶에 위협이 되는 질병이나 슬픔을 경험한 아동이 자신의 그림에 영적인 문제를 어떻게 표현하는지 살펴보고자 한다.

아동의 그림에 표현된 신체적 상태

앞의 제2장에서 저자는 8세 여자아이가 자신의 모습을 그릴 때 계속해서 검은색의 무언가를 그려 넣는 것에 대해 설명했었다. 치료과정 중에, 그 여자아이는 그 검은 것이 위가 아파서 느끼는 고통과 관련이 있다고 말했다. 그 소녀는 고통에 대해서 말하면 가족에게 짐이 될까봐 이야기할 수 없었던 것이다. 대부분 자신보다는 다른 가족구성원들을 더 우선시하는 학대 가정의 아동들과 마찬가지로 그 소녀도 자신이 경험한 신체적인 고통에 대해서 이야기할 수 없었던 것이다. 그 아이가 반복해서 사용한 검은색은 자신의 감정과 관심을 나타내는 하나의 방법이었으며, 특히 알리고 싶지 않은 신체적인 증상을 표현하는 방법이었던 것이다. 비록 그림 한가운데 계속해서 검은색을 칠하는 것이 모두 신체적인 고통이나 병을 의미하는 것은 아니지만, 흔히 볼 수 있는 것은 아니며, 신체적인 상태와 관련이 있을 수 있다는 것이다. 그 소녀와의 경험은 미술치료사로서의 저자의 경력에 전환점이 되었는데, 이전에는 아동의 미술 표현이 신체적인 상태를 나타내거나 반영할 수 있다는 가능성에 대해서 전혀 생각해 본 적이 없었기 때문이다.

비록, 아동의 그림에 나타난 신체적인 상태라는 주제를 다룬 학자들은 거의 없지만, 이러한 측면에서 아동의 묘사를 이해할 수 있는 전례들이 있기는 하다. Lowenfeld(1947)(4장 참조)는 아동이 그리는 인물화에서 신체적인 손상의 징후를 첫 번째로 찾아낸 사람이다. 그는 동일한 신체부분을 반복적으로 왜곡하거나 훼손하는 그림을 그리는 아동은 결함이나 장애 등과 같은 신체적인 문제를 가지고 있을 수도 있다는 점을 깨달았던 것이다. 예를 들어서, 신체의 일부분에 마비가 온 아동은 자화상을 그릴 때 한쪽 다리나 팔만 짧게 그리는 식으로 나타낼 수 있으며, 혹은, 팔이 부러진 아동은 부러진 팔을 크게 그리거나 다른 색으로 칠하는 것 등으로 강조해서 그리기도 한다. 비록 아동이 사람을 그릴 때 자신의 신체적인 상태에 따라 특정한 신체 부위를 강조하기는 하지만, 다른 이유로도 왜곡된 신체를 그림으로 나타낼 수 있다는 점을 염두에 두어야 한다.

그림을 관찰할 때, 치료사는 이러한 왜곡이 발달적 혹은 정서적인 원인에 의한 것인지, 아니면 단순히 아동의 창의적이고 예술가적인 파격에 의한 것인지에 대해 주의해야 할 필요가 있다.

Uhlin(1979)은 Lowenfeld처럼 신체적으로 손상을 입은 아동이 그림을 그릴 때 자신의 상태를 어느 정도 반영한다는 것을 지적하였다. 그는 신체적인 손상 자체뿐만 아니라, 이러한 손상에 대한 아동 자신의 반응도 그림에 나타난다고 생각하였다. 바꾸어 말하면, 아동은 다양한 방법으로 신체적인 손상이나 상태를 반영하고, 이러한 반영이 그림으로 표현된다는 것이다. 신경학적 손상을 입은 아동을 대하면서 Uhlin은 '신체상 투사(body image projec-tion)'라는 용어를 붙여 아동의 신체적인 상태를 암시한다고 생각되는 여러 그림 표현의 특징들을 찾아냈다. Lowenfeld처럼 그는 신경장애나 기타 손상을 입은 아동들이 자신의 손상된 신체부위에 대해 의식적, 무의식적인 느낌을 표현하는 과장된 표현이나 생략 등이 담긴 많은 그림을 관찰하였다.

Matorana도 아동의 신체적인 손상에 따라 영향을 받는 그림의 유형을 분류하였다. 예를 들어서, 단순히 "사람을 그려 보아라."라고 했을 때, 정형외과적인 문제가 있는 아동이라도 대부분 정상적인 모습을 그린다(Uhlin, 1979). 그러나 자화상을 그려 보라고 했을 때는 3/4 정도의 아동들이 과장되거나 왜곡된 신체 부위를 그리거나, 혹은 생략 등을 통해서 신체 손상에 대한 자신의 느낌을 반영하였다. 이러한 결과는 그림의 유형이 이미지의 내용, 적어도 신체적인 특징이라는 측면에 지배적인 영향을 미친다는 것을 명백히 나타내는 것이다.

신체적인 손상의 경우, 치료사는 특정한 아동의 신체적인 상황이나 장애에 대해서 미리 알 수 있으며, 아동의 그림을 통해 아동과 더 쉽게 친밀해질 수 있다. 암이나 신장병, 심장병 혹은 기타 질병으로 아픈 아동의 경우, 그림을 통해서 아동이 자신을 어떻게 표현하고 있는지를 알아내기가 쉽지는 않다. 그림은 치료사에게 말로 표현하기 어려운 고통이나 증상, 의료적인 치료에 대한 아동의 반응, 외과수술, 약물치료, 앞으로의 병세, 회복, 악화 등에 대한 아동의 인식에 대한 정보를 제공하는 것이다(Malchiodi, 1993).

Susan Bach(1966, 1975, 1990)는 심각한 병을 앓고 있는 아동의 그림이 신체적인 정보를 담고 있다는 것을 알아낸 몇 안 되는 사람 중 한 명이다. 정신분석학자인 Bach는 아동의 무의식적인 그림에 흥미를 가지기 시작했고, 정서적인 갈등을 이해하는 하나의 방편으로 그림을 사용하는 방법을 연구하게 되었다. 그녀는 신체적인 측면을 포함하여, 다양한 차원에서 아동을 이해할 수 있는 가능성을 깨달아, 아동의 그림이 "심리적인 상태와 정신적인 상태를 반영할 뿐만 아니라 신체의 상태도 반영한다."고 지적하였다(Bach, 1990, p. 8).

> 자유롭게 색칠하기(free painting)는 전형적인 색깔, 모양, 모티브 속에서 특정한 신체적인 질병을 반영하기도 한다. 이것들은 정확한 질병 상태와 과거의 외상적인 사건을 되돌아보게 할 수 있다. 종종 증상을 인식하기에 앞서 앞으로의 질병의 경과, 심지어는 자각증상이 없는 병세의 진행과정까지도 나타낼 수 있으며 동시에 이것은 진단으로는 밝혀낼 수 없는 것이다(1975, p. 87).

비록 Bach의 연구가 미술 표현의 치료적인 가치보다는 진단도구로서의 미술 표현에 초점을 두고 있지만, 아동의 미술 표현을 신체적인 측면에서 이해하는 데에는 중요한 공헌을 했다.

이후에 Furth(1988)는 신체적인 상태가 실제로 진단되기 몇 주나 몇 달 전에 아동의 무의식적인 그림을 통해서 은밀히 표현되기도 한다고 강조하였다. Bach처럼, Furth도 그림에 질병, 회복, 경과를 예언하는 내용이 담길 수 있다고 지적하였다. '즉흥적인 그림(impromptu drawings)'이라고 일컫는 Furth의 연구는 아동의 표현에 있어서 많은 부분들이 미술 표현을 통해서 나타나며, 개인 내적인 정보와 대인 간의 정보에 주의를 기울여야 할 뿐만 아니라 그림을 통해서 나타나는 신체적인 상태의 가능성에 대해서도 주목해야 한다고 강조하였다.

환자들과 일하면서 저자는, 아동이 자신의 그림을 통해서 직관적으로 자신의 신체적인 상태를 표현한다는 데 주목하였다. 그 아이들은 수술, 방사선 치료, 약물치료 등과 같은 의료처치 과정에 대한 자신들의 반응을 그림을 통해서 나타내기도 한다. 의심할 여지없이 많은 아동들이 수술을 받거나, 화학요법을 받거나, 방사선 치료 등 고통스러운 치료를 받을 때 자신의 공포, 분노 등의 감정들을 표현했다. 그러나 어떤 아동들은 자신의 신체적인 상태와 관련된 보다 직접적인 경험을 표현하기도 하였다. 예를 들어서, 신장을 이식받은 7세의 아동은 자화상에서 자신의 몸통 상반신 부분에서 신장이 툭 튀어나온 것처럼 그렸다([그림 7-1]). 이식수술을 받은 아동들이 모두 자신이 겪는 경험을 이런 식으로 표현하는 것은 아니며, 왜 몇몇 아동들이 이런 식으로 그림을 그리는지에 대해서는 알 수 없다. 저자의 경험으로는, 수술 혹은 치료과정과 관련해서 이러한 특징을 보이는 아동들은 자신의 몸에서 일어나는 일에 대한 공포, 의혹, 혼란들을 외부에 알리고 싶어하는 것일 수 있다.

신장수술을 받은 또 다른 아동의 경우가 있는데, 그 여자아이는 수술을 받을 당시 막 10대에 접어든 시기였는데 누가 자신의 몸에 수술자국을 남겼는지, 자신이 남들에게 예쁘게 보이는지에 대해서 상당한 관심을 보였다. 그 아동은 또한 이식된 신장에 대해서도 관

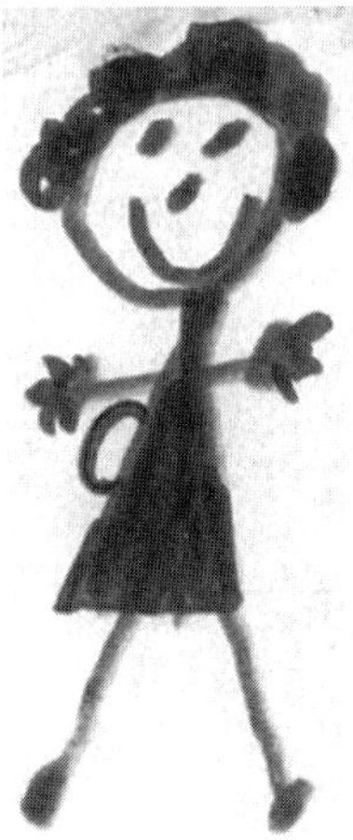

[그림 7-1]
몸에 붙은 신장을 그린 7세 여아의 사람 그림

심을 가지고 질문했으며, 자신의 몸에 다른 사람의 장기가 들어 있다는 것이 어떤 의미가 있는지에 대해서도 궁금해하였다. 그 아동의 그림은 다른 7세 아동들의 그림처럼, 치료사가 개입할 만한 시각적인 단서를 제공했는데, 그림 속에는 그 여자아이의 두려움, 병에 대한 인식, 공포가 드러나 있었다. 치료과정 중에, 신체적인 질병으로 인해 병원에 입원한 대부분의 아동들은 치료과정의 일부로 약물치료를 받게 된다. 아마도 이러한 치료가 그 아동들이 그린 그림의 내용과 형식 측면에 영향을 주었을 것이다. 신장에 문제가 있는 아동의 그림은 이런 아동들에게 약물이 영향을 주었을 가능성을 나타내기도 한다. 예를 들어서, 신장 이식 수술 후 스테로이드 약물을 투여받은 13세의 여자아이는 자신과 다른 사람을 그릴 때 비정상적으로 머리가 큰 그림을 계속해서 그렸다([그림 7-2]). 스테로이드 약물은 얼굴이나 신체의 일부분이 붓는 것을 포함한 심각

[그림 7-2]
신장 이식 수술 후 스테로이드 약물을 투여받은
13세 여아의 머리가 강조된 자화상

한 부작용을 초래한다. 이러한 그림 특징(확대나 왜곡)을 보이는 발달단계에 있는 아동이 자신의 그림에서 어떤 중요한 것들을 강조하거나 눈에 띄게 하기 위해서 그린 그림은 구분하기가 어렵다. 그러나 좀 더 사실적인 그림을 그리거나 신체 비율이 맞는 그림을 주로 그리는 연령의 아동이나 청소년의 경우에 이러한 특징을 보이는 것은 좀 더 중요하게 다루어져야 하며, 스테로이드 약물의 부작용과도 연관될 수 있다.

색과 신체 상태

아동이 그림을 그릴 때 특정 색을 사용하는 것은 신체적인 상태와 깊은 관련이 있을 수 있는 특징 중 하나다. Perkins(1977)는 3세에서 12세의 건강한 아동과 삶에 위협이 되는 심각한 질병을 앓고 있는 아동들의 그림을 비교하는 예비연구를 수행하였다. 이 연구의 결과, 심각한 질병을 앓고 있는 아동은 그림을 그릴 때 특히 특정 색을 사용하여 자신의 신체적이고 예지적인 측면을 표현한다는 생각을 뒷받침해 주었다. Perkins는 암이나 병의 예후가 좋지 않아서 삶에 위협을 받고 있는 아동들의 그림은 색의 선택, 상징, 그림의 구도 등에서 닥쳐올 죽음에 대해 인식하고 있음을 나타낸다는 것을 발견하였다. 이런 특수한 연구에서, 심각한 질병을 앓고 있는 아동들은 검은색을 계속 사용하였다. Perkins는 "여러 그림에 나타난 검은색으로 칠해져 있는 부분은 아동에게 있어서 질병의 악영향을 보여 주는 것과 관련된다. 검은색은 여러 색 중에서도 얼굴 없는 악령, 동굴, 악(vice), 뒤덮인 그림자, 어두운 집 등을 상징한다.”(1976, p. 9)라고 하였다.

빨간색은 통제집단(건강한 아동)과 삶에 위협을 받는 아동 집단 모두가 사용하였으나, 아픈 아동들이 좀 더 많이 사용하였으며, 주로 피와 관련된 부분에 사용하였다. 몇몇 아동들은 빨간색을 신체적인 상태에 대한 신호로 사용하였는데, 주로 신체적인 질병을 앓고 있는 아동의 그림에서 볼 수 있었다. 예를 들어서, Bach는 빨간색은 심각한 화상이나 고통, 혹은 종양 등과 관련이 있으며, 백혈병이나 기타 혈액 관련 질병을 앓고 있는 아동들의 그림에서도 빨간색이 사용된다는 것을 발견하였다. Levinson(1986)은 심각한 화상을 입은 아동들과 작업하면서, 빨간색과 검은색이 고통과 외상을 표현할 때 사용된다는 것을 발견하였다. 화상으로 입원한 아동과의 임상 경험에서 그녀는, 아동들에게 그림 그려진 인형에 색칠해 보라고 하면 자신이 화상을 입은 신체 부분에 해당되는 인형의 신체 부분에 항상 빨간색이나 검은색으로 색칠한다는 것을 알았다.

저자는 백혈병을 앓고 있는 아동과의 경험에서 빨간색이 아동의 그림에서 두드러진 역할을 하는 것을 발견하였다. 예를 들어서, 백혈병 치료를 위해 최근 병원에 입원한 6세의 여자아이는 빨간색 태양을 그리면서 그 안에 주근깨 같은 점들을 찍어 놓고, 많은 빨간색 열매가 떨어지는 사과나무를 그렸다([그림 7-3]). 7세의 한 남자아이도 ‘세계(the world)’라고 이름 붙여 얼굴을 그리고, ‘혹(bumps)’이라면서 빨간 점들을 그려 넣었다([그림 7-4]). 이 남자아이의 경우 얼굴에 그린 빨간 점들은 병의 예후를 알아볼 수 있는 요소가 될 수 있다. 이틀 후에 그 아동의 얼굴과 팔에서 작고 붉은 색의 출혈이 있었는데 이는 백혈병의 징후였다. 백혈병에 걸린 많은 아동들의 그림에서 빨간 표시, 점, 혹은 뾰족한 것들이 보여지

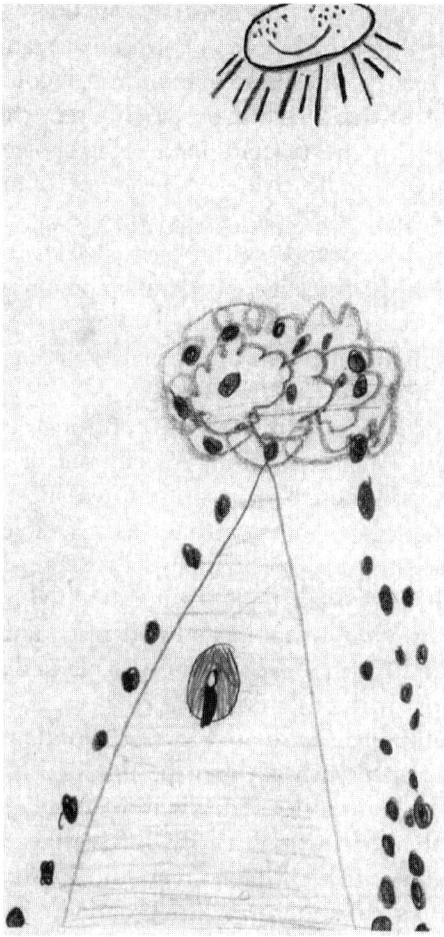

[그림 7-3]
백혈병을 앓고 있는 7세 여아가 그린
빨간 점을 가진 빨간 태양과 열매가 떨어지고 있는 사과나무 그림

며, Perkins(1977)가 지적한 바와 같이 사과나무 혹은 떨어지는 열매 등과 같은 과일나무를 무의식적으로 그리기도 한다.

Bach(1990)는 아동의 미술 표현에 있어서 색은 특정한 의미를 가지고 있다고 생각했는데, 또한 사용되는 색의 '명암'의 중요성에

[그림 7-4]
백혈병을 앓고 있는 7세 남아가 그린 빨간 '혹'으로 덮인 '세계'

대해서도 강조하였다. 명암이라는 용어는 색의 선명도를 나타내는 것인데, 색의 밝기 또는 농도와 관련된다. 예를 들어서, 분홍색은 밝은 빨간색에 비해서 덜 강렬한 색이다. 아동의 그림에서 볼 때, 초록색은 보통 성장과 치유의 의미를 내포하지만, 아동이 어두운 초록이나 더 밝은 초록색을 그림에서 사용하는 것은 전반적인 건강 및 병의 예후 측면에 있어 보다 중요한 의미가 될 수 있다. Bach(1990)의 연구결과에 의하면, 아동이 그림을 그릴 때 어두운 초록색을 주로 사용하는 것은 건강이나 혹은 회복의 징후를 보이는 것이고, 반대로 밝은 초록색을 사용하는 것은 그 아동이 신체적으로 약해져 있거나 혹은 어떤 경우에는 치료 후에 건강이 회복되는 것을 나타내는 것일 수 있다. 달리 말하자면, 색에는 다양한 의미가 내포되어 있으며, 이는 아동이 그림을 그리거나 색칠할 때 그 색을 어떻게 사용하는가에 따라 다르다.

질병에 대한 아동의 믿음과 그림

아동이 갖고 있는 자신의 병에 대한 개인적인 믿음이 그림에 표현된다는 것은 그리 놀랄 만한 일은 아니다. Banks(1990)는 3세에서 15세까지의 아동들을 대상으로 아동이 건강과 병에 대해 갖고 있는 생각들, 즉 감기는 왜 걸리며, 세균에는 어떻게 감염되는가, 약이 어떤 효과가 있는가에 대해서 어떻게 인식하고 있는지를 연구하였다. 사람을 병들게 하는 눈에 보이지 않는 '세균'에 대해서 아동이 어떻게 이해하고 있는지를 알기 위해 그리기 과제가 주어졌다. 연구 대상을 3세에서 5세, 7세에서 8세, 9세에서 12세까지로 하여 아동을 세 그룹으로 나누었다. 가장 어린 연령대의 아동들은 낙서나 휘갈긴 것 같은 그림을 그렸다. 이보다 좀 더 높은 연령대의 아동들(5세) 대부분은 뿔, 못, 크고 뾰족한 이와 같은 비인간적인 특징들을 가진 사람이나 동물과 유사하게 얼굴 혹은 형태를 그려, '괴물(monster)'로 분류하였다. 이 괴물은 7세에서 8세의 아동들에서도 잘 나타났던 특징인데, 이 연령대의 아동들은 생물학과 건강에 대한 지식이 늘어남에 따라 일종의 세포 같은 모양을 그렸다. 좀 더 나이든 9세에서 12세의 아동그룹은 대부분 하나 혹은 기타 유형의 세포로 된 세균의 그림을 그렸다. 아동과 인터뷰를 병행하면서 그림을 분석한 결과, 아동이 질병에 대해 갖게 되는 개념은 외부적인 것(괴물)에서 내부적인 것(몸 안에 있는 질병을 일으키는 세포)으로 바뀐다는 것을 알게 되었으며, 이렇게 외부적인 것에서 내부적인 것으로 인식이 바뀌는 것은 아동의 연령변화와 질병을 일으키는 것에 대한 정보를 알게 됨에 따른 것이다.

이 연구는 신체적인 질병이 있는 아동을 치료할 때 그림을 사용하도록 강조하고 있다. 아동이 자신의 병에 대해 갖고 있는 생각이 병이 일어난 원인을 인식하는 데 영향을 미치기 때문에, 왜 자신이 아픈지에 대한 느낌과 인식에 영향을 줄 수 있다. 많은 아동들이 자신이 아픈 것에 대해서 죄의식을 가지며, 자신이 뭔가 나쁜 일을 해서 아픈 것이라고 생각한다. 이는 병을 '괴물'이나 벌로써 당연시하는 어린 아동들의 경우에서 두드러지나, 좀 더 나이든 아동들도 이와 유사한 생각을 가지기도 한다. 예를 들어서, 장기간 골수암을 앓고 있는 9세의 남자 아이는 왜 자신이 끔찍한 고통을 주는 병에 걸려야 했는지 의문을 가지며, '자신이 나쁜 일을 했기' 때문에 악마가 벌을 주는 것이라고 자주 말하곤 하였다. 이 시기에, 이 남자아이는 수술대 위에서 고양이를 고문하는 악마 그림을 그리곤 하였다([그림 7-5]). 이 그림은 부분적으로는 남자아이가 받고 있는 방사선 치료나 외과수술과 같은 치료과정을 나타내기도 하지만, 그와 더불어 골수암의 결과로 겪고 있는 심한 신체적 고통과도 관련이 있다. 그러나 이 그림의 또 다른 중요한 주제는 처벌로서, 심한 고통을 주는 처벌이 포함되어 있을 뿐만 아니라 이러한 고통이 특히 악마에 의한 것이라는 점이다.

그림은 질병이나 치료과정에 대한 아동의 인식과 감정을 나타낼 뿐 아니라 치료사로 하여금 앞으로 아동에게 일어날 일에 대해 준비시키고 질병과 치료에 대한 믿음을 바꾸게 하는 데에도 유용하다. 예를 들어서, 아동이 수술을 받아야 한다면, 치료사는 그림을 통해서 아동이 치료과정에 대해 느끼는 문제와 감정을 표현하도록 도와줄 수 있다. 치료를 고문의 형태로써 묘사하는 아동의 경우에, 치료사는 아동과 치료에 대해서도 대화하고, 고통스럽고 두려운

[그림 7-5]
골수에 걸린 9세 남아가 그린 '수술대 위에서 고양이를 고문하는 악마' 그림

치료과정에 적응하는 올바른 방법을 찾을 수 있도록 도와줄 수 있다. 아동이 고통의 근원과 치료, 결과에 대해서 관심을 가질 때, 특히 삶을 위협하는 상태가 아닌 보통의 아동들을 안심시켜 줄 때, 그림은 아동의 고통과 증상을 표현하도록 해서 아동이 가지게 되는 의문, 관심, 공포를 이해하는 데 도움을 줄 수 있다.

앞에서 언급했던 십이지장 궤양이 있는 어린 소녀의 예는, 아동이 아프건 건강하건 간에 아동을 다루는 치료사가 주목해야 할 또 다른 점을 강조하고 있다. 아동에게 누가 상처를 주었냐고 묻는 것도 중요하지만, 명백한 신체적인 문제가 없을 경우, 아동들은 자신의 몸에 특정한 느낌이나 감정이 있다고 생각한다는 점이다

(Malchiodi, 1982, 1990, 1997). 새로운 집으로 이사를 가거나, 부모가 별거나 이혼하는 것에 대해 염려하거나, 학대받거나 상처를 입거나, 가족의 죽음을 경험한 아동의 경우, 저자는 이러한 것들이 이후에 아동의 정신신체적(psychosomatic) 문제로 이어지거나, 아니면 단순히 아동이 느끼고 있는 정서적인 고통을 이해하는 데 유용한 정보가 된다는 것을 알게 되었다. 아동이 그림을 통해서 이러한 것들을 표현하도록 하기 위해, 저자는 종종 마커나 색연필, 크레파스 등으로 사람의 몸을 색칠해 보게 하는데([그림 7-6]), 저자에게 그 몸 안 어디에서 걱정, 공포, 분노, 슬픔 등의 감정이 느껴지는지 보여달라고 한다.

미술치료사들과 여러 정신건강 전문가들은 최근에 이와 비슷한 과제를 개발하였다(Gregory, 1990; Shoemaker, 1984; Steele et al., 1995). 아동은 이 과제를 통해서 최소한, 외상이 자신의 몸 안(머리, 배, 심장)에 있으며, 그것을 어떻게 느끼고 있는지(아프다, 뜨겁다, 역겹다)에 대해서 인식할 수 있다. 이러한 작업은 외상이나 가까운

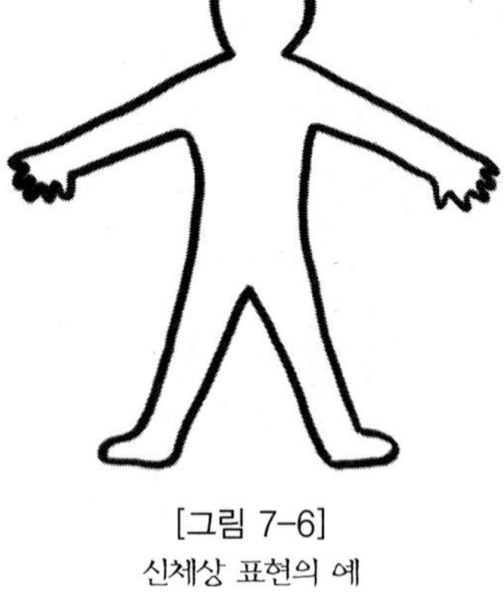

[그림 7-6]
신체상 표현의 예

이의 죽음 경험에 대한 신체적인 측면을 강조하는 것으로, 중재와 평가 시 그림을 사용하는 것이 중요함을 말해 주고 있다. 대부분의 경우에, 치료사는 외상이나 죽음을 직면한 결과로 아동이 가지게 되는 신체적인 문제의 가능성에 대해서 항상 염두에 두어야 한다. 궤양에 걸린 어린 여자아이의 경우에, 장기간의 외상으로 인한 스트레스가 그 아동의 위장에 심각한 영향을 주었음이 분명하다. 그 여자아이가 그린 사람그림을 보면, 특히 색을 반복적으로 사용하여 신체적인 고통을 강조하였는데, 이는 이 아동이 자신의 문제를 쉽게 이야기할 수 없었기 때문에 자신의 심각한 의료상황을 나타내는데 그림이 유용하게 사용되었다.

아동의 병세나 질병을 이미 알고 있는 경우에, 아동에게 질병이나 증상에 대해 느끼는 것을 그려 보라고 하는 것은 아동이 신체적인 문제를 개인적으로 어떻게 경험하고 있는가를 이해하는 데 유용할 것이다. 몇몇 경우에, 이것은 치료사와 의료전문가들이 아동의 병세에 대해서 좀 더 정확한 판단을 하는 데 도움이 되기도 한다. 아동의 두통에 관한 연구에서(Lewis et al., 1996), "네가 두통에 대해서 어떻게 느끼고 있는지를 그림으로 그려 보렴."이라고 요청하였을 때, 대부분의 아동은 자신들의 증상을 그림으로 그렸다. 이는 의료진이 두통을 분류할 때(편두통, 긴장성 두통, 기타) 도움이 된다. 많은 경우, 아동은 말로 하는 것보다 그림을 통해서 더 효과적으로 자신의 특정한 증상에 대해서 이야기할 수 있다. 예를 들면, 경험하고 있는 고통의 질이 종종 그림을 통해서 구분된다는 것이다. 편두통을 앓고 있는 아동은 세게 치거나 망치질하거나, 욱신욱신 쑤시는 것으로 묘사한 반면, 어떤 아동들은 자신의 머리 주위를 악령이 둘러싸고 있거나 벨트로 둘러싸여 있는 그림을 그렸다. 비록 연구대상 아동의 수가 적었지만, 연구결과에서 나타난 경향은, 그림이 의료적 진단에 대한 보조자료로써 아동이 갖고 있는 신체적인 불편을 이해하는 데 도움을 준다는 것이다.

신체적 질병과 장애를 가진 아동들을 치료할 때 특별히 고려해야 할 점

신체적인 손상을 입거나 이상이 있거나, 병이 있는 아동들에게 그림을 그리게 할 때 고려해야 할 여러 중요한 요인들이 있다. 첫째로, 신체적인 이상이 있거나 병이 있는 아동은 그림 그리기나 미술 표현에 있어서 아프지 않은 아동과 다를 수 있다는 것을 인식하는 것이 중요하다. 신체적인 문제는 아동이 미술을 표현하는 능력에 여러 영향을 줄 수 있다. 예를 들어서, 이 장에서 예를 든 아동들도 모두 심각한 질병을 앓고 있기 때문에 그림을 그릴 때 상세한 표현이나 형태, 내용 측면에 영향을 미치게 된다. 심각한 질병의 경우, 치료사들은 아동이 고통, 불편함, 쇠약 등으로 인해서 때로는 그림을 그리지 못할 수 있다는 것을 고려해야 한다. 반면에 그림을 아주 상세하게 그렸던 아동이 형태나 내용을 단순하게 그리기도 하는데, 이는 건강한 아동에 비해서 그림을 그리는 신체적인 능력이나 기력이 떨어지기 때문이다.

신체적인 질병이나 손상을 입은 아동의 미술치료 시에는 매체나 활동을 신중히 고려해야 한다. 아동에게 주어지는 미술 재료의 유형에도 주의를 기울여야 한다. 예를 들어서, 아동은 색연필보다는 펠트마커로 그림 그리는 것을 더 즐거워할 수 있고, 또 그와 반대일 수도 있다. 이는 아동이 무엇을 편안하게 느끼느냐에 따라 다르다. 그림을 그릴 때 신체적인 장애 때문에 선을 긋기가 힘든 아동의 경우, 치료사들은 그림도구를 아동의 손이나, 침대에 누워 있거나 휠체어에 앉아 있는 아동에 맞추어 테이프로 감는 등 재료를 조절해 줄 수 있어야 한다.

대부분 신체적으로 아픈 아동들이 있는 병원 환경에서는 치료사들 자신뿐만 아니라 아동도 적응할 수 있도록 도와주어야 한다. 정맥 주사병이나 모니터 같은 의료기기를 옆에 두고 아동의 침대 머리맡에서 미술 작업을 하려면 독특한 기구가 필요하다. 아동이 그림을 그릴 때 유용한 기구는 베드트레이(bedtray)뿐이다. 이것은 병원에 머무를 때 필요한 물병이나 기타 관련 용품을 놓는 데도 사용할 수 있다. 아물지 않은 상처, 심각한 화상 등 면역체계가 약한 아동과 상담할 때는 감염에도 주의해야 한다. 이러한 경우에, 환자에게 해를 끼치지 않는 미술 활동을 하도록 하는 것이 어려워, 치료사는 아동 및 다른 사람 모두에게 감염 위험을 줄일 수 있는 제한된 미술 재료만을 써야 한다. 아동에게 그림 그리는 도구를 제공하는 것은 대부분이 해롭지는 않지만, 전염가능성이 있는 질병이 퍼지거나 노출될 위험을 줄이기 위해서 안전하게 새 크레파스나 마커, 연필을 제공할 필요도 있다.

부가적으로, 의료진이 끊임없이 아동의 건강상태를 확인하거나 친지나 가족들이 병문안 오는 것을 감독하기 때문에 아동과 그림을 그리거나 미술 작업을 하는 것이 개인적이고 은밀한 치료과정이 아닌 일종의 공적인 일로써 여기게 한다. 아동의 미술 활동 과정을 혼란시키고 불가능하게 만드는 속성이 있기 때문에 프라이버시는 중요하다. 병원에 있는 아동이 방해받지 않고 그림을 그리거나 아동의 미술 표현에 대해서 치료사와 아동이 개인적으로 이야기할 적당한 시간과 장소를 찾는 것은 쉽지 않은 일이다.

신체적 질병이나 이상이 있는 아동은 우울해지거나 신경질적이기 쉽다. 어떤 아동들은 수술, 치료, 장기간 동안 집이 아닌 장소에서 머무는 것 때문에 신체적으로 지치기도 하고, 자신의 주변 환경이나 질병, 혹은 자신에 대한 가족의 걱정과 불안 등으로 무서워하기도 한다. 공포, 혼란, 슬픔 등의 강한 감정들은 아동으로 하여금 치료를 거부하게 하거나, 어떤 종류의 의사소통도 하기 어렵게 만든다. 그러나 이러한 상황에도 불구하고 많은 아동들이 치료사의 특별한 지지하에 창조적인 일에 아주 열중할 수 있다는 것은 놀라운 일이다. 그림 그리기는 이러한 상황에 놓인 아동이 할 수 있는 몇 안 되는 활동 중 하나이며, 의료적인 검사나 계속되는 치료에서 탈출하여 잠깐 동안의 휴식을 갖게 해 주는 것이다. Bach(1990)는 미술 표현이 정신적 · 신체적 측면을 표현하는 데 중요한 역할을 한다고 다음과 같이 지적하고 있다.

> 아동이나 성인이 자신의 삶에서 어떤 결정적인 순간에 맞닥뜨리게 되면 될수록 그림을 그리고 싶어하게 된다. 삶과 죽음이라는 상황 하에서, 지금까지 사용해 본 적이 없는 원천들이 작동되고 표현되는 것이다(p. 9).

이러한 생각은 질병으로 인해 삶을 위협받고 있는 아동들에게 미술이 얼마나 중요한 역할을 하는지 강조하는 것이다.

결과적으로, 신체적 혹은 정신적인 측면에서 그림의 특성을 명확하게 인식하는 것은 어려울 뿐 아니라 불가능할 수 있다는 사실도 인정해야 한다. 십이지장 궤양에 걸린 어린 소녀가 자신의 모습을 검은색으로 칠한 것은 폭력적인 가정에서 자랐기 때문에 받아왔던 심각한 정서적인 고통을 표현한 것이었다. 사람그림에 여기저기 표시한 그림을 그린 아동도 수술과 장기이식에 따른 신체상의 변화에 대한 공포와 불안을 표현한 것이라 볼 수 있다. 신체적인 질병이나 장애가 있는 아동과 일하는 치료사들은 자신이 맡은 환자의 의료적인 상태에 대해서 보통 잘 알고 있다. 이러한 정보를 마음에 두고, 아동의 그림을 객관적으로 보는 것은 아주 어려운 일이다.

아동그림의 영적 측면

아동의 그림에서 영적 측면이란, 아동미술의 다른 측면과 비교해 볼 때 여러 이유로 인해 별로 주목을 받지 못했다. 20세기 정신의학과 심리학의 대가인 Freud는 자신의 저서에서 영적인 주제에 대해서는 별로 관심을 두지 않았다. Freud에 비해 영적인 개념에 대해서 좀 더 긍정적이었던 Jung도 영적인 경험은 아동기가 아닌 인생의 후반기에 해당한다고 생각하였다. 치료에 있어서 영적인 측면이 중요하다는 점이 비록 최근 몇 년 들어 점차 인정되는 추세이기는 하나, 아직도 많은 치료사들이 아동을 치료하는 데 있어서 이러한 이슈를 받아들이거나 인식하는 것을 주저하고 있다.

Robert Coles(1990)는 아동과 일했던 경험, 그리고 구두 면접 및 그림을 통한 아동의 '영적인 삶(spiritual lives)'에 대한 연구를 통해, 영적인 경험에 관한 아동의 인식과 표현을 이해하는 데 새로운 관심과 흥미를 일으켰다. 비록 아직도 아동이 성인처럼 영적인 경험을 하는지에 대해서는 의문이 남아 있기는 하지만, 그의 연구는 종교적인 신념과 신, 천국, 악마, 천사에 대한 생각, 유령과 초자연적인 세상의 형태로 영적인 사건에 대해서 생각하고 경험한다는 증거를 제공해 주고 있다. 이 분야에 대한 Coles의 흥미는 그가 보스턴에서 인공호흡장치를 달고 있는 아동들과 일했던 경험에서 영향을 받았다. 그 아동들은 자신의 힘으로 어찌할 수 없는 상황에서도 자신의 삶의 의미를 찾았으며, 강한 영적인 믿음과 신념을 가지고 있었다. 이러한 경험으로 인하여 Coles는 아동의 개인적인 종교적, 영적인 삶이 임상적인 이해를 하는 데 있어 중요한 요소이며, 아동과의 임상작업에 중요하다고 확신하게 되었다. 그는 대화와 그림 그리기를 통해서 500명 이상의 아동들을 상대로 영적인 삶에 대해서 연구하였으며, 아동도 성인과 다르지 않게 영적인 문제에 대해 많은 의문점을 가지고 있다고 결론을 내렸다.

Kübler-Ross(1983)는 자신의 죽음에 대해서 이야기할 수 있는 3세에서 4세의 아동들은 죽음에 임박한 것을 인식하며, 자신의 경험을 그림과 같은 상징적인 수단을 사용하여 전한다는 점을 지적하였다. 죽어가는 아동을 대상으로 한 Kübler-Ross의 치료 연구는 아동의 영성(spirituality)에 대한 지식을 넓히는 데 기여했다. 아동의 미술 표현에 있어서 영적인 측면에는 종교적인 상징, 영적인 이미지, 유령, 죽은 사람에 대한 그림 등이 포함되어 있다. 치료사들은 아동에게 미술을 통해서 신 등의 영적인 존재, 종교, 죽음을 표현해도 괜찮다고 안심시켜 주어야만 한다.

다음 부분은 영적인 측면이 아동의 그림에 어떻게 표현되는가를 알아보는 것이다. 이러한 조망이 독자들에게 유용한지에 대해서는 개인적인 신념과 특히, 아동의 경험에 있어서 영적인 측면의 중요성을 어떻게 받아들이느냐에 달려 있다. 많은 치료사들은 아동이 보통 형식적인 조작기가 되어야만 추상적인 사고를 할 수 있기 때문에 아동이 어떤 형태로든 영성을 받아들일 능력이 있다는 것을 믿지 않는다. 형식적인 조작기 전까지는 죽음에 대한 아동의 사고가 구체적이며, 가족의 종교적인 신념에 의해서 주로 영향을 받는다고 생각되어 왔다. 또 어떤 사람들은 영적인 문제가 아동의 치료에 있어서 적절치 않다고 생각하며, 그렇기 때문에 아동의 그림에서 영적인 것을 찾아내는 것이 별로 유용하지 않다고 생각하기도 한다. 몇몇 치료사들은 영적인 주제에 대해서 불편한 감정을 가질 수도 있는데, 이는 치료사 개인의 신념과 일치하지 않거나, 이런 부분에 대해서 아동과 치료해 나갈 자신이 없다고 여기기 때문이다.

영성과 영적인 신념, 종교에 대한 치료사의 개인적인 편견은 특히 통합적 인식으로 아동을 이해하고 아동을 치료하는 데 있어서 중요하다. 종교적, 혹은 영적인 주제가 담긴 그림은 정서적, 발달적 관점에서 이해되지만, 이와는 약간 다른 시각에서 바라보는 것도 중요할 수 있다. 삶에 위협이 되는 질병을 앓고 있거나 사랑하는 사람을 잃은 아동들에게 있어서 그림은 영적인 문제에 있어 특히 중요하다. 모든 아동들이 영성이나 종교적인 믿음과 관련하여 자신의 생각을 표현하고 인식할 수 있다 하더라도, 죽음의 위기가 본질적으로 아동에게 신, 종교, 죽은 후에 무슨 일이 생기는가에 대해 의문을 던져주기 때문에 위기를 경험하는 아동들의 그림에 나타나는 영적인 측면이 특히 의미가 있다는 것이다.

말기 질환과 죽음에 대한 아동의 표현

죽음의 과정에 임박하는 것을 포함하여, 심각하고 회복하기 어려운 질병은 아동에게 깊은 외상을 경험하게 한다. 아동은 언어만으로는 자신의 감정과 욕구를 제대로 표현할 수 없다. 그러나 표현하지 못하는 공포, 의문, 불안 등을 그림을 통해 관련시켜 표현할 수는 있다. 아주 아픈 아동은 신체적인 것(즉, 수술, 신체 변화, 약물의 부작용)뿐만 아니라 더욱 깊고 좀 더 존재론적인 수준에서 자신에게 무슨 일이 일어나는지를 정리하는 데 도움을 받아야 한다. 그들은 신, 천국, 천사 등과 같은 영적인 문제에 대해서 의문을 가지며, 자신이 죽으면 어떤 일이 일어날지에 대해 그림을 통해서 자신의 생각을 탐구한다. 부모, 형제자매, 혹은 소중한 사람을 잃은 아동도 이와 비슷한 방식으로 자신을 탐구하고 표현하는 데 미술을 사용할 수 있다.

아동이 죽음과 죽는다는 것에 대한 이해 정도를 논하는 데는 몇 가지 의문점이 있다. 앞에서 언급했듯이, 어떤 사람들은 초기 아동기에 죽음에 대한 개념을 완전히 이해하는 것은 불가능하며, 형식적인 조작기가 되어서야 가능하다고 믿는다(Piaget, 1959). 그 전에 아동은 죽음과 죽는다는 것을 이해하는 특별한 발달단계를 거쳐야 한다. 예를 들어서, 전조작기에 해당되는 3세에서 5세의 아동들은 죽으면 끝이라는 것을 이해하지 못하고, 죽었다가 다시 살아나거나 일종의 헤어지는 상태로 이해한다. 5세에서 9세까지의 좀 더 높은 연령의 아동들은 죽음을 인과관계로 본다. 그들은 죽음을 나쁜 짓이나 사악한 일을 한 결과로 생각하는 것이다. 9세에서 10세가 되면, 아동들은 죽음을 인생에 있어서 피할 수 없고 불가피한 것으로 이해하게 되며, 질병이나 신체 기능에 영향을 주는 어떤 다른 환경의 결과로 이해한다(Wass, 1984).

어떤 사람들은 심지어 아주 어린 아동이라도 죽음과 죽는다는 것에 대해 상당부분 인식하고 이해할 수 있으며, 성인처럼 죽음에 대해 영적인 질문을 할 수도 있다고 확신하고 있다. Kübler-Ross (1983)는 아동이 '죽음에 대한 정신내적 지식'을 갖고 있으며, 특히 꿈이나 미술 표현 등의 상징적인 묘사를 통해서 드러내보인다고 지적하고 있다. 그녀는 다음과 같이 말하였다.

> 만약 사람들이 아동이 자신이 죽을병에 걸렸다는 것을 알고 있다고 의심되면, 이 아동이 병원에서 진단받기 이전에 그린 그림이나 시를 한 번쯤 살펴볼 필요가 있다. 이는 흔히 의식적, 혹은 지식에 의한 것이 아니라 전의식적인(pre-conscious) 자각이다. 이는 '내적이고, 영적이며, 직관적인 차원'에서 비롯되며, 이러한 실체를 부정하거나 거부한다고 할지라도 아동은 점차 앞으로 닥쳐올 변화에 직면할 준비를 하게 된다(p. 134).

Kübler-Ross의 연구는 삶에 위협받거나 심각한 질병에 걸린 아동, 혹은 가족이나 근친의 죽음을 경험한 아동을 치료할 때 아동이 표현한 작품을 좀 더 다른 시각에서 이해할 필요가 있음을 강조한다. 부모, 형제, 자매 등 사랑하는 사람을 잃거나 자기 자신이 죽음에 직면함으로써 생기는 깊은 슬픔은 치료사가 아동의 미술 표현을 정서적, 발달적인 측면 이외의 시각으로 이해하도록 요구한다. 특히 아동의 마저 끝맺지 못한 일에 대한 내적 직면, 세상을 떠나

는 것에 대한 투쟁이나 의문, 죽는다는 것을 받아들이는 일 등은 그림 그리기와 같은 창의적인 활동을 통해서 전달될 수 있다.

저자가 처음 미술치료사로 일할 때, 어린 소녀들을 접하면서 아동이 미술을 통해 특히 영적인 문제와 관련해서 무엇을 표현하는지 잘 알 수 있는 기회를 가지게 되었다. 대안학교에 다니던 타고난 재능을 지닌 13세의 사라라는 소녀는 할아버지의 갑작스런 죽음 앞에서 심각한 우울에 빠졌다. 그 소녀와 할아버지는 매우 친밀했다. 그 소녀는 일 때문에 바빴던 부모보다 할아버지와 실제적으로 더 가까웠다. 아이의 할아버지는 할아버지로서의 역할뿐만 아니라, 부모로서의 역할까지 했었기 때문에 할아버지의 죽음은 소녀의 인생에 있어서 깊은 상실감을 가져다주었다.

슬픔에 잠겨 몇 달을 보낸 후에, 사라는 미술치료에 참여하였는

[그림 7-7]
청소년기 이전 여아가 그린 '돌아가신 할아버지의 꿈'

데, 이전에 노트에 그린 작은 그림을 저자에게 들고 왔다([그림 7-7]). 꿈속에서 할아버지는 친척들, 아동들, 손주들에게 둘러싸여 큰 의자에 앉아 있었고, 사라는 할아버지의 오른쪽에 앉아 있었다. 꿈속에서, 할아버지는 모든 사람들에게 축복을 내려주며 사라에게 자신은 떠나야만 했으며, 지금 사라가 잘 살고 있다는 것을 안다고 말하였다. 그러고서 사라는 하늘에서 내려오는 순록을 보았으며, 순록이 할아버지를 멀리 데려갔다. 사라는 꿈속에서 '너무나 평화로운 느낌'을 받았으나, 자신과 할아버지를 떼어놓은 순록에 대해서는 어찌할 바를 몰랐다고 설명하였다.그러한 혼란스러움에도 불구하고, 사라는 순록의 모습에서 안락함을 느꼈다고 하였으며, 이러한 경험이 사랑하는 할아버지를 잃은 슬픔을 어느 정도 가라앉혀 줄 수 있었다.

이 꿈과 꿈의 내용은 불가해한 이미지의 측면을 보여 주고 있으며, 자아를 뛰어넘는 어떤 경험을 보여 준다. 사라의 꿈에 나오는 순록의 모습을 정서적인 측면에서 보자면, 순록은 현실(할아버지가 죽었다는 사실)이며, 할아버지의 죽음이라는 위기를 해결하고 있다. 또한 영적인 문제와 경험에 대한 사라의 인식과도 관련이 있다고 말할 수 있다. 사라의 꿈은 죽음과 사후세계에 대해 자신이 인식하고 있는 것을 나타내고 있다. 사라의 간단한 그림에서도 할아버지와의 강한 유대감을 분명히 볼 수 있으며, 언어로 잘 설명할 수 없는 것을 그림을 통한 은유로 잘 나타내고 있다.

비록 가까운 가족이나 사랑하는 사람을 잃은 아동의 그림에 대한 연구가 거의 없지만, 삶에 위협을 받거나 심각한 질병을 앓고 있는 아동의 미술 표현에서 보여지는 특정한 형태, 색깔, 내용 등에서 영적인 측면에 대한 이해와 인식에 대해 어느 정도의 지식을 쌓을 수 있을 것이다. Bach(1966, 1975, 1990)는 그림을 통해서 신체와 정신이 모두 표현된다고 믿었는데, 죽음에 임박한 아동의 그림에서 나타날 수 있는 특정한 요소들을 발견하였다. 그녀는 그림을 그릴 때 종이의 왼쪽 상단 부분을 주목하여 그들이 도로와 길 등을 그린다는 것을 알았다. Bach에 따르면, 이는 날이 저물어 해가 지는 움직임을 나타내며, 죽음이 가까워졌음을 나타낸다고 하였다. Bach는 그림이나 색칠하기에 있어서 왼쪽 상단 부분은 영적인 문제와 특히 관련이 있거나, 죽음과 죽는다는 것에 대한 아동의 경험을 나타낸다고 하였다. Perkins(1977)는 오래 살지 못하거나 심각한 질병에 걸린 아동들을 대상으로 한 연구에서, 건강한 아동의 그림에 비해 왼쪽 상단 부분에 태양이 더 많이 그려졌다고 하였다.

Bach의 연구를 보고도 저자는 아동의 그림에서 특정한 부분이 죽음에 대한 경험과 관련이 있다는 점에 대해서 회의적이었다. 그러나 저자가 암이나 에이즈에 걸린 환자를 돌보면서, 몇 주나 몇 달밖에 살지 못하는 아동들과 성인 모두 종종 이러한 왼쪽 상단 부분에 길이나 통로, 빛(태양이나 달)을 그린다는 것을 종종 보게 되었다. 할아버지로 인해 슬픔에 잠긴 사라는 순록이 할아버지를 그림의 왼쪽 상단 부분으로 데려갔다고 설명하였다. 이러한 것이 우연일 수도 있겠지만, 그림 그리는 종이의 왼쪽 상단 부분이 '삶으로부터 멀어지는 것'이라는 Bach의 이론과도 관련이 있을 수도 있다는 것을 전제해야 한다.

죽음에 임박한 아동들의 그림에서 볼 수 있는 또 다른 요소들은 그들이 경험한 영적이고 초월적인 측면과 관련이 있다. 예를 들어서, Bach(1966)와 Perkins(1977) 모두 죽음이 임박한 아동은 집을 그릴 때 처마밑에 창문을 그려 넣는다고 보고하였다. Bach는 이를

'영혼의 창문'이라고 명명하였는데, 집을 그릴 때 지붕이나 처마에 작고 때로는 둥근 모양의 창문을 그린다는 것이다. 스위스의 민간 전승에서 보면, 영혼의 창문은 최근에 죽은 사람이 집을 떠날 때 이용하는 곳이다. 비록 미국에는 이와 비슷한 이야기가 없으나, Perkins(1977)는 삶에 위협받는 아동들도 집그림에서 이러한 창문을 그려 넣는다고 보고하였다.

죽음에 임박한 아동의 그림에서는 이와 유사한 다른 이미지들이 많이 나타난다. Perkins(1977)는 그림에 뱀을 그리는 것은 자신에게 심각한 위기가 닥쳐왔을 뿐만 아니라, 자신의 변화를 암시할 수도 있다고 하였다. [그림 7-8]은 심각한 백혈병에 걸린 소녀가 그린 그림인데, '빗속에서 산을 지고 가는 뱀'을 묘사한 것이다.

이 경우 뱀은 혹독한 기후 속에서 무겁고, 거의 옮기기 불가능할 것 같은 짐을 운반하고 있다. 이 아동은 그림을 그리는 동안 자신에게 별 도움이 안 된다고 생각하는 의료처치를 받는 중이었다. 이 아동은 자신의 절망적인 상황을 받아들이고, 의사가 자신을 치료하지 못할 뿐 아니라 몇 주 후에 죽는다는 사실을 받아들임으로써 마지막 변화를 시도했던 것이다. 비록 죽어가는 아동의 그림에서 보여지는 이미지들이 그들이 경험한 것과 특히 관련이 있지만, 이러한 이미지들은 건강한 아동의 그림에서도 흔히 볼 수 있는 것이며, 대부분 이런 이미지들은 보통 하나의 의미로 범주화하기 어렵다. 그러나 아동에게 민감해야 할 치료사들은 아동들이 때로는 마음에 고통이 되는 이미지들을 그린다는 것을 인정하고, 그림을 통해서 죽음과 죽는다는 것에 대한 의문을 탐구할 수 있도록 비판적이지 않은 태도를 취하는 것이 특히 중요하다. Allan(1988)은 심각한 질병을 앓고 있는 아동을 치료하면서, 죽어가는 아동의 경우 "아

[그림 7-8]
백혈병을 앓고 있는 7세 여아가 그린 '빗속에서 산을 지고 가는 뱀'

동의 의견을 기본적으로 배려해 주고 기꺼이 들어주는 것은 삶의 여정에서 많은 부분 아동을 효과적으로 도와줄 수 있다."(p. 115)라고 하였다.

죽어가는 아동에게 있어서 그림을 통해서 표현되는 영적인 문제를 치료사들이 이해하기는 어렵지만, 분명하게 인식하고 지지해 주어야 한다. Bach(1990)는 심각한 질병을 앓거나 죽어가는 아동과 일하는 치료사들에게 유용한 몇 가지 조언을 하였다.

> 아동이나 부모 옆에서 우리의 의무를 다 한 후에, 나는 우리들을 포함한 환자의 주위를 에워싸고 있는 사람들에 대해서 좀 더 주의 깊게 보아야 한다는 것을 느끼고, 이러한 상황에서 보게 되는 것과 알게 되는 것을 감당할 자신이 있는지 평가해 보아야 한다고 느꼈

다. 이는 심각한 질병을 앓고 있는 아동의 그림을 연구한다는 것이 어려운 일임을 깨닫게 해 주었다. 즉, 아동의 특별한 상황을 확인하지 않고도 아동이 어떻게 느끼는지 아는 것이 중요하다는 것이다(1990, p. 147).

Bach는 아프거나 죽어가는 아동의 그림이 그들을 돕는 전문가들에게 커다란 영향을 미친다고 강조하였다. 병마와 싸우는 아동의 그림은 고통, 괴로움, 쇠약함, 죽어가는 과정 등을 반영하며, 직면하기 매우 어려운 문제나 심각한 신체적 질병을 앓고 있는 아동들의 치료 작업에 매우 중요한 역할을 한다.

영성과 종교에 대한 구체적 표현

아동의 그림에 있어서 구성이나 내용은 제쳐두고라도, 많은 아동들은 그림 속에 종교적인 경험과 개념을 포함한 구체적인 영적 신념을 표현한다. 예를 들어서, 기도와 같은 종교적인 행위를 그리는 아동은 가족 내에서 배웠던 그러한 행위에서 편안함을 느끼는 것일 수 있다. 죽은 친척들을 천사로 그리는 아동이 있는 반면에([그림 7-9]), 아주 어린 아동의 경우에는 죽은 친척이 유령이 되어 자신의 침실에 나타날까 봐 두려워하기도 한다([그림 7-10]).

후자의 경우는 4세의 남자아이였는데, 자신이 어린 남동생을 죽게 해 달라고 빌었던 것에 대해 걱정하고 있었다. 그 결과, 남동생이 죽었을 때 죄의식과 공포를 느꼈던 것이다. 아동들은 흔히 어떤 사람에게 나쁜 일이 일어나게 해 달라고 빌었기 때문에 그 사람이

[그림 7-9]
교회 위로 날아가고 있는 돌아가신 아버지를 그린 7세 남아의 그림

죽었다고 생각하고, 그 결과로 죄의식을 느끼게 된다. 아동이 이러한 생각을 그림을 통해 표현할 때, 그 대상은 유령이나 악마의 모습으로 표현되기 때문에 이를 인식하고 알아두는 것이 중요하다. 그림에 나타나는 신체적인 측면에 대한 부분에서 논의한 바와 같이,

[그림 7-10]
유령으로 나타난 남동생을 그린 4세 남아의 그림: 그림 상부에 있는 것이 유령이다

몇몇 아동들은 자신의 병을 일종의 처벌로 받아들이고 과거에 잘못 한 일에 대해서 신이나 악마가 벌을 준다고 느낀다([그림 7-5] 참고).

비록 죽어가는 아동들에 대해 좀 더 초점을 두어 언급하고는 있으나 학대나 외상, 혹은 상실감으로 인해 심각한 위기에 있는 아동들도 그림에서 영적, 혹은 존재론적인 의문을 나타내 보일 수 있다는 것도 알아야 한다. 예를 들어서, 아버지로부터 심하게 학대받은 소녀와 그 여동생은 칼로 심장을 꿰뚫는 그림을 그리면서 이렇게 물었다. "왜 신은 저에게 이런 일을 할까요?"

또 어떤 아동들은 그림을 통해서 죽은 사람들은 어디로 가는지, 사후세계는 어떤지에 대해서 궁금해할 수도 있다. 어린 모르몬교도의 아동은 다른 가족과 나란히 있는 죽은 아버지를 그렸는데, 언젠가는 죽은 아버지를 살아 있는 것처럼 볼 날이 있을 것이라는 종

[그림 7-11]
언젠가 '천국'에서 볼 수 있을 돌아가신 아버지를 그린 8세 여아의 그림

교적인 가르침 때문이었다([그림 7-11]).

형제가 사고로 죽은 어느 소년은 죽은 형제를 검은색으로 칠했는데, 죽은 형제가 지금 천사가 되어 날개를 달고 천국에 있는지에 대해서 계속 질문함으로써 치료사를 당황하게 했다. 슬픔에 잠긴 아동들이라고 해서 항상 언어로 슬픔을 표현하지는 않기 때문에, 미술 표현은 아동들이 자신의 공포, 두려움, 혼란을 표현하는 효과적인 방법 중의 하나다.

아동들은 자신의 죽음에 대한 의문을 그림을 통해 시각적으로 표현할 수 있다. 죽으면 사람들은 어디로 갈까? 죽은 엄마는 하늘에서 나를 내려다보고 계실까? 죽은 사람들은 다시 돌아올까? 치료사들이 이러한 질문에 대해서 특정한 종교적인 자세를 가져야 할 필요는 없다. 그러나 아동의 이러한 관심에 대해서 편견 없는 태도를 취해야 한다. 보통 아동들은 자신들의 문화, 가족의 신념 체계와 부합되는 대답을 스스로 만들어가기 때문이다.

Coles(1990)는 아동의 그림에 있어서 영적인 측면을 존중하고 인식하는 데 중요한 이론적 근거를 제시하였다. 그는, "아동은 자신에게 일어나는 일에 대해서뿐만 아니라, 왜 그런 일이 일어나는지에 대해서도 알려고 한다. 그렇게 함으로써, 그들은 기타 여러 가지 해석 가능한 대답들을 끌어낼 뿐 아니라 자신들이 경험하고 배운 영적인 가치에 부합되는 종교적인 생활을 해 나가게 된다." (p. 100)라고 하였다. 스트레스적인 사건을 극복하려는 아동의 능력인 회복력(resiliency)은 아동의 영적인 능력과 특히 관련된다(Center for Children with Chronic Illness and Disability, 1996). 모든 사람들이 종교적 혹은 영적으로 강한 신념을 가져야 할 필요는 없지만, 그래도 치료사들은 아동의 미술 표현을 통해 그 신념을 나타내는 강한 개인적 특성이 있음을 알아야 한다. 질병이나 근친을 잃은 슬픔과 싸우고 있는 아동들에게는 그림에 나타나는 이러한 신념에 대해 최소한 잘 인식하고 지지해 주어야 하며, 적어도 아동으로 하여금 이러한 신념이 삶에 위협이 될 만한 신체적인 상해나 사랑하는 사람을 잃은 슬픔에 대처하도록 하는 데 중요한 요인이 된다는 것을 알아야 한다.

결론

심각한 질병이나 죽음에 임박한 아동을 상담하는 데 있어서 중요한 것은, 그들의 그림에 흔히 나타나는 신체적, 영적 요소 모두를 기억하는 일이다. Furth(1981)은 Bach와 죽어가는 아동들에 대한 그의 연구에 주목하면서, 신체와 정신 모두 "개인의 삶과 건강에 밀접한 관련이 있으며……. 우리는 간접적이고 즉흥적인 아동들의 그림, 특히 심각한 질병이나 죽어가는 아동들의 그림에서 그 연관성을 찾아야 한다."(p. 67)라고 하였다. 이런 점에서, 그림은 치료사로 하여금 삶에 위협을 받는 아동과 죽음에 임박한 아동들을 좀 더 완전히 이해할 수 있도록 도와주는 하나의 방법인 것이며, 이러한 아동들이 '신체와 영혼 간의 조화를 이룰 수 있도록' 도와줄 수 있다(Furth, 1981, p. 69).

08 아동그림에 대한 윤리적 고려사항

아동의 그림과 관련된 윤리적 문제는 아동을 대상으로 미술 활동을 하는 치료사들을 놀라게 할 수 있다. 미술치료사들을 제외하고 아동들에게 치료 또는 평가의 한 부분으로 그림을 그리게 하는 대부분의 치료사들은 아동의 미술 표현에 대한 특별한 윤리적 문제에 대해 훈련이나 교육을 받지 않아 왔다.

흔히 시각적으로 매력적이고, 관심을 끌며, 호기심을 자아내는 아동의 그림과 그 밖의 창작물에 있어서 아동의 표현이 보호되어야 하고 선택할 권리, 소유할 권리가 있다는 사실, 그리고 비밀이 반드시 존중되어야 한다는 중요한 의미를 내포하고 있다는 것을 쉽게 잊는다. 저자가 치료사로 일할 때, 아동들은 울부짖고 싶은 자신의 심정을 다른 사람들, 특히 자신의 작품을 잘 이해해 주는 전문가나 보호자(caregiver)와 나누려는 시각적으로 강렬한 내용의 미술 표현들이 많았다. 깊은 정서적 감정과 가족문제에 대해 말하기를 꺼려하고 마음이 꼬여 있는 이야기들이 몇몇 아동들, 특히 외상이나 학대, 상실 또는 비극을 경험해 본 적이 있는 아동들의 그림에 강하게 표현되어 있었다. 이 책에 제시되어 있는 많은 그림들도 강한 메시지와 내용을 전하고 있다. 그러나 각각의 그림은 그 핵심적인 내용이나 견해를 설명하기 이전에 중요한 윤리적 문제가 요구된다. 비밀유지(confidentiality)와 전시(display), 소유권(ownership)이나 그림을 다루는 것에 대한 문제, 그림의 보관(storage)과 처리, 그리고 아동과 그들의 그림에 대한 안전(safety)이 이에 포함된다.

아동그림에 대한 비밀유지와 전시

치료과정에서 그려진 아동의 그림을 다룰 때, 제일 먼저 고려되어야 하는 것은 비밀유지다. 비밀유지는 윤리적인 문제이기 때문에 모든 치료적 관계의 기본원리이며, 치료적 관계 속에서 드러난 정보로부터 내담자를 보호할 책임으로 정의된다(Corey, Corey, & Callanan, 1993). 치료사, 심리학자, 상담가들은 치료 중 혹은 상담 중에 아동이 말한 것을 보호해야 하는 것은 아는 반면, 그림은 항상 비밀적인 의사소통으로 간주하지 않았다. 실제로 많은 병원, 기관, 그리고 시설에서 그려진 아동들의 미술 표현들을 사적인 자료로 보지는 않는다. 내담자와의 대화 기록, 음성녹음 테이프, 비디오 테이프들은 잠겨진 파일에 보관하지만, 많은 치료사들은 미술 표현이 비언어적인 것이기 때문에 그렇게까지 하지는 않는다. 많은 경우, 미술이라는 언어가 아주 개인적인 것이어서 치료사들은 이러한 메시지와 내용이 변장되기 때문에, 그것을 보는 다른 사람에 의해 쉽게 해석되거나 이해되지는 않을 것이라고 생각한다.

이 책을 쓰면서 저자는 특정한 아동의 그림을 포함할 것인가, 하지 말아야 할 것인가에 대해 아주 어려운 결정을 해야 했다. 건강하고, 행복하고, 잘 순응하는 아동이나 자신의 그림이 출판된다는 사실을 흥미로워하는 아동들의 그림은 그런 결정이 상당히 쉬웠다. 그들의 작품은 정상아동의 발달적 특성과 긍정적인 경험을 나타낸 것이었다. 반면, 그렇지 못한 아동들의 그림을 결정하는 데는 여러 가지 영향을 미쳐 선택하는 데 매우 어려웠다. 아동의 신원을 알 수 있게 하는 특정한 상황, 사건 혹은 경험이 묘사된 그림을 책에 포함시키는 것은 자제했다. 비록 몇몇 그림이 실례를 들기에는 유익하여도 부모, 보호자, 아동 자신으로부터 허락을 받지 못했기 때문에 책에 포함시키지 못한 것들도 있다. 또 어떤 그림들은 허락을 얻었어도 치료 중에 그림을 통해 드러난 경험이 너무 개인적인 문제였기 때문에 독자들에게 도움이 됨에도 불구하고 포함시키지 않았다.

그림을 사용하는 어떠한 치료에서도, 그림에 특정한 상황이 표현되어 있음에도 불구하고 많은 치료사들이 비밀유지를 중요하게 생각하지 않는다. 예를 들어, 내담자를 보호하기 위해 그에 대한 생물학적 정보를 바꾼다 하여도 미술 표현의 독특성은 내담자의 사적인 측면을 쉽게 보호하지 못한다(Wilson, 1987). 몇몇 그림 표현은 독특한 자신만의 글씨체와도 같다고 할 수 있다. 그래서 그림을 그린 아동의 이름을 붙이지 않았어도 친척이나 친구들이 알아볼 수 있는 공공장소에서 그림을 전시하는 것이 때로는 상황을 복잡하게 만든다. 예를 들어, 어떤 그림은 아동에 대한 특정 정보를 드러낼 수 있고, 그러한 정보가 아동 혹은 가족의 복지에 손상을 줄 수 있기 때문이다. 일반적으로 자신의 가족그림을 그리라고 요구하면, 대개 알아볼 수 있는 세부 묘사를 그림에 잘 나타낸다. 마찬가지로 잊을 수 없을 정도로 큰 정신적 충격을 주는 사건을 경험한 아동에게 그림을 그리도록 요구한다면, 그 아동의 그림에도 다른 사람들이 알아볼 수 있는 세부 묘사와 특징이 나타날 수 있을 것이다.

이렇듯, 비밀이 표현되는 그림을 보호하는 데 대한 혼란스러움은 예술적인 표현 그 자체의 특성에서 비롯된다. 미술은 종종 마음속으로 생각하고 있는 그 무언가를 그려내게 된다. 아동들은 흔히 미술시간에 만든 자신의 그림이 다른 사람들이 보고 칭찬해 줄 수 있는 게시판이나 복도에 전시되기를 기대한다. 시각적인 이미지로 표현되기 때문에 미술은 흔히 다른 사람들과 공유되고, 다른 사람들에 의해 판단된다. 많은 아동들에게 있어서, 자신의 그림이 다른 사람들이 즐길 수 있게 전시되는 것은 매우 긍정적인 경험이 된다.

몇몇 미술 표현들은 치료실 밖의 환경, 즉 교실에서 미술시간에 또는 집에서 그려지는데, 이러한 작품들은 아동들 각자의 치료시간에 고려되는 비밀과는 관련이 없다. 그러나 치료 중에 다루어지는 미술 작품들에 있어서는 비밀유지와 사적인 것이라는 점에서 전시하는 데 문제점이 될 수 있어 중요성이 더 크다. 만약 이러한 그림 표현이 공공장소에 노출된다면, 아동의 최선의 이익이 되지 않을 수 있고, 아마도 아동 자신이나 타인에게 위험할 수도 있을 것이다(Knowles, 1996; Malchiodi & Riley, 1996).

학대를 경험했거나 학대로 의심되는 아동들에게는 종종 그들의 그림에 대한 특별한 치료와 윤리적 문제가 요구되며, 이들을 돕는 전문가들은 특히 그들이 민감하게 요구하는 비밀성을 보장해 주어야 한다. 특히 그들이 치료 중에 그리는 그림들은 특정한 상황, 즉 폭력이나 학대, 정서적으로 잊을 수 없는 충격적인 사건이 표현되었을 경우 일반인들에게 보여 주기에 적당하지 않은 내용을 포함하고 있을 수 있다. 어떤 경우에는 치료 중에 그려진 아동의 그림을 집에 가지고 가는 것이 적절하지 않을 수도 있다. 즉, 아동의 그림이 부모에게 학대당한 경험을 분명하게 드러내고 있을 때, 아동을 보호해 주는 그 누군가가 없이 노출된 상태로 부모에게 보여진다면, 어떤 일들이 아동들에게 일어날 것인가? 아동의 안전과 복지를 위해 아동의 미술 표현을 집에 가지고 가게 한다는 것은 분명 적절하지 않다. 이러한 이유 하나만으로도 아동들에 의해 표현된 미술 작품의 보관은 세심히 고려되어야 한다.

이는 왜 우리가 치료 중에 나타난 아동들의 표현을 고려해야 하고, 어떻게 다루어야 하며, 그들의 미술 표현에 대한 비밀과 내용을 고려하여 어떻게 아동의 권리를 보호할 것인지에 대한 많은 예들 중에 하나다. 이 예는 또한 학대나 폭력 내용이 아동의 그림에 나타나 있어서 아동의 미술 작품을 치료사가 계속 가지고 있는 것이 중요할 경우, 치료 초기에 아동에 대한 정보를 인식할 필요성을 강화하기도 한다. 치료 중에 그려진 미술 표현들을 왜 계속 가지고 있는지에 대해 아동에게 설명해 주어야 하며 또한 치료사가 내담자인 아동과 그들의 미술 작품을 존중하고 있다는 사실을 암시해 줄 필요가 있다.

왜냐하면 특히 스트레스를 받고 있는 아동이 그린 미술 표현들은 시각적으로 아주 강해서 병원이나 치료 센터에서 학대와 같은 아동 문제에 관심을 끌기 위해 그들의 그림을 전시하기를 원하기 때문이다. 비록 좋은 의도로 아동의 작품을 전시한다 하여도, 이것이 아동에게 최선의 이익이 아닐 수 있다. 저자는 저자의 고향에서 실시되었던 대규모의 거주 치료 프로그램에서 1년마다 공개되었던 아동들의 미술전시가 슬프게 떠오른다. 그 과정에서 아동의 작품을 공개하는 것은 정신치료의 한 과정으로서 사회에 복귀시키기 위한 치료미술반의 결정이었다. 비록 프로그램 관계자들이 아동들의 그림을 전시하는 것이 적절했다고 여기기는 했지만, 또한 아동들의 미술 표현은 병원의 프로그램과 관계자에게 주의를 끌기 위해, 그리고 시설 기금을 마련하기 위해서 전시되기도 했다. 공교롭게도 전시된 많은 작품들의 내용에서 많은 정보를 드러냈고, 아동들의 깊은 감정적인 측면을 나타내었다. 이러한 상황에서 문제시되었던 점을 덧붙인다면, 전시된 작품 중에 몇몇 아동들은 지역 뉴스방송에서 인터뷰를 함으로써 그 아동들의 비밀유지와 개인적인 측면에 손상을 입기도 했었다.

아동들의 미술은 흔히 시각적으로 감동을 주고 다채로우며, 있는 그대로를 표현하고, 사회적으로 관심을 끌 수 있기 때문에 가끔씩은 아동들의 미술이 기관 혹은 방송매체에 소개되기도 한다. 그러나 전시를 통해 더욱 센세이션을 일으키기 위해 미술 표현을 사회에 전하고자 하는 치료사들 또한, 이러한 활동이 과연 아동들의 최선의 이익을 위한 것인지, 아니면 아동들보다는 다른 사람의 이익을 더 위한 것인지, 아동들의 안전과 안녕에 손상을 입히지 않을지, 도움을 얻으려고 하는 아동 내담자를 근본적으로 보호하는 것과 관련된 것인지를 고려해야 한다. 불행히도 어떤 시설들은 아동의 그림을 광고 캠페인의 하나로, 프로그램에 관심을 끌어모으기 위해, 기부금을 원하고 전시한다. 그러나 이러한 형태의 전시가 아동을 위한 미술 활동을 다른 사람들에게 알리는 데에는 도움이 될

지 모르나, 항상 아동들에게 최선의 이익이 된다고 할 수는 없을 것이다.

아동이 자신의 작품이 공공장소에 전시된다는 것을 알고, 자신의 그림 스타일이나 내용, 분위기를 다르게 표현한다는 사실을 기억하는 것 또한 중요하다. 만약 아동이 자신의 미술 작품이 전시된다는 것을 안다면 자신의 그림이 어떻게 보여질지에 대해 염려하여, 자유로운 표현이 줄어들 수 있다. 그렇다면 이 시점에서 치료적 접근에 있어 한 가지 질문을 던질 수 있다. 만약 아동들이 자신의 작품이 전시된다는 사실을 안다면, 자신이 그린 것을 지워버리기도 할까? 아마도 일부의 경우는 그렇게 할 것이다. 왜냐하면 아동들은 치료 중에 흔히 자신들이 권위 있다고 생각하는 다른 사람들로부터의 승인을 구하기 때문이다.

어떤 상황에서는, 그림 전시가 그림을 그리는 과정만큼 중요할 수 있고, 때로는 비밀유지 문제를 무시하고 전시되는 경우도 있다. 예를 들어, 저자는 매맞는 아내와 자녀들을 위한 쉼터에서 미술치료사로 활동했었는데, 며칠 동안 감기가 걸려 상담을 하지 못한 적이 있었다. 다음 상담시간에 아동들은 저자가 상담하지 못했던 것에 반응을 보이기라도 하듯이 '점점 커져서 치료사를 잡아먹음'이라는 제목의 괴물 그림을 그렸다([그림 8-1]). 저자의 사무실 문에 붙은 이 그림은 중요한 경험이 되었다. 왜냐하면 저자의 사무실이 쉼터에서 일하는 그 어떤 사람들도 다 볼 수 있는 위치에 있었기 때문이다. 따라서 부끄럽기도 했고, 결코 다시는 상담을 빠지지 말라는 경고가 되었다. 저자는 아동들의 미술 표현을 공공장소에 전시해 두는 것을 불편하게 느끼고 있었는데, 이것은 어떤 상황에서는 그러한 일반 규칙을 따르지 않을 수 있음을 쉽게 이해할 수 있게 해

[그림 8-1]
'점점 커져서' 치료사를 잡아먹는 괴물: 크레파스로 그린 그림

주었다.

앞에서 언급했듯이, 미술 작품의 전시는 아동 치료 프로그램의 중요한 구성요소라 할 수 있으며, 아동의 정체감과 자신감을 유지시키고, 강화시키는 데 효과적인 방법이라 할 수 있다. 그림이나 미술 작품들을 만든 대부분의 아동들은 자신의 작품을 자랑하고 다른 사람들에게 보여 주고 싶어한다. 미술 활동은 자존감을 향상시키고, 자신의 가치와 자존감을 북돋워 주기 위해 특별히 계획된

것이며, 완성된 작품을 전시하는 것은 이러한 목표를 뒷받침해 줄 수 있다. 치료사들에게 아동들의 작품을 전시하는 것에 대해 고려해야 한다고 하는 것은 단지 윤리적인 관점에서뿐만 아니라, 치료적인 개입의 가치를 위해서다. 예를 들어, 아동들의 노력과 능력을 칭찬해 줄 수 있는 사람들과 함께 그들의 작품을 공유함으로써 자신의 가치에 대한 느낌을 중요시할 수 있다. 아동들이 자신의 삶의 어떤 부분에서 실패했다는 느낌을 갖고 있는 경우, 미술 표현은 아동들의 자존감의 원천이 될 수 있다.

치료과정에서 아동에게 위협적이지 않게 전시할 수 있는 몇 가지 방법들이 있다. 만약 기관 내에 공적인 장소가 아닌 안정된 공간이 있다면 선택적으로 안전하게 전시할 수 있다. 때때로 미술치료가 방에서 이루어지면 좋은데, 특히 그림을 걸거나, 평면작업을 위한 커다란 코르크 보드나 벽을 사용하는 것이 좋다. 저자의 사무실에는 적어도 치료기간 동안 아동의 작품을 전시해 둘 수 있는 공간이 있는데, 아동이 치료받으러 왔을 때 자신의 그림이 치료사의 사무실 벽에 붙어 있는 것을 보는 것은 중요하다. 일부 기관에는 내담자와 치료사 등 관리자만을 위한 제한 구역들이 있다. 만약 이곳이 다른 사람들로부터 손상되거나 그림을 가져가는 위험이 없다면 이 지역에도 제한된 기본 원리를 바탕으로 전시될 수 있다.

전시에 대해 결정하는 것은 쉽지 않을 것이다. 그리고 결정을 하기까지 고려되는 몇 가지 부가적인 요소가 있다. 몇몇 아동들이 자신의 작품이 전시된다는 생각에 처음에는 흥미로워 할지라도, 다른 사람들이 자신의 작품에 대해 무엇이라고 평가할지에 대해서 다루어주기란 쉽지 않을 것이다. 아동들은 칭찬까지도 위협적인 것으로 이해할 수 있고, 자신의 작품에 대한 긍정적인 의견을 이해하고 받아들이지 못할 수도 있다. 어떤 부모들은 아동이 표현한 미술에 대해 내용을 이해하지 못할 수 있고, 아동을 지지하는 데 있어 역효과를 가져오는 반응을 보일 수도 있다. 이러한 경우에는, 치료사가 부모에게 자녀들의 미술 작품에 대해 어떻게 반응하고, 이야기해야 하는지를 가르쳐 주는 것이 도움이 된다. 아동의 작품에 대해 어떤 이야기를 나눌 것이며, 어느 정도 적당한 칭찬을 할 것이며, 집에 돌아가서 아동들의 그림을 어떻게 전시할 것인지에 대해서 아동과 이야기해 본다면 앞으로 도달할 치료 목표에 매우 도움이 될 수 있다.

끝으로 미술 표현이 어떻게 다루어지든 간에, 치료사는 교육적인 목적을 두고 아동의 문제를 다루는 다른 여러 전문가들과 공유하기 위해서 미술 사례를 적절한 형태로 공개하게 된다(Malchiodi, 1996). 처음에는 미술 작품이 고려되어야 하고, 치료하는 동안과 적절히 치료된 후에는 아동의 비밀스런 이야기들이 고려되어야 한다.

소유권

치료 시 혹은 다른 환경에서 아동에 의해 그려진 그림의 소유권 문제는 간단한 일로 생각될 수 있으며, 대부분의 경우 문제로 보지 않을 수도 있다. 보통 미술은 제작하는 과정에서, 미술이나 그림 표현을 창작한 아동이 그리기를 좋아했고, 자신의 창작물에 대해 긍정적으로 생각할 때 자신의 그림을 가지고 싶어한다. 그러나 사정, 평가, 치료 등 그림의 목적이 어디에 있느냐에 따라 아동의 작품은 아동의 영구 기록의 일부분으로서 치료사가 보관할 수도 있다.

아동들의 미술 표현에 있어서 소유권 문제를 고려하는 것은 치료사들에게 중요하다. 만약 아동을 치료하는 동안, 아동에 대한 기록의 한 부분으로 그림을 가지고 있다면 이것이 과연 누구에게 역점을 두어 소유권 문제를 다루어야 하는지에 의문을 가질 수 있다. 비록 아동 자신이 작품을 만들었다고 하여도 치료기간 동안은 아동에 대한 책임이 치료사에게 있으므로 이러한 경우에는 아동의 작품에 대해서도 분명히 치료사에게 책임이 있다고 여겨진다. 또 어떤 경우에는, 아동에 대해서 법적인 책임을 가지고 있는 부모나 보호자의 소유로 생각될 수도 있다. 그리고 상황에 따라서 치료가 이루어진 기관 혹은 시설에서 아동의 기록을 소유해야 한다고 생각할 수도 있다. 소유권 문제는 쉽게 답을 내릴 수 있는 일은 아니나, 치료 활동의 일부분으로 그림을 사용할 때에는 깊이 고려해야 한다.

치료의 목적, 목표 그리고 제한에 있어서 내담자의 권리는 치료 과정에서 만들어진 아동의 작품에 대한 소유권에 대해 몇 가지 특별한 윤리적인 문제를 포함한다. 아동을 치료하는 과정에서 알게 되는 정보에 대한 문제는 많은 일반적인 윤리 문제를 일으킨다. 즉, 동의를 하거나 치료를 거부할 수 있는 아동의 능력 정도, 부모 동의나 참여에 대한 역할, 기록 보관 등 치료에서 비롯되는 다른 문제들이 있을 수 있다. 아동들이 법적인 능력이 없다고 여겨지기 때문에, 치료와 관련된 결정은 보통 부모나 보호자에 의해 이루어진다. 예를 들어, 아동의 이익을 부모나 보호자의 동의와 관계없이 다룰 수는 없기 때문에, 비밀유지는 초기부터 매우 어려운 문제가 된다. 치료 시 만들어진 그림이나 기타 미술 작품들은 치료실에 아동을 데리고 오는 성인의 소유물로 여겨질 수 있다. 따라서 소유권과 비밀유지에 대한 문제 모두 쉽게 답을 내릴 수는 없지만, 상황에 따라서 분명하게 고려되어야 할 문제다.

치료사가 아동에게 아동의 그림을 놓고 가라고 요구하면 치료사와 아동과의 관계에 또 다른 문제가 생겨날 수 있다. 비록 아동이 자신의 작품을 치료사에게 주는 것에 동의했을지라도, 아동이 속으로는 다르게 생각할 수 있다. 아동은 칭찬받기를 원하기 때문에 보복에 대한 두려움이나 거부에 대한 걱정 등으로 감정을 드러내지 않을 수 있다. 이러한 역동은 사실 학대나 방임, 혹은 아동의 삶에서 성인에 의해 상처받았던 경험이 있는 아동들에게 종종 나타난다.

다행히도 대부분의 아동들은 사람 그림과 같이 평가 또는 투사 그림 검사 도구로 사용된 그림을 소유하려고 하지는 않는 것 같다. 그들은 이것을 창조적인 활동이라기보다는 오히려 시험과 비슷하게 이해한다. 그러나 그리거나 색칠하거나 조각하는 것 등의 다른 재료로 하는 활동들은 더 재미있는 것으로 생각해서, 더 열심히 표현한다. 따라서 이러한 미술 표현이 더 많은 의미를 지니고 있으며, 성취감과 더 관련되고 자존감을 불러일으킬 수도 있다.

저자는 아동들과 많은 활동을 했는데 그 아동들은 저자가 자신들의 작품을 가지고 있기를 원한다고 이야기했다. 이러한 아동들은 대개 심한 정서적 외상을 가지고 있거나, 심한 위기를 경험해 왔거나, 혹은 신체적, 성적으로 학대를 받아온 아이들이었다. 그들의 그림은 주로 고통스러운 감정과 기억을 담고 있었다. 이러한 이미지를 그린 후에는 고통을 참을 수 있었을 것이다. 그들의 미술 작품들을 치료사가 가지고 있게 되면 아동들은 자신의 감정과 환경으로부터 안전하게 느끼는 경험이 될 수 있고, 미술 표현을 통해

치료사를 자신들의 고통을 조금이나마 덜어 주는 그릇(container)으로 볼 수 있다.

아동이 만약 자신의 미술 작품을 갖기를 원한다면, 아동의 특권으로 윤리적이고 치료적인 관점에서 존중되어야 한다는 것이 소유권에 대한 저자의 개인적인 견해다. 사진을 복사하여 쉽게 파일을 만들 수도 있고 만약 필요하다면 사진의 원본을 가지고 있을 수도 있다. 아동의 안전에 손상을 입힐 만한 미술 표현 내용이 있을 때, 혹은 미술 표현이 법정에서 증거로 사용될 경우에 한하여 미술 작품을 그대로 두어야 한다.

안 전

이 장에서 이미 거론된 많은 문제점들이 안전에 대한 것이다. 비밀유지, 그림 전시, 그리고 소유권 문제는 모두 어느 정도의 안전에 대한 측면을 포함하고 있다. 그러나 안전감을 주는 데에는 아동의 미술 영역에 있어 윤리적인 측면 등 다른 중요성도 관련된다. 아동을 대상으로 오랫동안 활동해 온 Rubin(1984a)은 미술치료에서의 안전에 대한 중요성을 다음과 같이 묘사하고 있다.

> 안전은 여러 종류의 표현 활동을 받아들인다는 것을 의미한다. 즉, 실제적이면서도 기괴한, 진보적이면서도 퇴행적인 면을 가지고 있는 이러한 측면들은 긍정적인 주제일 때도 있지만 때로는 부정적인 주제일 때도 있다. 제한은 아동의 충동적인 행동을 보호해 주는 데 도움이 되며, 따라서 크레파스, 분필을 사용해서 파괴적인

> 상상을 그림으로 표현하는 것은 안전한 반면, 사람을 괴롭히거나, 물건을 파괴하는 행동을 실제로 하는 것은 안전하지 못하다. 아동을 치료하는 데 있어, 이러한 활동은 아동 내부의 심리적인 위험을 치료할 뿐만 아니라 외부로부터 자신을 보호하기 위해서도 중요하다(p. 33).

치료 환경에서 아동에게 무엇을 그리거나 만드는 것에 대해 허용하는 문제는 안전과도 관련된다. 아동들은 일반적으로 자신이 원하는 것은 무엇이든지 그릴 수 있다고 해놓고, 그릴 수 있는 것에 대한 규칙이 있는 경우가 있을 때, 어떤 경우에는 아동의 무의식에 대해 억압(censorship)을 일으킬 수 있다(Haeseler, 1987). 예를 들면, 저자가 일했던 한 정신과에서는 그 기관에서 만든 규칙이 있었다. 그것은 바로 미술치료 시 사춘기의 환자들의 그림 내용을 제한하는 것이었다. 그 기관에서 만든 안내서에 의하면 환자가 폭력적인 그림이나 악마를 주제로 그림을 그리도록 허용하지 않았다. 이러한 제한은 특히 유행하는 록뮤직 그룹을 나타내거나, 보통 폭력이나 반종교적인 색채를 띤 내용을 그리는 청소년들에게는 힘든 일이었다.

미술 표현에 있어서 이러한 억압은 안전에 대한 문제로서 두 가지 관점으로 설명할 수 있다. 첫째, 그림을 통해 표현할 수 있는 것과 없는 것에 대한 규칙이 있을때, 자유로운 표현과 '안전한' 것, 혹은 받아들여질 수 있는 표현이 무엇이냐 하는 의문점을 가지게 된다는 것이다. 이는 아동의 그림 내용을 보고 나서 그 반응으로 규칙을 제시할 때 문제가 된다. 예를 들어, Haeseler(1987)는 다음과 같이 지적했다. 만약 처음에 자기가 원하는 것은 무엇이든 그릴 수 있다고 말했다면, 갑작스럽게 제시되는 규칙이 아동이나 청소년들에게서 분노감이나 배신감이 생기게 할 수 있다.

다른 한편으로는 폭력적인 그림이 몇몇 집단의 일부 아동 또는 집단 내에서 그려졌을 때 특히 문제가 될 수 있다. 미술 내용은 보는 사람들에게 큰 영향을 미칠 수 있다. 즉, 신체적인 또는 정신적인 외상을 지닌 아동들은 심각한 정신질환을 갖고 있거나 다른 아동들이 그린 강한 이미지의 그림을 보고 정서 조절이 잘 안 될 수 있다. 치료사로서 아동들의 안전과 복지를 위해 미술 표현 과정에서 아동을 다른 그림으로부터 보호해야 하는 상황이 있다는 것이다.

안전은 그리기나 창조적인 미술 활동을 하는 아동의 경험 면에서뿐 아니라 그림을 어떻게 다루느냐에 있어서도 중요하다. 만약 치료사가 아동의 그림을 잃어버렸거나, 마구 다루었거나, 망가뜨렸다면 아동의 신뢰를 순식간에 잃게 될 것이다. 아동의 작품은 안전하게 안정된 장소에, 다른 사람에 의해 손상되거나 부적절하게 다루어지지 않도록 안전하게 두어야 한다는 생각으로 보관되어야 한다. 아주 종종 치료사들은 아동의 그림을 존중하지 않거나 아동의 허락 없이 그림 위에 메모를 하거나 그림이 너덜너덜해지게 놓아두기도 한다. 아동의 창작물에 있어 '안전'에 대한 관심이 적은 것은 아동과 아동의 작품에 대한 치료사의 존중감이 부족하다는 것을 강하게 나타낸다.

마지막으로, 학대를 경험한 아동들의 그림과 관련하여 안전 문제를 강화시키는 것이 중요하다. 앞에서 언급한 바와 같이, 자신이 겪었던 성적, 혹은 신체적 학대를 드러내고 있는 아동의 그림에 대해서는 최대한 관심을 가져 조심스럽게 다루어져야 한다. 그런 경우에, 반드시 그림을 안전한 곳에 두어야 하며, 아동의 안전을 위협할 수 있는 환경에 노출되지 않도록 아동이 그림을 집에 가지고 가게 해서는 안 된다.

그림의 보관

가장 다루기 힘든 측면 중의 하나가 바로 아동들의 그림을 보관하는 것이다. 보관에는 두 가지 목적을 필요로 한다. 첫째, 샘플 혹은 중요한 그림과 표현들을 넣어둔 아동의 비밀 기록에 대한 것과, 둘째는 그리는 과정에 있는 그림(products-in-progress), 혹은 크기가 대형인 그림에 대한 것이다. 최소한 잠글 수 있는 보관 장소가 있어야 하는데, 이는 도둑, 손상 또는 사생활을 보호할 수 있는 안전한 곳에 미술 표현들을 놓아 둘 수 있어야 한다는 것이다.

아동 기록의 일부로 혹은 다른 이유로 보관되고 보존되는 그림은 치료기록과 마찬가지로 윤리적, 법적 모두에 있어 문제점을 일으킨다. 적어도 한 가지 윤리적 측면에서 보면, 미국 미술치료학회(American Art Therapy Association: AATA)에서 처음으로 그림이 치료 기록으로서 고려되어야 한다고 하였는데, AATA는 "미술치료사들은 주의 규칙과 철저한 임상실습에 일치되는 합당한 기간 동안 환자 치료 기록을 유지해야 하며, 치료 완료나 치료적 관계의 종결로부터 적어도 7년 이내까지로 해야 한다. 기록은 비밀을 유지하는 방법으로써 보관되거나 처리된다."(AATA, 1995)는 윤리강령을 제시하고 있다.

이 인용문은 치료기간 동안 만들어진 미술 작품은 '치료 기록

(treatment records)'으로 고려되어야 하며, 치료 기록이 있다면 7년 동안은 그 기록을 그대로 두어야 한다는 규정이다. 대부분의 치료사들은 아마도 그림을 그린 아동이 그림을 가져야 한다고 생각할 것이다. 그러나 이미 언급한 바와 같이 어떤 경우에는, 사실 미술 작품은 의학적 혹은 법적 기록이 될 수 있어서, 잠금장치의 파일이나 안전한 곳에 보관되어야 한다. 학대나 정신적 외상, 혹은 가정 폭력의 경우에는 아동의 그림을 반드시 보관해야 한다.

투사 그림의 사용과 윤리적 문제

지난 10년 동안 DAP, HTP 그리고 성격평가에 쓰이는 여러 '검사' 형식의 투사적 절차를 사용하는 윤리적 문제에 대해서 상당한 논의가 이루어져 왔다. 이러한 문제, 특히 신뢰도 문제는 1장에서 더 상세히 다루었다. 더 최근의 몇몇 그림 검사나 프로토콜은 평가에는 유용하나 표준화되지 않았고 충분히 검증된 것이 아니라는 많은 문제를 소지하고 있다(Malchiodi, 1994). 그러나 이러한 프로토콜은 아동을 평가하는 데 흔히 사용되기 때문에, 평가에 쓰이는 이러한 검사 사용에 대한 윤리적 문제를 고려하여 아동 개개인에게 미치는 영향을 생각하는 것이 중요하다.

우선 특정 투사 기법이나 그림을 근거로 하는 평가를 아동에게 실시할 때에는 아동의 연령과 사용될 평가의 목적에 따라야 한다. 아동에게 투사적 기법을 사용하는 치료사들은 HTP, DAP 또는 그 밖의 검사를 실시하는 대상들이 있다. 치료사들은 또한 투사적 기법의 프로토콜을 사용하기 위하여 최근의 평가나 사정방법에 대한 연구를 알고 있어야 한다. 평가의 목적으로 그림을 사용하는 것은 심각한 문제여서, 치료사는 아동이 무엇을 하고 있는가를 확실히 인식하고 있어야 한다. 대부분의 경우, 투사 그림 검사는 아동의 성격을 검사하거나, 자기보고식 평가척도 혹은 치료사나 교사, 부모의 관찰 등의 평가척도와 같이 다른 정보를 일반화하기 위해 사용된다. 그러나 점수 체계가 개발되어 왔어도, 대부분의 경우 이러한 투사적 기법의 결과는 다른 정보에서 얻은 결과를 지지해 주는 것으로 쓰여 왔다. Martin(1988)은 왜 이 방법이 부적절하고 비윤리적일 소지가 있는지에 대한 몇 가지 이유를 제시하고 있다. 첫째로, 투사 그림 검사는 기타 여러 검사의 결과를 뒷받침해 주어야 이것이 성격을 결정해 주는 믿을 만한 방법임을 암시한다. Martin (1988)은 다음과 같이 이야기하였다.

> 아동이 검사 시 불안해 보였을 때, 만약 교사가 표준화된 평가 척도로 그 아동의 불안을 점수화하고, 거기에 사람 그림 검사(DAP)의 몇 가지 기준에 그러한 불안을 나타내는 그림 특성이 있다면, 임상가는 아동의 불안을 일반화시키는 데 불편하게 느끼지 않을 것이며, DAP가 아동의 상태를 나타내 주는 기록으로 유용하다고 생각할 것이다(p. 3).

Martin은 또한 DAP 검사에서의 어떠한 특징과 관련된 애매하면서도 모순된 의미(즉, 머리를 크게 그렸거나 손을 그리지 않았거나, 혹은 셔츠에 단추를 많이 그린 것과 관련된 의미)에 대해서도 강조했다. 다중적인 의미를 가지고 있을 가능성은 미술 표현의 본질적인 특성이지만, 그림의 특징을 가지고 아동의 성격을 추론하는 치료사들에게는 윤리적인 문제를 일으킨다.

그림을 분석하는 데 투사 그림 검사나 프로토콜을 사용하는 것이 문제점이 될 수 있는 두 번째 이유는 그렇게 해서 얻어지는 정보가 임상가들이 아동에 대해서 가질 수 있는 편견을 더 강화시키고 그림에서 아동의 상태를 뒷받침해 주는 특성을 찾으려 한다는 것이다. 예를 들면, 임상가는 아동을 정형화된 표현 특징을 규정해 놓고 이를 뒷받침해 주는 증거를 그림에서 찾으려 할 수도 있고, 아니면 아동이 정형화된 표현을 그릴 때 다른 것들을 묻기 위해 그림에서 얻어진 자료를 사용할 수도 있는데, 아마도 아동에 대해 편견이 더 개입될 것이다.

저자는 투사적 기법 및 각각의 프로토콜을 사용하는 것이 한 가지 이유로 문제시된다는 것을 알았다. 그러한 기법들은 단일한 그림의 특징을 가지고 특정한 성격 패턴이나 상태를 추리한다. 아마도 예술가, 미술교육자 그리고 미술치료사로서의 훈련이 저자를 미술 표현의 한 가지 중요한 측면, 즉 상호적인 특성에 민감해지게 한 것 같다. 즉, 모든 이미지는 선, 모양, 형태, 구도 그리고 색 등 많은 요소들로 이루어진 것이다. 따라서 단일한 하나의 요소로 그림을 잘 분석해 내는 것은 어려운 일이다. 왜냐하면 하나의 요소로 그림을 분석한다면 이미지 전체의 내용을 놓치기 쉽고, 혹은 특정의 특성에 고정될 수 있기 때문이다. 저자는 그림의 평가적 측면에 대한 방법을 개발하는 것이 가능하다고 생각한 반면, 많은 전통적인 투사 그림 검사들이 신뢰성을 제공하지 못하여, 그러한 방법적인 한계를 충분히 알고 신중하게 사용되어야 한다고 하였다.

많은 미술치료사들과 정신건강 전문가들이 미술 표현을 사용하는 것은 단지 내담자를 이해하기 위해서뿐만 아니라 사정, 평가,

그리고 때로는 진단의 목적에서다. 따라서 미술 표현을 사용하는 것과 관련된 윤리적인 측면을 완전히 이해하는 것이 아주 중요하다. 사정이나 진단을 위해 미술 표현을 사용하는 데 있어서 문제는 윤리적인 측면과 미술 표현 그 자체에 있다. 또한 연구 자료 중 극히 소수의 자료만이 일반적으로 미술 표현의 정확한 의미로 사용될 수 있고, 내담자의 이야기나 행동과 같은 부가적인 정보 없이 그림 자료만을 가지고 예언하는 것은 여전히 어려운 일이다. 따라서 아동을 평가하거나 사정하기 위해 그림을 사용하는 데에는 아동 개개인을 해석하는 데 있어 주의 깊게 미술 작품을 사용하는 것뿐 아니라 현행 연구의 흐름에 대한 치료자의 지식도 필요하다.

치료기간에 그린 아동의 그림에 대한 법적 관계

아동을 치료하는 동안 만들어진 미술 표현은 다양한 이유로 중요한 정보를 제공해 줄 수 있다. 예를 들면, 법적인 조치, 특히 아동에게 있어 신체적 혹은 성적 학대가 의심되는 것과 관련되는 경우이다. 그림은 치료기간 동안 이루어진 상호작용의 결과로써 아동이 지니고 있는 심각한 문제의 증거를 제공할 수 있기 때문에 아동의 그림을 정확하게 기록하고, 확실히 하는 것이 중요하다.

미술을 사용하는 치료사들을 훈련시키고 감독하는 저자의 경험에서 보면, 많은 치료사들이 치료 중에 아동이 그림에 대해서 직접 말한 것을 바로 종이 위에 기록하는 것을 선호한다. 비록 이것이 편하고 자료에 대해 정확하게 기록하게 할지는 모르나 몇 가지 이유에서 윤리적, 법적 문제가 될 수 있다. 첫째, 아동의 작품과 관련된 문제는 윤리적으로 중요하다. 그림 위에 기록하는 것은 그림을 중요하게 보지 않는다는 것(devalue)일 수 있다. 즉, 아동은 자기가 그린 그림 위에 적힌 단어나 메모를 보고 무례하다는 느낌을 받을 수 있다. 그림 위에 무엇을 적는 행동은 그림이 나중에 어떻게 보이느냐에 영향을 미칠 수 있다. 만약 그림이 나중에 부가적인 평가 자료나 법정 증거로 사용될 때, 이것은 그림에 대한 가치를 떨어뜨릴 수 있다는 것이다. 특히 학대나 가정폭력, 혹은 폭력적인 범죄와 관련된 아동의 그림에 대해서 많은 치료사와 변호사들은 아동의 그림이 법정 조사에 증거자료로 사용될 수 있는지를 저자에게 물어왔다. 신체적, 성적 학대 혹은 이와 유사한 외상을 지닌 아동들은 말하기 싫어하고, 자신들의 경험에 대해 상세히 언어로 표현할 수 없기 때문에 아동의 그림이 그들의 상황과 복지, 그리고 안전을 이해하는 데 중요한 정보를 제공해 줄 수 있다고 생각하는 것은 당연하다. 만약 아동의 삶이나 복지를 위협한다면, 특히 치료 중에 만든 것들이 증거의 일부가 될 수 있다. 그러나 저자의 지식으로는, 아동들의 그림에서 학대나 외상을 나타내 주는 것에 대한 연구가 아직까지 보편적으로 결론지어진 것이 아니기 때문에, 학대나 외상에 대한 정보를 아동의 그림만으로 알아낸다는 것은 아주 어려운 일이다.

아동의 그림 내용에 대해 결론지어진 자료가 부족함에도 불구하고, 법정에서 그림을 사용하는 것은 여전히 중요하게 고려되어야 할 부분이다. 그림은 '참신한 과학적 증거'로 알려지기 시작했다(Cohen-Liebman, 1994). 아동의 작품에서 외상이나, 폭력, 정서에 대한 그림 특징을 지지해 주는 몇몇 연구가 있기는 하나, 아직까지는 완전히 신뢰할 수는 없다. 미술 표현 그 자체의 특성 때문에 아동의 경험을 바탕으로 그림의 내용을 결정하는 것은 결코 가능하지 않을 것이다. 그러나 아동의 그림은 여전히 법정에서 증거의 정당성을 결정하기 위한 증거물로 인정될 수는 있다.

그림 내용에 관한 전문가 증언으로서의 치료사의 자질이 그림의 증거 가치를 결정한다. 예를 들면, 1985년 한 미술치료사의 전문가 증언은 그의 치료 경력과 미술 표현과 관련된 평가 능력이 신중히 검토된 후에, 아동의 그림 내용에 대한 전문가 조언을 할 수 있는 능력을 인정받았다(Levick, Safran, & Levine, 1990). 이러한 결정은 사법적 목적으로 미술 표현을 사용하는 데 있어서의 핵심은 아동의 그림에 대한 훈련과 전문적 경험이라는 것을 암시한다.

결 론

아동들을 이해하는 데 있어 그림을 사용할 때 간과된 것이 하나 있다. 즉, 아동을 이해하기 위한 보조자료로 그림을 사용하는 치료사나 상담가, 심리학자, 교사들의 책임이다. 이 책이 독자들로 하여금 아동들의 그림에 대한 다차원적인 측면을 이해하는 좋은 출발점과, 아동의 미술 표현 내용에 대한 주의 깊은 민감성을 제공하기를 바란다. 그러나 이것은 아동의 미술 표현을 다루는 단지 시작에 불과하며, 아동들이 도움을 얻을 수 있도록 치료사들은 이 분야에서 기량을 갈고 닦을 윤리적 책임이 있다.

Rubin(1984a)은 치료 환경에서 아동과 그들의 그림을 가지고 일하는 데 따르는 주의점을 설득력 있게 제시하였다.

> 피부 바로 밑에 안전하게 주사를 놓을 때, 외과의의 보호와 기술이 사용되어야 하는 것처럼, 미술은 아주 강력한 도구다……. 모든 아동들에게 상징적인 의사소통 매개체로써 미술을 사용하는 것은 엄청난 잠재력과 책임감, 모두를 필요로 하는 임상적으로 매우 힘든 작업이다(p. 299).

그림이 임상 장면이나 병원, 쉼터, 혹은 학교 어느 곳에서든 아동에게 잠재성과 전문가와의 창조적인 의사소통 도구를 제공하는 것은 부인할 수 없다. 아동을 돕는 전문가로서, 우리가 아동들의 그림에 어떻게 반응하고 격려하느냐는, 평가나 치료의 가치뿐만 아니라 우리와 창조적인 작업을 같이 공유하는 아동들을 이해하고 존중하는 기본틀을 제공해 준다.

참고문헌

Allan, J. (1988). *Inscapes of the child's world: Jungian counseling in schools and clinics.* Dallas, TX: Spring.

Alland, A. (1983). *Playing with form: Children draw in six cultures.* New York: Columbia University Press.

Alschuler, R., & Hattwick, L. A. (1943). Easel painting as an index of personality in pre-school children. *Journal of Orthopsychiatry, 13,* 616-625.

Alschuler, R., & Hattwichk, L. A. (1947). *Painting and personality: A study of young children.* Chicago: University of Chicago Press.

American Art Therapy Association (AATA). (1996). *Art therapy: Definition of the profession.* Mundelein, IL: Author.

American Art Therapy Association (AATA). (1995). *Ethical standards for art therapists.* Mundelein, IL: Author.

American Psychiatric Association. (1994). *Diagnostic and statistical manual of mental disorders* (4th ed.). Washington, DC: Author.

Anderson, F. (1992). *Art for all the children.* Springfield, IL: Charles C Thomas.

Anthony, E. J. (1986). Children's reactions to severe stress. *Journal of the American Academy of Child Psychiatry, 25* (3), 299-305.

Appel, K. (1931). Drawings by children as aids in personality studies. *American Journal of Orthopsychiatry, 1*, 129–144.

Arnheim, R. (1969). *Visual thinking*. Berkeley: University of California Press.

Arnheim, R. (1972). *Toward a psychology of art*. Berkeley: University of California Press.

Arnheim. R. (1974). *Art and visual perception*. Berkeley: University of California Press.

Arnheim, R. (1980). The puzzle of Nadia's drawings. *The Arts in Psychotherapy, 7*(2), 79–85.

Arnheim, R. (1992). *To the rescue of art*. Berkeley: University of California Press.

Axline, V. (1969). *Play therapy*. New York: Ballatine.

Bach, S. (1966). Spontaneous paintings of severely ill patients. *Acta Psychosomatica, 8*, 1–66.

Bach, S. (1975). Spontaneous pictures of leukemic children as an expression of the total personality, mind and body. *Acta Paedopsychiatrica, 41*(3), 86–104.

Bach, S. (1990). *Life paints its own span*, Einsiedeln, Switzerland: Daimon Verlag.

Banks, E. (1990). Concepts of health and sickness of pre-school and school-aged children. *Children's Health Care, 19*(1), 43–48.

Betensky, M. (1995). What do you see?: *Phenomenology of therapeutic art expression*. London: Jessica Kingsley.

Briere, J. (1992). *Child abuse trauma: Theory and treatment of the lasting effects*. Newbury Park, CA: Sage.

Buck, J. (1948). *The House-Tree-Person technique*. Los Angeles: Western Psychological Sevices.

Buck, J. (1966). *The House-Tree-Person technique: Revised manual*. Los Angeles: Western Psychological Services.

Burns, R. (1982). *Self-growth in families: Kinetic-Family-Drawings (K-F-D) research applications.* New York: Brunner/Mazel.

Burns, R., & Kaufman, S. H. (1972). *Actions, styles and symbols in Kinetic Family Drawings (K-F-D).* New York: Brunner/Mazel.

Burt, C. (1921). *Mental and scholastic tests.* London: P. S. King & Son.

Campanelli, M. (1991). Art therapy and ethno-cultural issues. *American Journal of Art Therapy, 30*(2), 34-35.

Cane, F. (1951). *The artist in each of us.* New York: Pantheon.

Cantlay, L. (1996). *Detecting child abuse: Recognizing children at risk through drawings.* Santa Barbara, CA: Holly Press.

Case, C., & Dalley, T. (Eds.). (1990). *Working with children in art therapy.* New York: Tavistock/Routledge.

Center for Children with Chronic Illness and Disability. (1996). Factors associated with risk and resiliency. *Children's and Youths' Health Issues, 4*(1), 6-7.

Cohen, B., & Cox, C. T. (1995). *Telling without talking: Art as a window into the world of multiple personality.* New York: Norton.

Cohen. B., Hammer, J., & Singer, S. (1988). Diagnostic Drawing Series: A systematic approach to art therapy evaluation and research. *The Arts in Psychotherapy, 15,* 11-21.

Cohen, F. W., & Phelps, R. E. (1985). Incest markers in children's artwork. *The Arts in Psychotherapy, 12,* 265-283.

Cohen-Liebman, M. S. (1994). The art therapist as expert witness in child sexual abuse litigation. *Art Therapy: Journal of the American Art Therapy Association, 11* (4), 260-265.

Coles, R. (1990). *The spiritual life of children.* Boston: Houghton Mifflin.

Cooke, E. (1885). *Art teaching and child nature.* London: London Journal of Education.

Corey. G., Corey, M. S., & Callanan, P. (1993). *Issues and ethics in the helping professions*: Pacific Grove, CA: Brooks/Cole.

Cox, C. T. (1984). *Themes of self-destruction: Indicators of suicidal ideation in art therapy.* Unpublished thesis, George Washington University, Washington, DC.

Cox, M. (1989). Children's drawings. In D. Hargreaves (Ed.), *Children and the arts* (pp. 43–57). Bristol, PA: Taylor & Francis.

Cox, M., & Parkin, C. (1986). Young children's human figure drawing: Cross-sectional and longitudinal studies. *Educational Psychology, 6*, 353–368.

Dennis, W. (1966). *Group values through children's drawings.* New York: Wiley.

DiLeo, J. (1970). *Young children and their drawings.* New York: Brunner/Mazel.

DiLeo, J. (1973). *Children's drawings as diagnostic aids.* New York: Brunner/Mazel.

DiLeo, J. (1983). *Interpreting children's drawings.* New York: Brunner/Mazel.

Dissanayake, E. (1989). *What is art for?* Seattle: University of Washington Press.

Drachnik, C. (1994). The tongue as a graphic symbol of sexual abuse. *Art Therapy: Journal of the American Art Therapy Association, 11*(1), 58–61.

Drachnik, C. (1995). *Interpreting metaphors in children's drawings.* Burlingame, CA: Abbeygate Press.

Epperson, J. (1990). *Environmental drawings and behaviors in children from violent homes.* Unpublished thesis, University of Utah, Salt Lake City.

Faller, K. (1988). *Child sexual abuse: New theory and research.* New York: Columbia University Press.

Field, P. A., & Morse, J. M. (1985). *Qualitative nursing research: The application of qualitative approaches.* Rockville, MD: Aspen.

Freeman, J., Epston, D., & Lobovits, D. (1997). *Playful approaches to serious problems: Narrative therapy with children and their families.* New York: Norton.

Freud, A. (1926). *The ego and mechanisms of defense.* New York: International Universities Press.

Freud, A. (1946). *Normality and pathology in childhood: Assessments of development.* New York: International Universities Press.

Furth, G. (1988). *The secret world of drawings.* Boston: Sigo Press.

Furth, G. (1981). The use of drawings made at significant times in One's life. In E. Kübler-Ross, *Living with death and dying* (pp. 63-93). New York: Macmillan.

Gantt, L. (1990). *A validity study of the Formal Elements Art Therapy Scale (FEATS) for diagnostic information in patients' drawings.* Unpublished doctoral dissertation, University of Pittsburgh, Pittsburgh, PA.

Gantt, L., & Tabone, C. (1998). *Rating scale for the Formal Elements Art Therapy Scale.* Morgantown, VA: Gargoyle Press.

Gardner, H. (1979). Children's art: Nadia's challenge. *Psychology Today, 13*(4), 18-23.

Gardner, H. (1980). *Artful scribbles: The significance of children's drawings.* New York: Basic Books.

Gardner, H. (1982). *Art, mind, and brain.* New York: Basic Books.

Gil, E. (1991). *The healing power of play.* New York: Guilford Press.

Gil, E. (1994). *Play in family therapy.* New York: Guilford Press.

Gillespie, J. (1994). *The projective use of mother-and child drawings: A manual for clinicians.* New York: Brunner/Mazel.

Gillespie, J. (1997). Projective mother-and-child drawings. In E. Hammer (Ed.), *Advances in projective drawing interpretation* (pp. 137-151). Springfield, IL: Charles C Thomas.

Golomb, C. (1981). Representation and reality: The origins and determinants of young children's drawings. *Review of Research in Visual Arts Education, 14,* 36-48.

Golomb, C. (1990). *The child's creation of a pictorial world.* Berkeley: University of California Press.

Goodenough, F. (1926). *Measurement of intelligence by drawings.* New York: Harcourt, Brace, & World.

Graham, J. (1994). The art of emotionally disturbed adolescents: Designing a drawing program to address violent imagery. *American Journal of Art Therapy, 32*(4), 115-121.

Green, A. (1983). The dimensions of psychological trauma in abused children. *Journal of the American Academy of child Psychiatry, 22,* 231-237.

Gregorian, V. S., Azarian, A., DeMaria, M., & McDonald, L. D. (1996). Colors of disaster: The psychology of the "black sun." *The Arts in Psychotherapy, 23*(1), 1-14.

Gregory, P. (1990). *Body map of feelings.* Lethbridge, Alberta: Family and Community Development Program.

Gulbro-Leavitt, C., & Schimmel, B. (1991). Assessing depression in children and adolescents using the Diagnostic Drawing Series modified for children (DDS-C). *The Arts in Psychotherapy, 18,* 353-356.

Haeseler, M. (1987). Censorship of intervention: But you said we could draw whatever we wanted! *American Journal of Art Therapy, 26*(1), 11-20.

Hammer, E. (1958). *The clinical application of projective drawings.* Springfield, IL: Charles C Thomas.

Hammer, E. (1997). *Advances in projective drawing interpretation.* Springfield, IL: Charles C Thomas.

Harris, D. (1963). *Children's drawings as measures of intellectual maturity.* New York: Harcourt, Brace & World.

Henley, D. (1989). Nadia revisited: A study into the nature of regression in the autistic savant syndrome. *Art Therapy: Journal of the American Art Therapy Association, 6*(2), 43-56.

Henley, D. (1992). *Exceptional children, exceptional art: Teaching art to special needs.* Worcester, MA: Davis.

Herberholz, B., & Hanson, L. (1985). *Early childhood art* (3rd ed.). Dubuque, IA: W. C. Brown.

Herl. T. (1992). Finding the light at the end of the funnel: Working with child survivors of the Andover Tornado. *Art Therapy: Journal of the American Art Therapy Association, 9*(1), 42-47.

Hibbard, R., Roghmann, K., & Hoekelman, R. (1987). Genitalia in children's drawings: An association with sexual abuse. *Pediatrics, 79*(1), 129-137.

Hulse, W. (1952). Childhood conflict expressed through family drawings. *Journal of Projective Techniques, 16*, 66-79.

Jolles, I. (1971). *A Catalogue for the qualitative interpretation of the House-Tree-Person (H-T-P).* Los Angeles: Western Psychological Services.

Jung, C. G. (1954). *The practice of psychotherapy.* New york: Pantheon.

Jung, C. G. (1956). *The collected works. Vol. 5. Symbols of transformation.* Princeton: Princeton University Press.

Jung. C. G. (1960). *Man and his symbols.* New York: Dell.

Junge, M. B., & Asawa, P. P. (1994). *A history of art therapy in the United States*. Mundelein, IL: American Art Therapy Association.

Kashini, J. H., Husain, A., Shekin, W., Hodges, K., Cytryn, L., & McNew, D. (1981). Current perspectives on childhood depression: An overview. *American Journal of Psychiatry, 138,* 143-152.

Kellogg, J. (1993). *Mandala: Path of beauty.* Lightfoot, VA: MARI.

Kellogg, R. (1969). *Analyzing children's art.* Palo Alto, CA: Mayfield.

Kelley, S. J. (1984). The use of art therapy with sexually abused children. *Journal of Psychosocial Nursing, 22*, 12–18.

Kelley, S. J. (1985). Drawings: Critical communication for sexually abused children. *Pediatric Nursing, 11*(6), 421–426.

Knowles, L. P. (1996). Art therapists exhibiting children's art: When, where, and why. *Art Therapy: Journal of the American Art Therapy Association, 13*(3), 205–207.

Koppitz, E. (1968). *Psychological evaluation of children's human figure drawings.* New York: Grune & Stratton.

Koppitz, E. (1984). *Psychological evaluation of human figure drawings by middle school pupils.* New York: Grune & Stratton.

Kramer, E. (1993). *Art as therapy with children.* Chicago: Magnolia Street Publishers.

Kramer, E., Gerity, L., Henley, D., & Wiliams, K. (1995). *Art and art therapy and the seductive environment.* Paper presented at the 26th annual conference of the American Art Therapy Association. San Diego, CA.

Kübler-Ross, E. (1983). *On children and death.* New York: Macmillan.

Levick, M. (1983). *They could not talk and so they drew.* Springfield, IL: Charles C Thomas.

Levick, M. (1986). *Mommy, Daddy, look what I'm saying: What children are telling us through their drawings.* New York: Evans.

Levick, M. (1997). *See what I'm saying.* Dubuque, IA: Islewest.

Levick, M., Safran, D., & Levine, A. (1990). Art therapists as expert witnesses: A judge delivers a precedent-setting decision. *The Arts in Psychotherapy, 17*, 49–53.

Levinson, P. (1986). Identification of child abuse in the art and play products of pediatric burn patients. *Art Therapy: Journal of the American Art Therapy Association, 3*(2), 61–66.

Lewis, D. W., Middlebrook, M., Mehallick, L., Rauch, T. M., Deline, C., & Thomas, E. (1996). Pediatric headaches: What do children want? *Headache, 36*(4), 224-230.

Lindstrom, M. (1957). *Children's art: A study of normal development in children's mode of visualization.* Berkeley: University of California Press.

Lombroso, C. (1895). *The man of genius.* London: Scott.

Lowenfeld, V. (1947). *Creative and mental growth.* New York: Macmillan.

Lowenfeld, V., & Brittain, W. (1982). *Creative and mental growth* (7th ed.). New York: Macmillan.

MacGregor, J. (1989). *The discovery of the art of the insane.* Lawrenceville, NJ: Princeton University Press.

Machover, K. (1949). *Personality projection in the drawing of the human figure.* Springfield, IL: Charles C Thomas.

Malchiodi, C. (1982). *Your journal for growth and discovery.* Salt Lake City, UT: Women in Jeopardy Program.

Malchiodi, C. (1990). *Breaking the silence: Art therapy with children from violent homes.* New York: Brunner/Mazel.

Malchiodi, C. (1993). Medical art therapy: Contributions to the field of arts medicine. *International Journal of Arts medicine, 2*(2), 28-31.

Malchiodi, C. (1994). Writing about art therapy for professional publication. *Art Therapy: Journal of the American Art Therapy Association, 9*(2), 62-64.

Malchiodi, C. (1996). Documentation and case presentations. In C. Malchiodi & S. Riley, *Supervision and related issues* (pp. 155-175). Chicago: Magnolia Street Publishers.

Malchiodi, C. (1997). *Breaking the silence: Art therapy with children from violent homes* (2nd ed., rev.). New York: Brunner/Mazel.

Malchiodi, C., & Riley, S. (1996). *Supervision and related issues.* Chicago: Magnolia Street Publishers.

Martin, R. (1988). Ethics column. *School Psychologist, 8,* 5-8.

Matorana, A. (1954). *A comparison of the personal, emotional, and famly adjustments of crippled and normal children.* Unpublished doctoral thesis, University of Minnesota, Minneapolis, MN.

Miller, A. (1986). *Pictures of a childhood.* New York: Farrar, Straus, & Giroux.

Mitchell, J., & McArthur, R. (1994). *Human Figure Drawing Test (HFDT): An illustrated handbook for clinical interpretation and standardized assessment of cognitive impairment.* Los Angeles: Western Psychological Services.

Morris, D. (1962). *The biology of art.* London: Methuen.

Moustakas, C. (1959). *Psychotherapy with children.* New York: Harper.

Naumburg, M. (1973). *An introducation to art therapy: Studies of "free" art expression of behavior problem children and adolescents as means of diagnosis and therapy.* New York: Teachers College Press. (Original work published 1947)

Naumburg, M. (1987). *Dynamically oriented art therapy: Its principles and practice.* Chicago: Magnolia Street Publishers. (Original work published 1966)

Neale, E. L. (1994). The children's diagnostic drawing series. *Art Therapy: Journal of the American Art Therapy Association, 11*(2), 119–126.

Oaklander, V. (1978). *Windows to our children.* Moab, UT: Real People Press.

Oster, G., & Gould, P. (1987). *Using drawings in assessment and therapy.* New York: Brunner/Mazel.

Oster, G., & Montgomery, S. (1996). *Clinical uses of drawings.* Northvale, NJ: Jason Aronson.

Ounsted, C., Oppenheimer, R. and Lindsay, J. (1974). Aspects of bonding failure: the psychotherapeutic treatment of families of battered children. *Developmental Medicine and Child Neurology,*

16, 446-456.

Pasto, T. (1965). *The space-frame experience in art*. New York: A. S. Barnes & Co.

Perkins, C. (1977). The art of life-threatened children: A preliminary study. In R. Shoemaker & S. Gonick-Barris (Eds.), *Creativity and the art therapits's identity: The proceedings of the Seventh Annual Conference of the American Art Therapy Association* (pp. 9-12). Baltimore: American Art Therapy Association.

Pfeffer, C. (1986). *The suicidal child*. New York: Guilford Press.

Pigaet, J. (1959). *Judgment and reasoning in the child*. Patterson, NJ: Littlefield, Adams.

Piaget, J., & Inhelder, B. (1971). *Mental imagery in the child*. New York: Basic Books.

Pinderhughes, E. (1989). *Understanding race, ethnicity, and power*. New York: Free Press.

Prinzhorn, H. (1972). *Artistry of the mentally ill*. New York: Springer.

Putnam, F. (1989). *Diagnosis and treatment of multiple personality disorder*. New York: Guilford Press.

Putnam, F., Guroff, J., Silberman, E., Barban, L., & Post, R. (1986). The clinical phenomenology of multiple personality discorder: Review of 100 recent cases. *Journal of Clinical Psychiatry, 47*(6), 285-293.

Pynoos, R., & Eth, S. (1985). Developmental perspective on psychic trauma in childhood. In C. R. Figley (Ed.), *Trauma and its wake: The study and treatment of post-traumatic stress disorder* (pp. 193-216). New York: Brunner/Mazel.

Rak, C., & Patterson, L. (1996). Promoting resilience in at-risk children. *Journal of counseling and Development, 74*(4), 368-373.

Ricci, C. (1887). *The art of children*. Bologna, Italy.

Riley, S. (1997). Children's art and narratives: An opportunity to enhance therapy and a supervisory challenge. *The Supervision Bulletin,*

9(3), 2-3.

Roeback, H. (1968). Human Figure drawings: Their utility in the psychologist's armamentarium for personality assessment. *Psychological Bulletin, 70*(1), 1-19.

Roje, J. (1995). LA '94 earthquake in the eyes of children: Art therapy with elementary school children who were victims of disaster. *Art Therapy: Journal of the American Art Therapy Association, 12*(4), 237-243.

Rubin, J. (1984a). *Child art therapy* (2nd ed.). New York: Van Nostrand Reinhold.

Rubin, J. (1984b). *The art of art therapy.* New York: Brunner/Mazel.

Saint Exupéry, A. de (1943). *The little prince.* New York: Harcourt Brace Jovanovich.

Selfe, L. (1977). Nadia: *A case of extraordinary drawing ability in an autistic child.* New York: Academic Press.

Shoemaker, R. (1984). *The rainbow booklet.* Baltimore: Renewing Visions Press.

Silver, R. (1978). *Developing cognitive and creative skills through art.* Baltimore: University Park Press.

Silver, R. (1988). *Draw a story.* New York: Ablin Press.

Silver, R. (1993). *Draw a story* (rev. ed.). New York: Ablin Press.

Silver, R. (1996a). *Silver Drawing Test of cognition and emotion.* Sarasota, FL: Ablin Press.

Silver, R. (1996b). Sex differences in the solitary and assaultive fantasies of delinquent and nondelinquent adolescents. *Adolescence, 31*(123), 543-552.

Silver, R. (1997). Sex and age differences in attitudes toward the opposite sex. *Art Therapy: Journal of the American Art Therapy Association, 14*(4), 286-272.

Silvern, L., Karyl, J., & Landis, T. (1995). Individual psychotherapy for traumatized children of abused women. In E. Peled, P. Jaffe, & L. Edleson (Eds.), *Ending the cycle of violence* (pp. 43-76). Thousand Oaks, CA: Sage.

Simon, M. (1876). L' imagination dans la folie, *Annale Médico-Psychologie, 16*, 358-390.

Sobol, B., & Cox, C. T. (Speakers). (1992). *Art and dissociation: Research With sexually abused children* (Cassette recording #59-144). Denver: National Audio Video.

Steele, B. (1997). *Trauma response kit: Short term intervention model.* Grosse Pointe Woods, MI: Institute for Trauma and Loss in Children.

Steele, B., Ginns-Gruenberg, D., & Lemerand, P. (1995). *I feel better now!: Leader's guide.* Grosse Pointe Woods, MI: Institute for Trauma and Loss in Children.

Stronach-Bushel, B. (1990). Trauma, children and art. *American Journal of Art Therapy, 29*, 48-52.

Swenson, E. (1968). Empirical evaluations of human figure drawings: 1957-1966. *Psychological Bulletin, 70*(1), 20-44.

Tardieu, L (1872). *Etude médico-légale sur la folie.* Paris: Bailliere.

Terr, L. (1981). Forbidden games: Post-traumatic child's play. *Journal of the American Academy of Child Psychiatry, 20*, 741-760.

Terr, L. (1990). *Too scared to cry.* New York: Basic Books.

Tibbetts, T. (1989). Characteristics of artwork in children with post-traumatic stress disorder in Northern Ireland. *Art Therapy: Journal of the American Art Therapy Association, 6*(3), 92-98.

Toll, N. (1993). *Behind the secret window: A memoir of a hidden childhood during World War II.* New York: Dial.

Uhlin, D. (1979). *Art for exceptional children.* Dubuque, IA: William Brown.

Wadeson, H. (1971). Characteristics of art expression in depression.

Journal of Nervous and Mental Disease, 153(3), 197–204.

Wass, H. (1984). Concepts of death: A developmental perspective. In H. Wass & C. Corr (Eds.), *Childhood and death* (pp. 3–23). Washington, DC: Hemisphere.

Webb, N. B. (1991). Play therapy crisis intervention with children. In N. B. Webb (Ed.), *Play therapy with children in crisis* (pp. 26–42). New York: Guilford Press.

Weber, J., Cooper, K., & Hesser, J. (1996). Children's drawings of the elderly: Young ideas abandon old age stereotypes. *Art Therapy: Journal of the American Art Therapy Association, 13*(2), 114–117.

Werner, E. (1992). The children of kauai: Resiliency and recovery in adolescence and adulthood. *Journal of Adolescent Health, 13,* 262–268.

White, M., & Epston, D. (1990). *Narrative means to therapeutic ends.* New York: Norton.

Wilber, K. (1996). How big is our umbrella? *Noetic Sciences Review, 40,* 10–17.

Willats, J. (1977). How children learn to represent three-dimensional space in drawings. In G. Butterwoth (Ed.), *The child's representation of the world* (pp. 367–382). New York: Plenum.

Wilson, L. (1987). Confidentiality in art therapy: An ethical dilemma. *American Journal of Art Therapy, 25,* 75–80.

Winner, E. (1982). *Invented worlds: the psychology of the arts.* Cambridge, MA: Harvard University.

Winner, E. (1986, August). Where pelicans kiss seals. *Psychology Today,* pp. 25–35.

Winnicott, D. (1971). *Playing and reality.* New york: Basic Books.

Wolff, W. (1942). Projective methods for personality analysis of expressive behavior in pre-school children. *Character and Personality, 10,* 309–330.

Wohl, A., & Kaufman, B. (1985). *Silent screams and hidden cries: An interpretation of artwork by children from violent homes.* New York: Brunner/Mazel.

Yates, A., Buetler, L. E., & Crago, M. (1985). Drawings by child victims of incest. *Child Abuse and Neglect: An International Journal, 9*(2), 183-190.

찾아보기

《인 명》

《내 용》

저자 소개

Cathy A. Malchiodi

전문미술치료사, 임상카운슬러
노트르담대학 미술치료학 석사 및 유타대학 박사과정 수학
전 미국 미술치료학회(AATA)의 학회지 「미술치료」의 편집장
현 유타 주 솔트레이크 시의 미술 및 건강연구소장

〈저서〉
『미술치료』 『미술치료 핸드북』 『학대받은 아동을 위한 미술치료』 『아동 임상미술치료』 『가족미술치료 연구』 『성인을 위한 미술치료』 외 다수

역자 소개

故 김동연

대구대학교 대학원 특수교육학과(문학박사)
대구대학교 재활심리학과 교수
대구대학교 재활과학대학원장 겸 미술치료전공 주임교수
한국 미술치료학회 이사장(전 한국 미술치료학회장)
한국 미술치료사협회장
대구 미술치료연구소장
일본 · 미국 미술치료학회 전문회원

〈저 · 역서 및 논문〉
『아동 임상미술치료』(공역, 학지사, 2003), 『아동미술치료』(공저, 중문출판사, 2002), 『성인미술치료』(공저, 동아문화사, 2000) 외 다수
「집단미술치료가 청소년의 정서지능(EQ)에 미치는 효과 연구」 외 80편

이재연

서울대학교 가정대학 및 동 대학원 졸업
미국 오리건 주립대학교 대학원 졸업(아동학 석사 및 인간발달 박사)

한국아동학대 예방협회 부회장
한국아동권리학회 회장
현 숙명여자대학교 아동복지학과 교수
한국아동학회 회장

〈저서 및 역서〉
『아동복지론』(공저, 학지사, 2008), 『학대받은 아동을 위한 미술치료』(공역, 학지사, 2006), 『아동상담과 치료』(공역, 양서원, 2002), 『부모교육』(공저, 양서원, 2000) 외 다수

홍은주
숙명여자대학교 아동복지학과 졸업
숙명여자대학교 대학원 졸업(아동상담 석사 및 박사)
Canadian Association for Sandplay Therapy/International Society for Sandplay Therapy(ISST) Intensive Training 이수
스위스 융 연구소 Intensive Course 이수
현 을지대학교(성남캠퍼스) 유아교육학과 교수
을지아동발달지원센터 부소장

〈저서 및 역서〉
『미술치료 작업노트』(역, 시그마프레스, 2009), 『그림 속에 숨겨진 마음의 세계』(공역, 학지사, 2008), 『아동예술치료의 이론과 실제』(공저, 청목출판사, 2008), 『학대받은 아동을 위한 미술치료』(공역, 학지사, 2006) 외 다수

미술치료사를 위한

아동미술심리 이해

2001년 8월 25일 1판 1쇄 발행
2009년 4월 15일 1판 9쇄 발행
2010년 9월 10일 수정판 1쇄 발행
2025년 5월 30일 수정판 9쇄 발행

지은이 • Cathy A. Malchiodi
옮긴이 • 김동연 · 이재연 · 홍은주
펴낸이 • 김진환
펴낸곳 • (주) 학 지 사
121-837 서울특별시 마포구 서교동 352-29 마인드월드빌딩 5층
대표전화 • 02)330-5114 팩스 • 02)324-2345
등록번호 • 제313-2006-000265호

홈페이지 • http://www.hakjisa.co.kr
커뮤니티 • http://cafe.naver.com/hakjisa

ISBN 978-89-6330-516-5 93180

정가 13,000원